新文科建设教材
人力资源管理系列

**ARTIFICIAL INTELLIGENCE
AND EMPLOYEE TRAINING**

人工智能与员工培训

周红云◎编著

U0360643

清華大學出版社
北京

内 容 简 介

本教材紧扣 AI 技术前沿,围绕培训的实际需求,系统讲解了人工智能与员工培训的理论框架和实践应用。本教材提供一整套切实可行的培训解决方案,通过丰富的案例、专栏、扩展阅读、示例、思考题、课件 PPT、即测即练题、可直接应用的工具和模板等,帮助读者迅速掌握 AI 赋能培训的新技术,短时间内提升 AI 学习或培训的技能,增强应对 AI 时代挑战的能力和素养。

本教材具备前沿性、应用性、实操性和生动性等显著特色。无论你是高等院校劳动与社会保障、人力资源管理、工商管理、公共管理、劳动关系、劳动经济学等专业的教师或学生,MBA 或 MPA,还是人力资源管理或培训领域的从业者,或是希望通过 AI 提升工作效率的职场人士,本教材都将为你提供独到的见解与系统实用的指导。通过本教材,你将学会如何利用 AI 提升人力资本、增强胜任力,并掌握如何让 AI 成为员工成长的助推器和组织发展的强大引擎。

图书在版编目(CIP)数据

人工智能与员工培训 / 周红云编著. -- 北京:清华大学出版社,2025. 2.
(新文科建设教材). --ISBN 978-7-302-67892-2

Ⅰ. F272.921-39

中国国家版本馆 CIP 数据核字第 202540VD29 号

责任编辑:梁云慈
封面设计:李召霞
责任校对:王荣静
责任印制:曹婉颖

出版发行:清华大学出版社

  网 址:https://www.tup.com.cn,https://www.wqxuetang.com
  地 址:北京清华大学学研大厦 A 座   邮 编:100084
  社 总 机:010-83470000   邮 购:010-62786544
  投稿与读者服务:010-62776969,c-service@tup.tsinghua.edu.cn
  质量反馈:010-62772015,zhiliang@tup.tsinghua.edu.cn
  课件下载:https://www.tup.com.cn,010-83470410

印 装 者:小森印刷霸州有限公司
经 销:全国新华书店
开 本:185mm×260mm 印 张:15.25   字 数:340 千字
版 次:2025 年 2 月第 1 版   印 次:2025 年 2 月第 1 次印刷
定 价:49.00 元

产品编号:109416-01

前言

　　员工培训是组织进行人力资本投资和人才储备的关键手段,也是获取持续竞争力的重要方式。国内外知名企业的成功,很大程度上得益于它们对人才培养的高度重视。如今,员工培训已成为各类组织高度关注的核心任务,特别是在当今飞速发展的技术环境中,人工智能(artificial intelligence,AI)已成为提升企业竞争力的重要引擎。

　　党的二十届三中全会提出"完善推动新一代信息技术、人工智能等战略性产业发展政策和治理体系,引导新兴产业健康有序发展"。随着人工智能技术的广泛应用,企业的运营模式、生产流程和商业策略都发生了深刻变革。企业必须通过有效的员工培训,确保员工具备应对变革的能力和素养,从而在激烈的市场环境中持续保持竞争力。

　　在人工智能时代,企业培训领域正在经历重大转型。本教材深入系统探讨了人工智能在员工培训中的最新应用,为读者提供了理论与实践相结合的指导。

　　全书共十章,分为理论分析和实践应用上下两篇。

　　上篇"理论分析"由第一章至第四章构成。

　　第一章概述员工培训在 AI 时代的重要性,介绍 AI 发展历程与现状,阐述 AI 时代员工培训的必要性和培训模式。第二章探讨 AI 赋能下员工培训的新业态,包括数智化、虚拟仿真化和泛在化三种主要趋势。第三章分析 AI 时代学习的理论基础,包括学习动机理论、学习过程理论和学习风格理论,并剖析 AI 与学习的现代理论,为后续章节的培训设计和实践提供理论依据。第四章探讨 AI 时代的战略性培训,分析企业战略与战略性培训的关系,明确战略性培训对培训工作者的要求,介绍 AI 驱动的战略性培训设计流程。

　　下篇"实践应用"由第五章至第十章构成。

　　第五章针对 AI 时代的培训需求分析进行探讨,从组织、任务和人员三个层次分析培训需求,提出多种有效的需求分析方法。第六章聚焦于培训方法设计,介绍传授指导式、实践参与式和体验式三大类培训方法,并结合 AI 技术的应用,探讨如何设计和实施这些培训方法。第七章讨论培训评估的内涵与作用,介绍多个经典的培训评估模型、培训成果分类和评估数据类型,并探索 AI 在培训评估中的应用。第八章分析培训可能面临的内在和外在风险,提出相应的防范策略,从培训前的规划、培训中的管理到培训后的成果转化,提供全面的风险应对措施。第九章详细阐述 AI 在典型职位培训中的具体方案设计,涵盖新员工培训、管理者培训、销售人员培训和培训师培训,为读者提供实用的培训参考。第十章聚焦培训相关人员与 AI 对话的提问技巧,提出关键策略,帮助读者更有效地与 AI 进行交流和互动。

本教材具有以下特色:

前沿性。作为全国首部 AI 应用于员工培训的教材,本教材聚焦前沿技术,深入剖析 AI 赋能下员工培训的关键要素和关键环节。探讨了虚拟仿真、大数据分析、机器学习、虚拟培训助手、智能辅导、在线协作等前沿 AI 技术在培训领域的最新应用。

应用性。本教材汇集了全球知名企业的经典培训案例,通过具体实例展示 AI 技术在员工培训中的有效应用。案例涵盖了不同国家和行业的企业,包括:中国的华为、百度、京东、海底捞和阿里巴巴,美国的微软、谷歌、IBM、西南航空、麦肯锡、通用电气、花旗银行、惠普和特斯拉,德国的宝马和西门子,以及日本的松下电器等,帮助读者理解不同组织在不同情境下的培训实践。

实操性。本教材不仅深入探讨理论,更强调其在员工培训中的应用。为确保内容的可操作性,教材中提供了大量可直接应用于培训的工具和模板,包括国内外 AI 大模型、AI 培训提示词、培训分析框架、培训保密协议模板、新员工培训课程体系、培训需求调查问卷、访谈提纲、培训满意度调查表等,以使读者能够直接应用于实际工作中。此外,本教材配套资源有教学课件 PPT、课程大纲、即测即练题等,方便教师教学和读者学习使用。

生动性。为了增强教材的趣味性和吸引力,本教材在每章开头通过案例导入主题,并在相关章节中配备了角色扮演剧本、破冰游戏、户外拓展训练、公文筐训练等实例。此外,还涵盖了培训师开场技巧、销售人员销售技巧、情商修炼、AI 对话技巧等实用工具。通过示例、图表、专栏、扩展阅读、小测试、模拟和点评等生动的表现方式,本教材将复杂的理论和技术呈现得更加通俗易懂,使读者在轻松阅读的同时,深刻掌握 AI 时代的培训新理念与新方法。

本教材由周红云设计、撰写和定稿。中南财经政法大学公共管理学院硕士研究生胡杨、于希、刘崧卿、王乐璇、陆颖等参与了资料搜集和编写工作,清华大学出版社的梁云慈等编辑老师付出了大量辛勤劳动,中南财经政法大学教务部对本教材的出版给予了大力支持,特此致谢。

周红云

2024 年 9 月

下篇　实践应用

上篇　理论分析

第一章

员工培训：AI 发展的发动机

 **案例导入**

谷歌：AI 驱动的员工培训

作为全球知名的科技公司，谷歌（Google）高度重视员工培训，将其视为员工个人发展和提升公司整体竞争力的关键。公司通过持续的创新和大量资源投入，实施了 AI 驱动的培训方案，以满足快速变化的技术环境和员工职业成长的需求。

谷歌的学习与发展部门（learning & development，简称 L&D）在这一过程中发挥了核心作用。该部门采用数据驱动的方法，通过 AI 工具分析员工的培训需求和学习数据，评估培训效果。基于这些数据分析，L&D 部门能够实时调整培训内容和策略，确保培训方案与员工的实际需求紧密对接，从而提升培训的针对性和实效性。

谷歌推出了"Google Career Certificates"平台和内部的"gLearn"平台，这两个系统虽然有共同的目标，但在功能和应用上各有侧重。"Google Career Certificates"平台利用 AI 技术分析用户的学习行为和职业目标，为用户推荐最合适的课程和学习材料，提供个性化的学习路径。"gLearn"平台，作为谷歌内部的学习管理系统，利用 AI 技术对员工的工作角色、技能水平和学习历史进行智能推荐，提供量身定制的培训课程和资源，帮助员工更好地适应工作需求。

此外，谷歌还开发了基于 AI 的虚拟导师，提供全天候的学习支持。虚拟导师利用自然语言处理技术回答员工的培训问题，提供个性化的学习建议，并跟踪学习进度。这种虚拟辅导不仅提高了员工的学习效率，还增强了他们的学习积极性。谷歌的 AI 驱动培训方案显著提升了员工培训的效果，也增强了员工的职业胜任力和公司的整体竞争力。

一、AI 发展历程与现状

（一）AI 的内涵与分类

AI（artificial intelligence），即人工智能，是利用数字计算机或由其控制的机器，来模拟、扩展和延伸人类智能，从而感知环境、获取知识并利用知识达到最佳结果的理论、方法、技术及应用系统。作为计算机科学的一个分支，AI 旨在理解智能的本质，并开发出能够以类似人类智能方式做出反应的智能机器。AI 的研究领域包括机器人、语音识别、图像识别、自然语言处理和专家系统等。[①]

---

① 陈静，徐丽丽，田钧. 人工智能基础与应用［M］. 北京：北京理工大学出版社，2022：2.

根据智能程度的不同,人工智能可大致分为三类:弱人工智能、强人工智能和超人工智能。

弱人工智能,也称狭义人工智能,专注于解决特定领域的问题,学习能力和适应能力相对有限。虽然这类人工智能在语音识别、图像识别和翻译等特定任务中表现出色,但缺乏跨领域应用的灵活性。

强人工智能展示出更为全面的智能特征,能够跨越不同领域解决问题,不受特定规则或领域的束缚。强人工智能不仅具有学习、思考、语言交流、创造新知识和制订计划的能力,还能与人类进行深度的交互学习。当前,人工智能领域正在逐步向强人工智能靠近,而科幻电影中的一些机器人行为,正是对强人工智能未来可能形态的生动描绘。

超人工智能是人工智能发展的更高层次,旨在通过模拟人类智慧,进而拥有自主意识,实现如同人类一般的独立思考。超人工智能在几乎所有领域的智力水平都将远超人类的认知极限,甚至在某些任务上表现出超越人类的能力。

(二) AI 的发展历程[①]

AI 研究始于 20 世纪 40 年代,但其完整概念在 1956 年的美国达特茅斯会议上正式提出。这次研讨会的主题是利用机器模仿人类的学习和其他智能行为,推动了 AI 的发展历程。

第一阶段(1956—1976 年):基于符号逻辑的推理证明阶段。这一阶段的主要成果是利用布尔代数作为逻辑演算的数学工具,利用演绎推理作为推理工具,发展了逻辑编程语言,实现了包括代数机器定理证明等机器推理决策系统。但在人工智能理论与方法工具尚不完备的初期阶段,以攻克认知作为目标显然不切实际,人工智能研究逐步从高潮进入低谷。

第二阶段(1976—2006 年):基于人工规则的专家系统阶段。这个阶段的主要进展是打开了知识工程的新研究领地,研制出专家系统工具与相关语言,开发出多种专家系统,比如故障诊断专家系统、农业专家系统、疾病诊断专家系统、邮件自动分拣系统等。专家系统主要由知识库、推理机以及交互界面构成,其中,知识库的知识主要由各领域专家人工构建。然而,知识仅靠专家的手工表达实现,终不免挂一漏万,使得专家系统无法与人类专家与时俱进的学习能力相匹配,人工智能研究第二次进入瓶颈期。

第三阶段(2006 年至今):大数据驱动的深度神经网络阶段,也是深度学习大行其道的时期。人工神经网络的发展,随着 AI 的发展起起伏伏。初期人们对其可以模拟生物神经系统的某些功能十分关注,但是对复杂网络的学习收敛性、健壮性和快速学习能力一直难以把握,直到 20 世纪 80 年代反向传播算法的发明和 90 年代卷积网络的发明,神经网络研究取得重要突破。深度神经网络方法走到前台,开启了 AI 新阶段。

(三) AI 的发展现状

1. 党和政府高度重视

AI 的发展和应用受到党和政府的高度重视。党的二十大报告中关于人工智能的论

---

① 高文,黄铁军.从信息社会迈向智能社会[N].人民日报,2020-02-18,第 20 版.

述强调,要"推动战略性新兴产业融合集群发展,构建新一代信息技术、人工智能、生物技术、新能源、新材料、高端装备、绿色环保等一批新的增长引擎"。2024年6月,工业和信息化部等四部门印发了《国家人工智能产业综合标准化体系建设指南(2024版)》,明确了人工智能标准体系的建设思路和重点方向。党的二十届三中全会

扩展阅读1.1 中共中央关于进一步全面深化改革 推进中国式现代化的决定(节选)

提出"完善推动新一代信息技术、人工智能等战略性产业发展政策和治理体系,引导新兴产业健康有序发展"。这一系列政策措施表明,国家对人工智能的重视和支持不仅体现在战略规划上,还落实到具体的标准制定和产业政策层面,为AI的长远发展奠定了坚实的基础。

2. 大模型爆发式增长

近年来,AI大模型的发展呈现出爆发式增长的态势,国内外各大科技公司纷纷投身于此,推动了这一领域的迅速扩展。在全球范围内,OpenAI的ChatGPT作为生成式AI模型的代表,自发布以来获得了广泛关注,成为全球多个领域中的重要应用工具。除了ChatGPT,微软推出的Bing Chat、Google的PaLM 2、Gemini、Bard以及Meta的LLaMA系列模型也在国际市场上占据了重要地位。

在中国市场,AI大模型的发展同样迅猛。《中国人工智能大模型地图研究报告》显示,中国和美国研发的大模型数量占全球总数的80%以上,其中,中国已经发布了79个规模在10亿参数以上的大模型。百度的"文心一言"、阿里的"通义千问"、科大讯飞的"星火"等代表性大模型已经获得市场备案,并投入使用(详见表1-1)。[①]

表1-1 国内外部分AI大模型

国内大模型	国外大模型
• 百度:文心一言	• OpenAI:ChatGPT
• 阿里云:通义千问	• 微软:Bing Chat
• 科大讯飞:星火	• Google:PaLM 2、Gemini、Bard
• 腾讯:混元	• Meta:LLaMA、LLaMA-2、CodeLLaMA
• 华为:盘古、盘古气象、盘古-Σ	• Anthropic:Claude
• 商汤科技:日日新	• Stability AI:StableLM
• 百川智能:百川	• Amazon:Titan
• 中国科学院自动化研究所:紫东·太初	• Bloomberg:BloombergGPT
• 清华大学:NowcastNet、LexiLaw	• MosaicML:MPT
• 复旦大学:MOSS	• Intel:Aurora genAI
• 智源人工智能研究院:悟道·天鹰、悟道·EMU	• UC Berkeley & Microsoft Research:Gorilla
• 智谱华章:清言	• Inflection AI:Inflection-1
• 上海人工智能实验室:书生	• xAI:Grōk
• VIVO:Blue LM、蓝心	• Cohere:Cohere
• 网易有道:子曰	• Scale AI:Scale
• 京东:言犀	• character ai:Character
• 秘塔科技:MetaLLM	• Colossal AI:ColossalChat
• 月之暗面:Kimi	• Nvidia:ChipNeMo

---

① 袁璐.开启创新发展新时代——人工智能2023年总结与2024年展望[J].中国电信业,2024(2).

全球范围内，AI大模型的发展正步入前所未有的繁荣期。无论是通用型模型、行业特定模型，还是多模态模型，都在迅速迈入实际应用的关键阶段。这一时期的特点是技术的不断深化和市场的快速扩展，展现出巨大的发展潜力和广阔的市场前景。

3. 应用领域持续拓展

AI为各行业提供了更加先进的工具与手段，推动了产品和流程的革新。赛迪研究院数据显示，我国生成式AI的企业采用率已达15%，在制造业、零售业、电信行业、医疗健康四大行业，生成式AI技术的采用率分别为5%、13%、10%和7%。[①] 随着AI技术的发展和应用场景不断扩展，特别是在医疗健康、金融、教育、交通等多个领域，预计AI市场规模将急剧扩大。我国AI的应用领域及相关案例见表1-2。

表1-2　AI的应用领域及相关案例

应用领域	具体案例
医疗健康	医学影像分析、疾病预测、健康监测、智能诊断、药物智能研发、远程医疗等。
金融	风险管理、欺诈检测、算法交易、信用评分、客户服务、投资决策等。
教育	智能教育系统、个性化学习、机器辅助教学、协作机器人、深度学习网络等。
交通	交通流预测、自动驾驶技术、智能交通系统、高精定位、车路协同等。
制造业	智能生产、机器人自动化、质量控制等。
零售业	无人便利店、智慧供应链、客流统计等。
物流	无人仓储、无人机配送、自动分拣系统、智能仓储管理、冷链物流管理等。
农业	作物监测、病虫害预测、精准农业等。
电信行业	网络优化、流量管理、客户服务智能化、网络安全等。
城市管理	城市规划、智慧城市建设、应急管理系统、污染监测等。
安防	视频监控、入侵检测、智能门禁系统等。
文娱业	泛娱乐、元宇宙、游戏、超高清视频等。
基础研究	量子物理、能源科学、材料科学、天文探索等。

4. 市场规模不断扩大

近年来，全球AI市场规模迅速扩大，展现出强劲的增长势头。根据Grand View Research的数据，2023年全球AI市场规模达到1966.3亿美元，2024年至2030年的复合年增长率预计达到36.6%，整体市场将接近万亿美元规模。[②] 这一高速增长得益于各国政策支持、技术进步以及AI在各行业中的广泛应用。未来十年内，AI市场规模预计将增长逾13倍，成为推动全球经济增长的重要引擎。与此同时，中国在全球AI市场中扮演着越来越重要的角色，政府持续推动AI产业政策的完善和标准化体系的建设，为市场扩展提供了坚实的基础。

---

① 袁璐. 开启创新发展新时代——人工智能2023年总结与2024年展望[J]. 中国电信业, 2024(2).

② AI市场"王炸"不断 人工智能领域投资热度持续升温. 搜狐网（https://www.sohu.com/a/783939681_121146933），2024-06-05.

二、什么是员工培训

（一）员工培训的内涵

员工培训是指组织有计划地实施有助于员工学习与工作相关的胜任力的活动。胜任力包括知识、技能、态度以及对工作绩效起关键作用的行为。培训与教育、研讨、讲座、演讲等概念相关，但有所不同，具体区别如下：

1. 培训与教育

教育可以分为广义和狭义。广义的教育泛指一切有目的地影响人的身心发展的社会实践活动。狭义的教育主要指学校教育，即对适龄儿童、少年、青年进行培养的过程。教育是培养新生一代适应社会的过程，也是传承人类生产生活经验的重要手段。

企业培训属于广义的教育，但与教育有所不同。培训的最终目的是增强生产力，而教育的最终目的是培养生产力。培训侧重于员工个人的职业发展，而教育则帮助人获得生存与生活的技能。

2. 培训与研讨

研讨，顾名思义，即为研究和探讨。研讨通常围绕某个前沿课题展开，而员工培训则针对组织内部的具体问题。研讨的主要目的是通过集体讨论和交流，实现理论上的进步和创新。而培训不仅包含知识的传授，还强调能力和素质的提升，从而满足组织发展的需求。

3. 培训与讲座

讲座是由主讲人向学员传授某方面知识、技巧，或改善某种能力、心态的学习形式。在学校里，讲座通常由教师或专家学者讲授与学科相关的前沿知识，以扩大学生的知识面。在社会上，讲座一般是专家面向公众开设的专题性知识分享活动。讲座旨在传播知识或观念，而培训则更注重提升员工的实际工作能力和专业素质。

4. 培训与演讲

演讲是在公众场合，通过口头语言和体态语言表达见解、阐述事理或抒发情感的交际活动。虽然培训中可能包含演讲的元素，但培训的核心在于通过系统的训练使员工掌握知识和实际技能，而不仅仅是表达观点或情感。

（二）员工培训的类型

1. 按员工与岗位的关系划分

按照员工与所在岗位的关系，可将员工培训分为岗前培训、在职培训、脱产培训。

岗前培训，又称新员工入职培训或导向培训，旨在帮助新员工迅速适应新的工作环境。培训内容包括公司规章制度、岗位职责、组织文化、工作流程及人际关系等，目的是使新员工尽快融入组织。岗前培训的核心在于组织社会化，即将新员工从外部人员转变为组织内部的一部分。费舍将组织社会化的学习内容分为五类（见表1-3）。

表 1-3　新员工组织社会化的学习内容

类　　型	具 体 内 容
基础学习	包括发现学习的必要性、学习内容及学习对象等。
了解组织	包括组织的目标、价值与政策等。
学习在工作团队中发挥作用	包括团队的价值观、准则、角色及人际关系等。
学习如何开展工作	包括特定工作的知识和技能等。
个人学习	从工作经验和在组织的体验中学习,包括自我认同、期望、自我形象及动机等。

在职培训,也称在岗培训,是指员工在其正常工作环境中接受的培训。这是历史最悠久、应用最广泛的培训方式,也是相对经济的选择。大多数员工通过这种培训获得工作技能或其他方面的技能,如问题处理技能、人际技能、沟通技能等。在广义上,在岗培训不仅包括正式的培训,也涵盖了日常工作中员工之间或员工与主管之间的任何一对一指导,这类培训常以非正式方式进行。

脱产培训,指选派部分员工在一段时间内脱离工作岗位,到专门的培训机构或学校集中进行业务学习。脱产培训分为全脱产培训和半脱产培训。全脱产培训是指完全脱离工作岗位,到专门机构进行学习;半脱产培训则指受训者在学习期间仍需兼顾部分工作,学习与工作同时进行。脱产培训的形式包括开办训练班、员工业余学校,选送员工到正规院校或国外进修等。半脱产培训的形式则包括攻读 MBA、MPA 学位等。随着行业竞争日益激烈,企业愈发重视学习型组织建设,员工学习机会增多,加之全脱产培训具有一定局限性,半脱产培训正逐渐取代全脱产培训。

相较于在职培训,脱产培训的学习时间更为充裕,且学习内容通常更为系统。然而,脱产培训也有其不足之处:某些学习内容可能与实际岗位需求脱节,培训费用较高且培训人数受到限制。

2. 按培训时间划分

根据培训时间的长短,可以将培训分为长期培训和短期培训两类。

长期培训持续时间较长,通常比较分散,需要细致周密的培训规划来确保顺利进行。长期培训的主要目的是培养员工在未来能够承担更大的责任,为组织的长远发展做出贡献。长期培训往往涵盖多个短期培训,并且目标明确、计划性强,以系统地提升员工的综合能力和素质。

短期培训是根据组织的现实需求开展的,持续时间较短,集中性强。短期培训的目的通常是在短期内提高工作绩效,解决特定的知识或技能短板。尽管短期培训的时间较短,但其针对性和实效性较高,常用于应对突发的市场变化或技术更新。

通常,长期培训由多个短期培训构成,两者的最终目标都是促进组织和员工的共同发展。长期培训和短期培训的区别见表 1-4。

表 1-4　长期培训和短期培训的区别

分　　类	长　期　培　训	短　期　培　训
计划性	强	弱
目的性	明确	较隐蔽
持续时间	持续时间长,分散性强	持续时间短,集中性强

（三）员工培训的特征

1. 培训对象的成人化

　　企业培训的对象主要是成年人,他们参加培训具有很强的目的性和现实性。大多数成人希望学习到对当前工作或职业晋升有帮助的内容。因此,培训课程的设计需要注重实用性。此外,成年人拥有丰富的生活经验和社会阅历,他们对学习的需求、兴趣、动机以及学习内容的选择,很大程度上基于个人经验。这就要求培训不仅仅是理论教学,还要结合员工的工作实际,加强实践性和应用性。

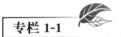

专栏 1-1

戈特的成人学习原理

　　1. 成人是通过实践学习的。经验表明,通过动手实践来学习是最为有效的学习方式。实际操作能给学员留下深刻的印象,并验证他们头脑中的想法,从而提高学习的积极性。

　　2. 运用案例。成人学员习惯通过熟悉的参考框架来促进学习,因此需要采用真实、有趣且与学员相关的案例来吸引注意力,激发学习兴趣。

　　3. 通过联系和比较学习。成人的丰富背景和经验会影响他们的学习过程。他们倾向于将新知识与已有的知识进行比较,并集中注意力在他们已经了解的内容上。

　　4. 在非正式的环境中进行培训。培训应在轻松的环境中进行,避免过于严肃。一个良好的培训场地应具备交通便利、安静、不受打扰,以及足够的空间供学员自由活动等条件。培训室的座位布置应根据培训师与学员之间及学员之间的互动需求进行设计。不同的座位布置适合不同的培训需求(如图 1-1 所示)。其中,圆形和马蹄形座位安排适合小组活动和非正式培训,教室形和剧场形座位安排适合中等或大型培训,而扇形座位安排更适合以互动和讨论为主的中小型培训,例如研讨会、工作坊或讨论型讲座。

　　5. 增添多样性。灵活改变培训的进度、方式、教具或环境等,可以增加学习的趣味性,提升培训效果。

　　6. 消除恐惧心理。在培训过程中,信息反馈是必要的,但应尽量以非正式的方式进行,以减少成人学员对学习成绩与个人前途挂钩的担忧。

　　7. 做一个学习促进者。成人培训应避免单向传授,培训师应扮演学习促进者的角色,采用灵活有效的培训方式来推动学习。学习促进者的职责包括保持中立、促使学员履行学习责任、识别学员学习目标、强化学习原则、鼓励学员等。

　　8. 明确学习目标。培训伊始,就应告知学员学习目标,使他们时刻注意自己是否走在通向成功的正确道路上。

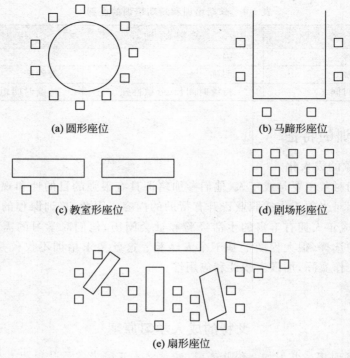

图 1-1　培训室座位的不同设计

9. 反复实践，熟能生巧。实践是帮助学员实现学习目标的有效途径，通过实践将理论转化为实际工作能力。

10. 引导启发式学习。通过引导和启发学员主动投入学习，并提供资料、案例和鼓励，帮助学员更好地找到答案或完成任务。

11. 给予信息反馈。及时且持续地提供信息反馈，帮助学员了解自己的进步和需要改进的地方。

12. 循序渐进，交叉训练。学习的每一部分都应建立在前一部分的基础上，通过交叉训练强化和提高学员的能力。

13. 紧扣学习目标。培训的所有活动都应围绕学习目标进行，并在培训过程中反复强调，使学员清晰理解和认同。

14. 良好的初始印象。培训初期给学员的印象至关重要，充分的准备工作能吸引学员的注意力，提升学习效果。

15. 充满激情。培训师的表现对学习氛围有决定性的影响。一个充满激情的讲师能够感染学员，激发他们投入学习。

16. 重复学习，加深记忆。通过多样化的培训方式进行重复学习，可以加深学员对知识的理解和记忆。通常，重要的内容至少要重复学习三次，并采用不同的方式来增强记忆效果。

2. 培训内容的针对性

培训内容的设计应以培训需求为导向，针对组织、岗位和个体的实际需求进行有针对性的培训。不同的组织和岗位对培训的需求各不相同,因此培训内容应有所侧重。同时,个体在知识背景、技术技能和经验上存在差异,培训内容和进度应根据这些差异进行合理安排。例如,新员工的培训侧重于企业价值观、行为规范和基本技能等内容,而管理人员的培训则侧重于管理知识、人际关系和决策能力等方面的提升。

3. 培训方法的灵活性

除了传统的线下培训,还可以利用视频会议软件、学习管理系统、录播课程、在线论坛、虚拟课堂等现代技术手段进行线上培训,从而突破时空限制,解决工作与学习之间的冲突。结合案例分析法、角色扮演法、情景模拟法、现场考察法、小组讨论法和实际操作法等多种培训方式,采用启发式、互动式、研讨式等教学模式,可以增强培训的情境性、趣味性和实用性。通过这些多样化的培训方法,学员可以成为学习的主角,课堂气氛得以活跃,学习热情得以激发。

4. 培训成果的实效性

企业在培训过程中必须注重实效性,确保培训投资回报最大化。要提升培训的实效性,企业首先需要明确培训目标,将其与组织的战略需求对接,据此设计针对性的培训内容,选择合适的培训方法。此外,持续跟踪和评估培训效果,通过随堂调查、座谈会和问卷调查等方式收集学员的反馈意见,并进行深入分析,可以及时了解培训的效果和存在的问题。基于这些反馈进行必要的调整,确保培训能够在实际工作中得到有效转化。

三、AI 时代为何要培训员工

(一)产业层面

1. 应对 AI 产业人才短缺

AI 产业正处于高速发展阶段。根据央视财经数据,我国 AI 核心产业规模已超过5000 亿元,AI 正以空前的速度与各行各业深度融合,推动各个领域创新与变革。[①] 然而,AI 技术的快速普及带来了全球范围内对 AI 人才的爆炸性需求,人才供需缺口日益明显。据估算,我国 AI 人才缺口已超过 500 万。麦肯锡预测,到 2030年,中国的 AI 人才供应将仅能满足市场需求的三分之一。艾媒咨询 2024 年 2 月发布的《2024 年中国企业智能化发展人才需求调研》结果显示,高达 91.3% 的受访企业面临 AI 人才短缺问题,AI 数据工程师、AI 机器人工程师、AI 算法工程师、AI 产品经理、AI 教育培训人员的需求尤为迫切,占比分别为 29.6%、28.3%、27.1%、26.9%、26.3%。[②]

扩展阅读 1.2　加快数字人才培育支撑数字经济发展行动方案——重点任务

员工培训可以有效缓解 AI 产业的人才短缺问题,2024 年 4 月,人社部等九部门印发《加快数字人才培育 支撑数字经济发展行动方案(2024—2026 年)》,强调"构建科学规范培训体系,开发培训教程,分职业、分专业、分等级开展规范化培训,开辟数字人才自主培

---

① 卢臻. 人工智能红利凸显 人才空缺难题待破解[N]. 通信信息报,2024-06-14.
② 吕虹,杨柳. AI 人才缺口达 500 万 硕博毕业生多流向信息传输等行业[N]. 南方都市报,2024-07-21.

养新赛道"。员工培训能够快速提升现有员工的专业技能,缩短人才培养周期。相较于外部招聘和长时间的教育培养,内部培训更具效率,能够及时填补技术岗位的空缺。通过定向培训,企业可以将现有员工转化为具备 AI 领域技能的人才,满足市场对高技能人才的紧迫需求。

2. 紧跟知识技术更新步伐

当今时代,知识更新和技术迭代的速度正以指数级增长。过去 20 年间,全球学术论文发表数量增加了近两倍,反映了知识领域的快速扩展。技术产品的生命周期显著缩短,以计算机处理器为例,根据摩尔定律,计算能力大约每 18 个月翻倍。尽管摩尔定律在近年来有所放缓,但技术更新的速度依然迅猛。

在这样的背景下,员工培训变得尤为重要。持续培训能够帮助员工不断学习新知识、新技能,跟上最新的技术趋势和行业发展。例如,AI 技能培训使员工掌握最新的人工智能工具和技术,不仅显著提升工作效率,还促进了创新能力的提高。通过不断培训,员工能够适应技术变化,推动企业和行业的发展。

3. 顺应复合型人才需求

AI 技术迅猛发展正深刻影响各行各业,从智能制造、智能交通、智能医疗到智能教育等,都急需具备跨学科知识和实践能力的复合型人才。国家对 AI 复合型人才的需求越来越迫切,《加快数字人才培育 支撑数字经济发展行动方案(2024—2026 年)》提出,"紧贴企业发展需求开设订单、订制、定向培训班,培养一批既懂产业技术又懂数字技术的复合型人才"。

为培养复合型 AI 人才,培训应重点关注跨学科知识整合与实践能力培养。课程设计应融合人工智能与数据科学、软件工程及行业应用等领域的知识,确保学员在掌握 AI 技术的同时,理解其在不同产业中的实际应用。例如,结合 AI 与金融、医疗等行业的课程,能够帮助学员理解如何将 AI 技术有效地应用于实际场景。

4. 助力产业数字化转型

产业数字化转型指利用数字技术和数据分析重塑和优化产业结构、业务流程及经营模式,以实现更高效、更灵活和更具创新性的生产和服务。这一转型是未来发展的必然趋势,而 AI 技术则是其中的核心驱动力,直接推动新质生产力的发展。

扩展阅读 1.3 "十四五"数字经济发展规划——加快推动数字产业化

员工培训在产业数字化转型中扮演着关键角色。通过培训,员工能够深入理解数字化转型的战略意义与目标,并在实际工作中推动技术的应用与创新。培训使员工掌握数字化工具和技术,如数据分析、自动化流程和云计算,提升其数字素养和专业水平,助力产业数字化转型和高质量发展。

(二)企业层面

1. 增强企业适应力

在当今时代,唯一不变的是变化。市场环境、技术工具、产品、流程和工作设计等都在不断演变。尤其是随着 AI 的发展,知识和技术更新的速度显著加快。企业要在激烈的市场竞争中保持领先,必须持续对员工进行前瞻性培训。通过培训,员工能够不断更新知识和技能,提升创新能力,增强企业适应瞬息万变的市场环境的能力。例如,培训可以帮助员工掌握最新的 AI 技术,帮助企业做出更加科学、精准的决策,使企业在市场变化中变得更具优势,增强其在 AI 时代的适应力。

2. 提高员工生产力

随着技术的快速进步,尤其是 AI 的应用普及,企业必须不断培训员工以应对新挑战和机会。研究表明,培训能够显著提升员工的知识和技能,以及沟通、组织、协调和创新能力。例如,通过培训,员工能够熟练掌握 AI 驱动的工具和系统,提高工作效率,减少错误,优化任务执行。此外,培训还能改变员工的工作态度,促使其更加积极地承担任务并为公司发展做出贡献。团队合作也是培训的重要内容,通过培训增强团队协作能力,减少部门间和员工间的摩擦,推动企业实现更高的协同效应。

3. 提升组织凝聚力

培训不仅是技术知识的传授,也是企业文化和价值观的传递。随着 AI 逐渐改变着人们工作和生活的方式,企业进行培训展示了企业对员工学习与成长的重视,体现了公司对每个员工个人成长和发展的投资。这种重视和投资能够激发员工的积极性,增强其对企业的归属感和忠诚度,使员工感受到自己是公司长期发展中的一部分,从而更加努力投入地工作,提升组织的凝聚力。

4. 打造核心竞争力

企业的核心竞争力体现在文化、资源、技术、治理结构、生产经营、新产品研发和售后服务等方面。[①] AI 技术作为第四次工业革命的核心驱动力,正在引领全球经济的转型升级和社会生活方式的变革。在此背景下,人力资本成为企业获取核心竞争力的关键。培训作为人力资本投资的重要手段,能够显著增强企业的竞争优势。研究显示,投资培训的公司,其利润提升比其他企业高 37%,人均产值高 57%,股票市值提升 20%。[②] 由此可见,培训作为一种人力资本投资的方式,不仅可以增值人力资本,还能推动创新和变革,提升企业的核心竞争力。

(三)员工层面

1. 提升职业胜任力

随着 AI 技术的迅速发展,企业对员工技能的需求不断变化。掌握新兴技术如 AI 算法、数据分析和自动化系统,已成为员工在职场中保持竞争力的关键。通过有针对性的培训,员工能够迅速提升专业技能,适应不断演变的工作方式,不仅提高了工作效率,还增强了职场胜任力,在技术飞速发展的环境中保持优势地位。

此外,持续的技能培训为员工拓宽了职业发展的路径。例如,传统业务分析师通过学习 AI 技术,可以成功转型为数据分析师,从而进一步拓展职业生涯。这种技能升级不仅让员工在当前岗位上表现更加出色,还为他们创造了更多晋升机会和职业转换的可能性,从而提升职业发展的潜力和可持续性。

---

① 王淑珍. 现代人力资源培训与开发[M]. 北京:清华大学出版社,2010:19.
② 谌新民. 员工培训成本收益分析[M]. 广州:广东经济出版社,2005:5.

2. 提高创新能力

AI 技术的发展要求员工具备持续的创新能力，以应对未来的复杂挑战。培训不仅提升了员工的技术能力，还通过系统性学习培养了他们的创新思维，使其在快速变化的环境中保持灵活性和适应性。例如，通过培训参与 AI 项目的研发，员工能够理解前沿技术的应用，并运用创新思维解决实际问题，为企业的持续发展提供新动力。这种创新能力使员工在面对未来的不确定性时，能够主动应对挑战，推动企业的持续进步。

3. 降低被替代风险

AI 的迅猛发展正在重塑就业市场，各行业中岗位需求的增减情况如表 1-5 所示。许多传统岗位，尤其是那些以重复性、低技能任务为主的岗位，面临被 AI 和自动化技术替代的风险。在这种环境下，员工的岗位安全性受到威胁。然而，通过有针对性的培训，员工能够掌握 AI 相关技能，如数据分析、信息安全和自动化工具的使用，从而转向技术含量更高、创新性更强的岗位，显著降低被替代的风险，保障其职业稳定性和安全性。

表 1-5　AI 时代各行业中岗位需求的增减情况

需求增加的岗位	需求减少的岗位
• AI 产品经理	• 保险业务员
• AI 伦理顾问	• 材料与库存记录员
• 大数据专家	• 出租车司机
• 环境与可持续发展专家	• 打字员
• 机器人工程师	• 电话营销人员
• 金融科技工程师	• 会计、记账及工薪结算员
• 客户体验设计师	• 机械维修工
• 人工智能与机器学习专家	• 建筑工人
• 人机交互专家	• 酒店前台接待员
• 认知计算专家	• 客户服务代表
• 商业智能分析师	• 摄影师
• 数字化转型专家	• 收银员
• 数字营销专家	• 数据录入员
• 网络与云计算架构师	• 外语翻译
• 物联网专家	• 销售代表
• 信息安全分析师	• 行政秘书
• 战略顾问	• 银行职员
• 培训与发展专家	• 邮政与快递员
• 智能制造工程师	• 装配员与工厂工人
• 自动化系统工程师	• 仓库管理员

四、员工培训的模式

（一）企业办大学/研究院

企业办大学/研究院是指由企业出资建立的常设培训和教育基地，为企业内部员工提供定制化的培训和教育服务。这种新型教育培训机构致力于通过提供定制化课程和多样化的教学方法,帮助员工和合作伙伴提升专业技能和知识水平,支持企业实现战略目标。企业办大学/研究院不仅关注员工的职业发展,还通过内部人才培养机制,增强企业的人才储备和创新能力,以实现企业的长期发展。知名企业的内部大学/研究院及其特色见表1-6。

表1-6　知名企业的内部大学/研究院及其特色

企业	内部大学/研究院	特　色
华为	华为大学	提供多种培训课程,包括新员工培训、管理层培训和面向客户的专业培训等,目标是建设学习型组织,推动员工的职业发展和公司的全球化战略。
腾讯	腾讯大学	腾讯大学包括四个子学院:微信学院、电商学院、开平学院、互联网学院。通过线上和线下结合的方式,为员工和外部合作伙伴提供定制化的培训课程,涵盖互联网技术、产品创新、市场营销等领域,帮助学员提升专业技能和知识水平。
麦肯锡	麦肯锡知识学院	依托麦肯锡的全球资源和实践经验,提供覆盖各行业的定制化培训课程,涵盖管理咨询、战略分析、行业趋势等领域,旨在为公司的咨询顾问和客户提供系统化的知识培训和技能提升。
丰田	丰田技师学院	专注于提升员工的技术技能,通过严格的培训计划确保员工掌握最新的制造技术和工艺标准,从而持续提升丰田汽车的产品质量和生产效率。

(二) 产教融合

1. 产教融合的内涵

产教融合,也称"校企合作"或"产学合作",是指产业界(企业)与教育界(学校、科研机构等)合作培养人才的模式。产教融合最初是为解决职业教育与产业系统结合的问题而提出的,主要应对产业发展与人才培养、职业教育学科建设与经济社会协同之间的矛盾。随着市场竞争日益激烈,企业对专有型、应用型人才的需求不断增长,这推动了产学合作的广泛实践。

2. 产教融合的形式

(1) 实训基地培训

企业与高校合作建立实训基地,将培训融入实际工作环境。培训内容由高校与企业共同制定,涵盖专业理论与实操课程,培训对象为新员工或高校学生。通过在真实场景中的学习,学员能够更直观地理解企业运作,并掌握专业技能,同时也为企业培养具备实践能力和创新潜力的人才。

(2) 行业导师制度

行业导师制度是一种通过企业或行业专家为学员提供指导的培训模式,旨在帮助学员更好地适应行业需求并实现职业发展。导师通常由经验丰富的行业从业者担任,以一对一或小组形式与学员互动,针对学员的具体情况提供个性化的指导和建议。通过分享个人经验和实战技巧,导师帮助学员理解行业运作的核心要素,掌握职业技能,并规划职业发展路径。

（3）企业定制课程

企业根据自身需求,与教育机构合作开发特定课程。这些课程涵盖行业前沿技术,满足企业的特殊要求,强化员工的实践能力,并可能转化为符合行业标准的技能认证课程。

 案例 1-1

宝马集团的双元培养制度

宝马集团作为德国汽车行业的领军企业,通过双元制度培养高素质的汽车技术人才。双元制度结合了理论学习与实际工作经验,将学校教育与实习实训有机融合,为学生提供全面的理论知识与实践技能,确保其毕业后能够顺利融入汽车行业并快速成长。

宝马集团与德国各大职业学校合作,设计了针对汽车技术的双元制课程。课程涵盖汽车工程、电子技术、机械制造等多个领域,确保学生获得全面的技术知识和行业认可的资质证书。学生在校期间接受理论教育的同时,还必须参与宝马集团的实习计划,实地了解并参与汽车制造和维修的各个环节。

宝马集团在全球范围内设立了多个实习基地和培训中心,为学生提供高质量的实习机会。在这些实习中,学生不仅学习到最先进的汽车生产技术和管理模式,还能亲身体验工作现场的机遇与挑战。每位学生都有专门的导师指导,帮助他们掌握关键技能、解决实际问题。

通过双元制度,宝马集团培养出了一大批在技术能力和职业素养上都表现出色的专业人才。这些人才通常能够迅速适应企业的工作节奏和规范,为公司节省了培训时间与成本,并为宝马集团的技术创新和市场竞争力提供了强有力的支持。

（三）培训外包

外包指企业将部分工作任务交给专业公司来完成,以降低成本、提高效率,并使企业能够专注于核心业务。培训外包则是一种将企业培训部门的相关职能委托给外部专业机构的培训方式,旨在利用其专业能力和资源。

1. 培训外包的模式

根据外包的内容和范围,培训外包通常可以分为以下几种模式:

（1）完全外包

企业将整个培训业务(包括制订培训计划、设计课程内容、确定时间表、提供后勤支持、进行设施管理、选择讲师、进行课程评价等)全部交给外部培训机构。该模式的优点在于,企业培训业务在企业外部独立进行,最大限度地简化了企业内部的管理环节,节约了管理成本。然而,这种模式可能导致企业对培训质量的控制力减弱,并增加对供应商的依赖。

（2）部分外包

部分外包指企业将培训职能进行具体划分,将内部能够执行的部分交由人力资源部或培训部处理,而将无法完成的部分委托给外部供应商。通过这种模式,企业可以将战略高度相关的重要培训任务留给内部团队,同时利用外部供应商的专业优势来补充和增强内部能力。这不仅有助于保持对培训质量的控制,还能在成本上有所节约。部分外包要求企业在内部团队与外部供应商之间进行有效协调,并对外包项目进行监督和管理。

（3）项目外包

项目外包指企业将特定的培训项目或任务委托给外部供应商负责。此模式适用于那些有明确目标和时间限制的培训需求,如新产品培训、并购整合培训或特定技能提升项目。外包供应商承担从需求分析、课程设计到实施和评估的全过程。

项目外包能够迅速动用外部资源,满足短期培训需求,并且通常由具备专业知识和实践经验的供应商提供高质量的培训解决方案。不过,依赖外部供应商可能带来管理上的挑战,如合同条款的明确、项目进度的跟踪和质量控制的监督。此外,企业需要投入额外的精力和资源来确保培训项目的顺利执行,避免因供应商的服务质量问题影响整体培训效果。

（4）平台外包

平台外包指企业将培训管理信息系统整体外包给第三方服务提供商。此模式适用于需要大规模培训管理和技术支持的场景,例如企业内部培训的数字化转型或员工学习平台的建立。外部服务商提供集成的培训管理平台,支持在线学习、课程管理、进度追踪和数据分析等。

平台外包的优点在于显著降低企业自建和维护培训系统的成本,同时获得先进的技术工具和丰富的课程资源。通过集成的培训管理平台,企业能够高效地管理课程注册、学习进度监控、评估反馈和数据报告,从而提升培训管理的效率。

平台外包的缺点在于增加了对技术供应商的依赖,企业必须确保外部平台与内部系统的无缝集成,并保障数据的安全。此外,需要考虑系统的兼容性和稳定性,以防技术问题影响培训效果。不同企业对培训外包模式的选择参见表1-7。

表 1-7　企业培训外包模式选择

培训外包模式	企业类型	原　因
完全外包	资源有限型企业	小型企业或初创公司,缺乏足够的内部分配资源来建立和管理培训体系。
	跨国公司	跨国公司通常拥有复杂的培训需求及文化差异,完全外包可通过全球或区域性培训机构实现培训业务的集中管理和标准化。
	行业标准化企业	一些行业(如金融、医药)对培训内容有高标准化要求,完全外包利用具备相关资质的培训机构确保培训符合行业标准,降低合规风险。

培训外包模式	企业类型	原　　因
部分外包	中型企业	中型企业通常具备一定的内部资源,但在某些特定领域(如高级技能或最新技术应用)可能缺乏专业能力。部分外包结合了外部资源和内部控制,灵活应对培训需求。
	成熟企业	成熟企业拥有内部培训部门,但需要补充外部资源以满足复杂的培训需求。
	转型期企业	转型中的企业需适应市场变化,部分外包模式允许根据需要调整外包内容和规模。
项目外包	快速发展型企业	在快速扩展或并购的企业中,项目外包模式能迅速响应针对性培训需求(如并购整合培训)。
	技术驱动型企业	技术行业的企业常需针对新技术或产品的培训,项目外包提供了特定领域的专业知识和实践经验。
	定制需求企业	一些企业有非常特定或定制化的培训需求,项目外包模式提供高度定制的培训解决方案,满足企业的独特需求。
平台外包	大规模企业	大型企业通常需要管理复杂的培训需求和庞大的员工群体,平台外包模式通过提供综合的培训管理数字平台来支持这些需求。
	数字化转型企业	处于数字化转型阶段的企业需要建立先进的培训管理系统,平台外包的集成解决方案帮助企业完成数字化转型,优化培训管理和数据分析。

2. 培训外包的注意事项

（1）明确需求和目标

在培训外包时,企业需要明确其需求和期望达成的目标。首先,应识别内部资源的局限性,例如缺乏专业培训团队或技术支持,从而评估外包的必要性,以及外包能否有效弥补这些不足。同时,企业需明确外包的具体目标,如提升培训效率,降低成本,加速员工对新技术或市场变化的适应能力等。清晰的需求和目标不仅有助于选择合适的供应商,也为后续的培训效果评估提供了可靠依据。

（2）选择合适的供应商

首先,需要全面评估供应商的资质、经验和专业能力,尤其是供应商是否拥有相关领域的成功案例和客户推荐。其次,考察供应商团队的背景和专业水平,确保其成员具备执行培训任务的能力。此外,还应深入了解供应商的培训方法和技术,确保其能够提供与企业需求相匹配的培训方案。通过招标方式进行比选,也是一种获取最优培训解决方案的有效手段。选择外包服务商的一般标准见表1-8。

表 1-8　选择外包服务商的一般标准

一 般 标 准	具 体 内 容
资质与认证	供应商是否具备相关领域的资质和认证,如行业协会认证等。
经验与案例	供应商是否有相关领域的丰富经验,以及成功的培训案例、良好反馈案例和客户推荐信。

一般标准	具体内容
专业能力	供应商团队成员的专业背景和培训能力,是否有符合本行业的培训师资团队和技术支持人员,是否具有足够的业界资源积累和较高的职业道德。
培训方法与技术支持	供应商的培训方法和技术水平,如是否使用最新的培训技术和方法(如在线培训平台、虚拟仿真技术等),是否有完善的培训设施和授课设备。
客户服务	供应商的客户服务水平,如响应速度、售后支持、定期沟通机制等。
价格合理性	供应商提供的培训服务价格是否合理,是否具有良好的性价比。
合同规范性	供应商提供的合同条款是否清晰明确,是否符合法律规定;合同内容是否包括双方的权利和义务、培训内容和时间安排、费用、隐私保护和付款方式等。

（3）签订详细合同

签订详细合同是保障双方利益的重要环节。合同应明确规定双方的职责和分工,以避免责任不清造成的问题。培训内容、时间安排和交付方式需在合同中具体列明,确保双方对培训计划有一致的理解。合同还应规定培训费用和付款方式,以及培训效果的评估标准和验收条件。在合同谈判中,务必注意合同细节,防止因条款不清晰而引发纠纷。

（4）质量控制与评估

质量控制与评估是确保培训项目成功不可或缺的环节。在培训过程中,企业应与供应商保持定期沟通,及时了解培训进展和可能存在的问题,以确保项目按计划推进。对于拥有数据分析能力和技术支持的外包机构,企业应定期检查培训数据,并在合同签订前明确数据的公开透明性要求。此外,企业还应建立有效的反馈机制,收集学员的反馈意见,并及时与供应商沟通改进措施。培训结束后,企业可以通过学员的考试成绩、实操表现以及后续工作表现来全面评估培训效果。

（5）外包风险管理

企业在将培训工作外包给第三方时,需提前识别和评估潜在风险,如供应商的稳定性、培训内容的适应性、数据安全隐患等。特别是在涉及敏感信息的培训项目中,企业应与供应商明确数据保密协议,确保学员数据和企业内部信息的安全性。企业还应制定应急预案,以应对培训过程中可能出现的突发问题或供应商交付延迟等情况。此外,企业可通过选择备用供应商或引入多方合作模式,降低单一供应商可能带来的依赖风险,确保培训项目顺利实施。

思 考 题

1. 简述 AI 的内涵与分类。
2. 简述员工培训的内涵与分类。
3. 培训对推动 AI 产业的发展有何作用?
4. AI 时代企业为何要开展员工培训?
5. AI 时代培训对员工个人来说有哪些作用?
6. 如何通过产教融合开展员工培训?
7. 如何成功地开展培训外包?

即 测 即 练

第二章

AI 赋能：员工培训新业态

 案例导入

微软公司的数字化培训

微软公司作为全球领先的科技企业，为了在云计算、人工智能等前沿领域保持竞争优势，持续推动数字化培训的创新。其主要目标是通过提升员工在关键技术领域的知识和技能，来支持公司的战略发展和技术创新。依托自有的数字平台和 AI 技术，微软在员工培训方面积累了丰富的技术经验和特色模式，主要体现在以下几个方面：

个性化学习。2016 年，微软推出了 Microsoft Learn，旨在为学员搭建一个自定进度的一站式学习中心，引导学员自主学习其平台的产品和服务。通过数据分析和人工智能技术，Microsoft Learn 实现了个性化的学习路径推荐。员工可以根据自己的职业发展目标，如 Azure 开发或 AI 工程，选择适合的学习路径。平台基于学习进度和需求数据，推荐相应的课程和资源，确保每个员工都能获得个性化的学习体验和最大化的学习效果。

数据驱动式学习。微软利用 Power BI 等数据分析工具，对员工的学习进度和效果进行实时监测和评估。通过定期反馈和评估，了解员工的学习成果和需求，并据此不断优化培训内容和方式。学习平台提供即时反馈和指导，帮助员工及时调整学习策略，提高学习效率。

游戏化学习。为了激励员工主动参与培训，微软在培训中融入了游戏化学习的元素。例如，通过 Microsoft Learn 平台上的学习路径和模块，员工可以完成任务、解锁成就和获得徽章，激发学习兴趣和动力。Azure Hero 项目就是一个典型的例子，员工通过完成不同的学习任务获得虚拟徽章，这种游戏化设计极大地提升了学习的趣味性和成就感。

社交学习。微软利用 Microsoft Teams，支持员工在学习过程中进行协作和互动。员工可以在 Teams 中组建学习小组，分享学习资源和经验，进行实时讨论和协作学习。在线研讨会和虚拟教室也是社交学习的重要部分，员工可以通过这些平台参与实时讨论，促进知识共享和团队合作。

通过专业化的数字技术培训，微软显著提升了员工在云计算、人工智能和数据科学等领域的知识和技能，支持了公司的战略发展。员工的学习体验和培训效果得到了显著提升，公司在技术创新和市场竞争中保持了领先地位。

一、数　智　化

（一）数智化培训的内涵

"数智化"的全称是数据智能化。数据智能化源于对数据中蕴含信息的深度挖掘，其

21

生成路径遵循"数据→信息→知识→智慧"的信息链条,逐层推进,旨在从数据中提取关键有用的信息,使数据具备"智能"属性。① 当前,许多企业正积极转变发展理念,推动数智化转型,将先进的数智技术应用于决策优化、员工培训、生产运营效率提升、客户体验改善等多个场景,旨在通过数智技术驱动业务变革,实现创新发展。

数智化培训是一种企业利用智能化培训平台和先进 AI 算法,实时收集并分析培训数据,持续优化培训内容和方式,以确保良好培训效果的培训模式。数智化培训注重对学员特质、能力、培训反馈等信息的收集和分析,旨在帮助组织识别并预测学员的培训和学习需求,实时生成个性化的培训内容,并动态调整学员的学习路径。

(二)数智化培训的方式

1. 智能辅导式培训

智能辅导式培训依托生成式人工智能(artificial intelligence generated content,简称 AIGC)技术,通过学员与 AI 的互动交流,促进培训知识的理解和内化。根据不同的沟通工具,可将智能辅导式培训分为 AI 教学辅导培训和聊天机器人培训两类。

(1) AI 教学辅导培训

AI 教学辅导培训通过虚拟教学形象分担培训教师的基础性工作,为学员提供个性化、智能化的学习支持和指导。根据功能和职责,虚拟教学形象可分为 AI 导师和 AI 助教两类。AI 导师可以作为培训教师的替代,其主要功能包括:创新师生沟通模式,消除教师与学员间的互动障碍;通过在线教学视频传授基础知识;为学员制定个性化学习方案。AI 助教则侧重于辅助性工作,更适用于线下课程管理和教学过程中提供实时支持,例如排课、创建和评估作业、组织简单的线上测验以及监测学生的学习进度。

根据培训对象和企业文化的差异,虚拟教学形象的设计可采取多种形式,如抽象卡通形象、三维虚拟真人、自定义角色等。需要注意的是,虚拟教学形象的外观、交互特质及其社会化属性等会对用户的在线学习效果产生影响。吸引力强、拟人化程度高的虚拟教师能够提升学习者的学习体验、满意度和学习效果。② 因此,随着元宇宙、人工智能、动态捕捉和虚拟现实等技术的不断发展,培训技术人员正积极探索这些技术的应用潜力,不断更新虚拟教学形象的外在表征和内在算法,并运用更加先进的自然语言处理技术和情感捕捉技术,创建更加逼真的虚拟教学形象。

(2) 聊天机器人培训

聊天机器人是一种基于自然语言处理技术和生成式人工智能技术,用于实现人机对话的交互式系统。不同于 AI 教学辅导中的虚拟教学形象,聊天机器人没有形象设定,而是通过对话框与用户进行实时交流和互动。它能够理解并生成自然语言文本或语音,主要功能包括解答问题、提供信息、执行指令、娱乐互动等。

扩展阅读 2.1　聊天机器人

在实际应用中,聊天机器人广泛应用于客户服务、虚拟助手、教育辅助、娱乐和社交

---

① 王秉.何为数智:数智概念的多重含义研究[J].情报杂志,2023,42(7).
② 赵一鸣,郑乔治,沈校亮.虚拟数字人对用户在线学习效果的影响研究[J].现代情报,2024(6).

互动等多个领域,为用户提供便捷且个性化的服务体验。在企业培训领域,聊天机器人通过与学员对话,了解其学习需求并提供相应服务,其功能主要包括:

① 实时答疑。学员在学习过程中遇到问题时,可以随时向聊天机器人提问并获得即时答复。这种实时的答疑可以有效减少学员在学习过程中的困惑,确保学习的连贯性,提升学习效果。

② 常态化学习。学员登录培训平台,就能随时进入对话界面与机器人进行互动,使交流与学习成为日常的一部分。

③ 知识检索。当学员在学习过程中需要查找特定的信息或回顾已学内容时,聊天机器人可以基于其强大的信息检索能力,迅速提供所需的信息或总结要点。

④ 模拟情境和角色扮演。聊天机器人可以根据需求模拟不同的情境或角色,让学员通过互动来实际操作或扮演角色,帮助学员随时练习和应用所学知识,增强实际操作能力。

⑤ 追踪学习进度。聊天机器人可以通过对话的形式定时发布学习指令,提醒学员按时完成学习任务,并记录学员的学习进度和行为数据。

2. 个性化培训

个性化培训是一种依靠智能化培训平台和数据可视化、智能推荐算法等技术,根据学员的个性化需求,提供针对性学习支持的培训方式。其个性化主要体现在学习目标定制化、学习资源差异化、策略调整动态化三方面。

(1) 学习目标定制化

智能化培训平台借助算法模型深入分析学员的历史数据,包括其学术背景、职业经历、技能水平、个人兴趣和发展需求,预测每位学员的潜在发展趋势,从而精确制定学习目标。

(2) 学习资源差异化

在培训过程中,智能推荐算法能够为不同的学员配备差异化的学习资源,包括各种在线课程、教材、案例等。此外,数据可视化技术还可以为学员提供直观的个人学习进度图和发展趋势图,使学员清晰了解自己的学习状况并调整学习行为。

(3) 策略调整动态化

个性化培训系统具备自主动态调整培训策略的能力,能随时根据学员的学习进展和学习效果调整教学计划和内容,提高学习的针对性和适应性,不断提升培训质量。

3. 数据驱动式培训

数据驱动式培训利用机器学习技术和大数据分析算法,收集学员的学习行为、进度、成绩等数据,生成个人和整体的培训反馈,据此优化培训内容、方式和流程,最大化培训效果。

(1) 个体反馈

在个人层面,培训数据反馈帮助学员全面了解其学习表现和成长进程,同时促进团队内部的合作与竞争,有效激发学员的学习动机和参与度。此外,借助 AI 评估个人的努力程度、子任务完成度以及团队协作度等多维指标,培训者能够快速识别出表现优异的成员并重点培养,同时为面临挑战的学员提供支持,帮助其识别和克服学习过程中的困难。

（2）整体反馈

从组织的角度来看,通过 AI 对培训项目的长期跟踪和数据积累,企业能够识别出最有效的培训内容和培训方法,并找到需要改进的领域。这种数据驱动的洞察力帮助企业优化培训策略,把资源集中于那些投资回报率高的培训项目。此外,数据反馈能够揭示培训过程中存在的问题和不足,及时调整培训方案,使之更符合实际需求。

二、虚拟仿真化

（一）虚拟仿真培训的内涵

虚拟仿真培训是利用虚拟技术创建模拟环境和场景,模拟现实世界中可能发生的各种情况,引导学习者在虚拟环境中进行实践操作、技能演练、想法测试和研究等活动。虚拟仿真培训的发展受益于技术的不断进步,如虚拟现实（virtual reality,VR）、增强现实（augmented reality,AR）、混合现实（mixed reality,MR）技术等,它们为学习者提供了更具沉浸式和交互式的学习体验。

（二）虚拟仿真培训系统的类型

1. 虚拟现实（VR）仿真系统

虚拟现实（VR）仿真系统通过头戴式显示设备,为学员创建一个模拟真实世界的虚拟环境,使他们能如身临其境般参与和体验各种场景。该技术通过沉浸式视觉和听觉体验,增强学员的身体感知和情景理解能力,同时减少对实际环境和资源的依赖。VR 技术广泛应用于技术复杂或高风险操作的培训项目中,如医疗手术、建筑施工和机械维护。通过虚拟环境的反复练习,学员能够在没有风险的情况下熟悉复杂操作,增强在实际工作场景中的应对能力。

2. 增强现实（AR）仿真系统

增强现实（AR）仿真系统能够在现实世界中叠加虚拟信息和场景,学员可通过智能手机、平板电脑或 AR 眼镜观看和体验,实现现实场景与虚拟场景的互动,从而在真实场景中即时获取补充的知识和指导。AR 技术可以应用于各种培训场景,如设备操作、急救培训、产品组装等。例如,在操作复杂设备时,AR 可以展示设备部件的详细信息、操作步骤或警示提示,从而帮助学员更好地理解和执行任务。

3. 混合现实（MR）仿真系统

混合现实（MR）仿真系统结合了虚拟现实（VR）和增强现实（AR）技术,将虚拟对象与真实环境进行深度融合,实现高度互动的学习体验。通过使用头戴式显示设备或其他传感器,学员可以在现实环境中与虚拟物体进行交互。例如,在工业设计、医疗手术模拟或机械维修培训中,MR 技术能够让学员在真实的操作环境中感知虚拟物体,进行实际操作,如控制机械臂或模拟手术流程。这种技术不仅增强了学员的动手能力和问题解决能力,还为复杂任务的培训提供了更为真实的场景和工具,显著提高了培训的实效性。

 **案例 2-1**

虚拟仿真培训系统的应用案例

1．虚拟现实(VR)仿真系统——安利公司的"安利人生 90 天"

"安利人生 90 天"是安利公司为新加入的营销人员开发的一个虚拟现实培训平台。学员在游戏中扮演销售人员的角色,需要与各种虚拟顾客进行互动,这些顾客代表了现实世界中的不同客户类型。学员在虚拟世界中与虚拟顾客互动,通过提供产品建议、处理客户异议和进行销售,逐步提升他们的销售技能。遇到困难时,学员可以寻求虚拟导师"安博士"的帮助,或者与其他同时在线的学员进行交流和讨论,掌握产品知识和销售技巧。

2．增强现实(AR)仿真系统——宜家的 AR 培训项目

宜家(IKEA)在培训中利用增强现实(AR)技术,应用于客户服务和产品展示等方面,以提高员工的实战能力和客户体验。AR 技术使员工能够通过 AR 眼镜、平板电脑或其他智能设备,将虚拟家具叠加在客户的实际房间中。这种直观的展示方式不仅可以帮助客户更好地理解产品的摆放效果和空间利用,还使员工能够更加精确地推荐产品,满足客户的个性化需求。

3．混合现实(MR)仿真系统——微软 HoloLens 设备的应用

微软的 HoloLens 是一款混合现实(MR)设备,通过该设备,技术人员可以在现实环境中与虚拟对象进行互动。HoloLens 被广泛应用于高精度要求的技术培训,如复杂工业设计、医疗手术模拟和机械维护等领域。学员可以在无风险的虚拟环境中进行复杂的操作训练,并将这些技能直接应用到现实世界中。虽然 MR 系统的建设成本较高,但其带来的培训效果和技术提升是有目共睹的。

 扩展阅读 2.2　虚拟仿真发展概况

(三)虚拟仿真培训的优势

(1)**互动性**。虚拟仿真培训通过先进的技术和多感官体验,为学员创造出逼真的情境,使其可以在安全的环境中实时互动和应对挑战。这种沉浸式体验不仅增强了学员的参与感和现实感,还帮助他们在面对实际情况时更加自信和熟练。

(2)**安全性**。虚拟仿真培训安全系数高,尤其对于高风险行业如医疗和航空,虚拟仿真培训让学员在没有真实风险的情况下体验和应对复杂情境,减少真实环境中的错误发生概率,提高决策能力、应急处理能力和实操能力。

(3)**经济性**。虚拟仿真化培训设施在完成建设投入后,无须消耗大量资源即可实现基础性培训工作,也无须频繁的后期维护和更新。与传统实地培训相比,虚拟仿真培训减少了物理资源和时间成本的消耗,同时允许多学员在不同地点和时间进行培训,且可供学员重复使用,大大降低了培训成本。

三、泛 在 化

（一）泛在化培训的内涵

泛在化意指"无处不在"的状态，源自拉丁语"ubique"。其核心思想是计算技术的普及和无缝集成，使技术能够在任何时间、任何地点为用户提供服务。泛在化培训利用互联网、移动设备、云计算等技术，将学习资源无缝融入学习者的日常生活和工作环境中，使学员能够随时随地访问和利用大量学习资源，包括课程资料、视频教程、在线测验等。这种培训模式打破了传统学习在时间和空间上的限制，实现了学习资源的广泛覆盖和个性化支持，极大地提升了学习的灵活性和可获取性。

扩展阅读 2.3　泛在化概念

（二）泛在化培训的方式

1. 在线学习

在线学习指通过互联网和数字技术进行的线上培训，是传统面对面培训的有效补充。这种方式利用了网络平台的无限制性和资源的可及性，使学习者无须亲临教室或培训场所，而是通过在线课程、视频会议、电子资源等方式进行学习和互动。在线学习的两种主要方式是移动学习和微学习。

移动学习是指学员通过移动设备进行学习和教学活动的过程。它充分利用了移动设备的便携性和智能化功能，使学员可以随时随地访问学习资源、参与学习活动，并与培训师和其他学员互动交流。

微学习是一种将大知识模块拆解成小而精的学习单元，供学员在线学习的培训方式。这些学习单元（也称为知识元）通常涵盖特定的知识点、技能或概念，并通过多种形式传播，如短视频、微文章、图表、互动测验、音频片段、模拟和游戏、社交媒体帖子、电子邮件提醒以及在线讨论和问答等。微学习注重内容的紧凑性和易消化性，帮助学习者在短时间内快速掌握并理解知识。

2. 社会化学习

社会化学习是一种通过建立和运营学习型社群来提升企业员工培训效果的培训策略，强调学习者之间的互动与共享，旨在通过群体协作和经验交流来增强学习效果。

在社会化学习中，学员被视为主动的知识分享者和创造者。学员通过参与论坛、社交媒体群组、在线协作工具等平台，与同行和专家交流，共同解决问题。此外，泛在化学习对资源的多样性提出了更高要求。组织者必须改变当前学习资源由专家或机构单点生产的模式，鼓励学员参与学习资源的建设和共享，发挥集体智慧，形成共建共享的学习生态。

 案例 2-2

IBM 的社群化培训

在现代企业培训中，IBM（International Business Machines Corporation）作为全球领

先的科技和咨询服务提供商,成功实施了社群化培训,并取得了显著成效。IBM 的社群化培训不仅延续了传统学习方法,还通过社交互动和协作,提升了学习效果。以下是 IBM 在实施社群化培训方面的举措:

（1）构建知识共享平台。IBM 鼓励员工在公司内部建立和参与各种知识共享社群。这些社群涵盖技术研究、项目管理、市场营销等多个领域,由专家主导并积极参与,为员工提供了一个开放的讨论与学习平台。通过在线论坛、博客和虚拟会议等形式,员工能够自由分享经验、解决问题,并共同推动解决方案的创新和优化。

（2）促进跨部门合作。社群化培训不仅限于单一团队或部门内部,IBM 积极鼓励跨部门的协作和知识共享。例如,技术开发团队可以与市场营销团队建立紧密联系,共同探讨新产品的市场推广策略和客户反馈。这种跨部门合作不仅促进了全面理解和整合能力,还加强了团队之间的协作精神和创新能力。

（3）引入在线社交平台和工具。为了支持社群化培训的实施,IBM 引入了一系列先进的在线社交平台和工具。他们使用内部社交网络平台,员工可以创建个人资料、加入特定兴趣组、发布更新和参与讨论。这些平台不仅增强了员工之间的互动和交流,还提升了信息传递效率和学习资源的获取速度。

（4）制定激励和奖励机制。为了激励员工积极参与社群化培训,IBM 制定了一系列奖励机制。除了常规的徽章和排名外,IBM 还设立了专门的社群贡献奖励计划,鼓励员工在社交平台上分享高质量的内容、提出创新的解决方案,并对员工贡献给公司知识库的价值予以认可和奖励。

3. 自适应学习

自适应学习是一种在自适应学习系统支持下的主动式学习方式。学习者能够自主掌控学习过程,根据个人需求选择适合自己的学习内容和策略。在泛在学习环境中,自适应学习系统通过分析学习者的特点和行为倾向以及周围环境信息,选择相应的教学策略,为学习者推荐适配的学习资源。这种方式旨在帮助学习者获得必要且合适的支持,完成知识构建,提高学习效率。

自适应学习系统不仅仅是资源库或学习平台,它是一个具有情景感知能力的智能学习环境,能够针对不同个体差异提供定制化的学习支持。该系统依赖于机器学习算法、数据分析工具和实时反馈系统,适用于需要高频次和高精度调整的学习环境,使得学习者能够在任何时间、任何地点进行正式或非正式学习。

思　考　题

1. 简述数智化培训的方式。
2. 什么是数据驱动式培训?
3. 虚拟仿真培训系统有哪些类型?
4. 虚拟仿真培训具备哪些优势?
5. 什么是泛在化? 泛在化培训有哪些方式?

即 测 即 练

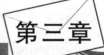

AI 时代的学习：
员工培训的理论基石

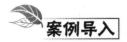

学习——华为公司的进步阶梯[①]

华为公司高度重视学习，将其视为每个员工的基本任务。华为的学习文化根深蒂固，从以下实例可见一斑。1998年，华为与IBM达成战略合作，邀请近50位IBM管理咨询顾问进驻公司，协助内部管理和业务流程变革。在接下来的5年中，华为为此投入超过5000万美元，并专门组建了一个300人的管理工程部，以配合IBM顾问的工作。为了最大限度地汲取IBM专家的知识与经验，华为要求管理工程部的成员"要不遗余力地缠着IBM专家，积极交流与学习"。华为坚决反对故步自封，提倡通过不断学习获取成功，这也是华为多年来始终为员工提供各种培训机会的重要原因。

在支持与鼓励员工通过学习提升自我修养的过程中，华为特别强调两个概念：一是"清零"，二是"放空式学习"。"清零"指的是职位层级与薪酬等级的全部初始化，晋升和加薪需从头开始；"放空式学习"则是指暂时忘记已有的知识，以"空杯"心态虚心学习新的知识与技能。除此之外，华为还强调"再学习"的普惠性，即所有人都有机会接受再学习。尤其是公司管理层，拒绝再学习就等同于放弃职业晋升，华为对不愿坚持学习和进步的员工一律不予重用。

尽管华为极力倡导员工通过学习提升自我，但并不采取强制措施，包括华为大学的高研班培训在内，均为自愿参与。华为致力于营造自主学习的氛围。在培训新员工时，公司鼓励员工对自己的职业生涯进行自主设计，讲师仅负责讲解和提示。

由于每个人的职业发展方向不同，培训需求和内容也因人而异，公司能提供的是满足全局性和共性需求的培训。因此，华为鼓励员工以自学为主，根据个人需求自主学习。这一点与大多数企业不同，很多企业要求员工"必须学"，而华为则通过引导员工规划职业生涯，激发"我要学"的意识，再通过企业的激励机制，充分发挥员工的潜能。

随着技术的飞速发展，华为不断调整战略以应对新的挑战。2013年，华为推出了All Cloud（全面云化）战略，加速数字化转型。而到了2023年，华为进一步提出了All Intelligence（全面智能化）战略。在此背景下，华为启动了多个人才培训项目，并扩大了数字化培训的范围。通过这些新项目，员工在云计算、大数据、网络安全等关键领域得到了更深入的培训和认证。这不仅帮助员工掌握最新的数字工具和技术，还使他们能够更好地应对快速变化的市场需求，从而进一步提升了华为在全球市场中的竞争力。

---

① 参考：孙科柳，易生俊，曾文明.华为人力资源管理方法论[M].北京：中国人民大学出版社,2016：305-311.

培训的理论基础是学习。学习,从能力的角度来看,是指个体能力的持久变化,这种变化不是自然成长的结果;从行为的角度来看,学习是一个获取知识的过程,经历体验所引发的行为变化具有持续性。无论从哪个视角出发,学习都强调以下几点:①学习以能力或行为的改变为标志,这种改变可以是显性的,也可以是隐性的;②能力或行为的变化应具有相对持久性,短暂的变化如适应、应激等不能称为学习,因为这些变化可能会随环境的改变而迅速消失;③由成熟或先天反应倾向引起的变化不属于学习,只有通过练习或反复经验所产生的后天习得的变化,才能视为学习。学习理论是研究人类学习本质及其机制的教育学和心理学理论,主要包括学习动机理论、学习过程理论、学习风格理论、AI与学习的现代理论,这些理论为员工培训活动的开展奠定了坚实的理论基础。

一、学习动机理论

学习动机是指激发个体进行学习、维持已有的学习活动,并使学习活动朝向某一目标的内在心理过程。学习动机理论侧重于研究推动个体学习的动力来源、动机的形成机制以及动机如何影响学习,这对培训和教育活动的有效开展具有重要的指导作用。与培训相关的学习动机理论主要包括:内在动机与外在动机理论、目标设置理论、期望理论、成败归因理论和自我效能感理论。

(一)内在动机与外在动机理论

根据学习过程中激发动机的因素是来自内部的需要还是外部的诱因,学习动机可以分为内在动机和外在动机。内在动机指的是学习的动力源于学习活动本身,学习能给个体带来心理上的满足感和成就感。好奇心、兴趣、上进心和自我约束等心理因素,在一定条件下都可以转化为内在学习动机。外在动机则是指个体学习的驱动力来自学习活动之外的条件,这些外部条件包括物质奖励、地位提升、他人认可等。

内在动机能够使个体自主选择或坚持某一活动,通常比外在动机更持久、更稳定,并且对个体在某一领域中表现出创造性具有至关重要的作用。外在动机在特定情境下能够激发缺乏内在兴趣的个体,但其效果通常较为短暂且被动。

尽管内在动机与外在动机有一定的对立性,但它们也相互促进。个体的行为通常不是单一由内在动机或外在动机驱动的。对于个体自发产生的学习兴趣,外部鼓励或奖励可以强化其学习行为并保持下去;对于缺乏内在动机的个体,先通过外界刺激或诱导条件引导其进行某种行为,再培养个体的兴趣或自制力,从而通过内在力量使这种行为得以长期维持。

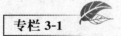

专栏 3-1

过度理由效应

1. 心理学故事

有一个故事这样描述:一位老人住在一个小乡村里休养,附近有一群顽皮的孩子,他们天天在附近追逐打闹，吵闹声让老人无法好好休息。在屡次劝阻无效的情况下，老人想出了一个办法。他把孩子们叫到一起，告诉他们谁叫的声音更大，谁就能得到更多的报酬。随后，老人每次都根据孩子们吵闹的情况给予不同的奖励。等到孩子们习惯了获得奖励后，老人开始逐渐减少给予的报酬，直到最后不再给他们一分钱。结果，孩子们认为这样的待遇越来越不公平，抱怨道："不给钱了，谁还给你叫？"于是他们再也不到老人住的房子附近大声吵闹了。

通过这个故事，可以看到，老人的奖赏使这群孩子改变了对吵闹行为的认知——本来是自我娱乐，后来变成了为别人卖力，最终将自主性的行为转变为受外部控制的行为。这个故事反映的正是过度理由效应（over-justification effect）。过度理由效应指的是，当个体对某项活动本身具有内在兴趣时，如果外部奖励被引入，一旦这些奖励被取消，个体对这项活动的兴趣就会下降，甚至可能停止从事这项活动。[①]

2. 德西实验

过度理由效应由心理学家德西提出，因此也被称为德西效应。德西与他的助手以24名心理学系学生为实验对象，设计了一项实验，后来被称为德西实验。实验将学生分为实验组和控制组，并分三个阶段进行。学生们被告知在每个阶段都需要完成智力测试，这些测试经过精心挑选，以确保学生对任务本身有足够的兴趣，从而转化为内在动机。实验环境是一个小房间，房间内备有智力测试所需的图纸与拼图工具，以及《纽约时报》《花花公子》等杂志。

在实验的第一阶段，两组学生进行相同的任务，根据图纸将碎片拼合。在第二阶段，实验组每完成一个图形就获得1美元的奖励，而控制组没有奖励。在第三阶段，两组都没有奖励。每个阶段，观察者会离开实验室8分钟，并告知学生在这段休息时间内，他们可以继续测试、看杂志或随意活动。动机的高低通过这8分钟内学生继续进行智力测试的时间来衡量。结果显示，控制组在休息时间仍继续解题，而实验组在获得报酬的第二阶段表现出极大的努力，但在第三阶段没有报酬的情况下，明显失去了对解题的兴趣，出现了过度理由效应。

3. 过度理由效应的解释及运用

如果个体的行为最初是由足够的内在动机驱动的，那么行为的理由与表现会相互协调、相互支持。然而，当更具吸引力、强大的外部理由被引入时，个体对其行为的解释会逐渐从内部原因转向外部原因，行为的保持与控制也会逐渐转由外部力量支配。如果外部理由突然中断，个体得不到外部刺激，就可能选择停止该行为。

例如，某员工选择进修一项技能，最初的动机可能是出于上进心，为职业生涯积累人力资本。然而，如果公司将他纳入学习激励计划，每完成一次技能课程就奖励100元，那么员工对于进修技能的理由可能会逐渐由内部的上进心转变为外部的薪酬奖励。一旦公司某天停止这种奖励，员工由于失去外部动机，可能会倾向于放弃继续进修。

---

① 李胜兵.解读管理术语［M］.北京：企业管理出版社，2007：89.

（二）目标设置理论

目标设置理论由洛克提出。该理论指出，目标本身具有激励作用，通过将人的需求转化为动机，目标能够引导个体朝着特定方向努力，并通过对比自己的行为结果与既定目标，不断进行调整和修正，最终实现目标。[①]

在培训项目设计中，目标设置理论应用广泛，尤其在制定培训目标时应遵循 SMART 原则：

第一，S(specific)，具体性。培训目标应明确、具体，让受训者清楚培训的要求和预期成果。这有助于受训者理解他们在培训中需要学习的内容、学习方式以及达到目标所需的努力，从而减少学习的盲目性。例如，针对客服代表的培训，目标如果是"增强客户意识"就显得模糊，而"使用规范礼貌的用语，采用规范的服务流程，将客户投诉率控制在 1‰ 以内"等目标则更为具体明确。

第二，M(measurable)，可衡量性。培训目标应当能够通过量化的数据进行衡量，便于评估目标的达成情况。例如，生产人员的培训目标若是"保证产品质量"无法量化，而"次品率低于 3‰"则更易衡量和评估。

第三，A(attainable)，可达成性。培训目标应设置在合理的难度范围内，既不能过高，也不能过低，确保受训者通过努力能够达成。例如，客户经理的培训目标若为"将客户满意率提高到 100％"就过于困难，而"将客户满意率提高 5 个百分点"则较为实际。

第四，R(relevant)，相关性。培训目标应与受训者的岗位职责相关。例如，对于酒店前台接待员，"提高沟通能力"与岗位职责密切相关，而"熟练掌握六西格玛管理法"则不相关，因为这并非前台接待员的工作职责。

第五，T(time-bounded)，时限性。培训目标应有明确的时间限制，根据培训项目的难度、优先级和学习进度等，制定阶段性的学习目标，以确保目标在规定时间内得以实现。

（三）期望理论

期望理论由弗鲁姆提出，他认为个体的行为取决于三个因素：期望值、媒介性和效价。努力程度是这三个因素的乘积（见图 3-1）。

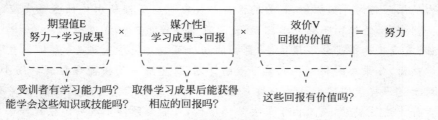

图 3-1　培训中的期望模型

---

① 雷蒙德·A.诺伊，徐芳译.雇员培训与开发[M].北京：中国人民大学出版社,2007：62.

期望值(expectancy,E)是指个体对自己通过努力能够达到某种目标的可能性大小的主观估计。期望值(E 值)是一种概率,范围从 0 到 1,E 值越大,个体行为的动力越强。例如,在参加培训前,受训者可能会思考:自己具备学习能力吗? 能学会这些知识或技能吗? 如果员工认为自己具有较强的学习能力,并且通过努力能够取得预期的学习效果,这说明期望值较高,那么其学习动力和参加培训的意愿就较强烈;反之,则不愿意参加培训或动力不足。

媒介性(instrumentality,I)也称工具性或手段性,指个体对自己通过努力所取得的成果(一级成果)与他所期望的最终结果(二级成果)之间联系的认识。在培训中,如果员工预期通过培训掌握了相关知识和技能(一级成果),能够从组织中获得相应的回报(二级成果),例如工作更加得心应手、得到领导或同事的高度认可、获得晋升或增加收入等,即员工认为培训的一级成果和二级成果之间有较强的关联,那么员工的学习动力就较强。

效价(valence,V),指个体对行为结果价值大小的主观评价,主要取决于该结果能在多大程度上满足个人的需要。效价越高,行为的动力就越强。例如,某员工参加公司的"领导力培训",期待通过培训提升自己的领导力,以便将来有机会被提拔到领导岗位上。在这种情况下,"得到提拔"对其而言具有最高的效价。如果培训后该员工被提拔,其需求得到充分满足,激励强度就会很高;如果未被提拔,但其领导力被同事高度认可,这种回报虽然不及提拔,但在员工的需要范畴内仍有激励效果,只是效价低于提拔;而如果没有任何回报,则无效价,员工就不会有太大的动力参加培训。

综上所述,如果员工相信自己能够获得预期的培训成果(期望值),学习成果与更高的工作绩效、认可、晋升、加薪等回报相关(媒介性),并且认为这些回报是有价值的(效价),那么员工就会有强大的动力参加培训并努力学习。因此,应加强培训的宣传和动员,激励员工增强对自身学习能力的信心,并使他们充分认识到培训带来的回报和价值。同时,应完善人力资源管理系统,将培训与薪酬、晋升等建立密切的关联。

(四)成败归因理论

成败归因指个体对自己或他人的成败原因的理解和判断。这种理解和判断反过来会影响个体的行为选择,并成为个体的行为动机。该理论由韦纳提出,他认为,个人对成败的解释可以归纳为六个因素:能力、努力、任务难度、机遇或运气、身心状况、外界环境。韦纳将这些因素纳入以下三个维度进行分类:

(1)**内在性**,指个体认为影响其成败的因素是源于自身的条件(内在因素)还是来自外部环境(外在因素)。在这六个因素中,能力、努力和身心状况属于内在因素,而任务难度、机遇或运气和外界环境则属于外在因素。

(2)**稳定性**,指个体认为影响其成败的因素在性质上是否稳定,在类似情境下是否具有一致性。能力和任务难度这两项因素通常被认为是相对稳定的,不会随情境的改变而轻易变化,而其他因素则较为不稳定。

(3)**可控性**,指个体认为影响其成败的因素是否可以由个人意愿决定。在这六个因素中,只有努力一项是可控的,其他因素则较难由个人意愿直接控制。

不同的归因倾向会使人对成功和失败产生不同的情感体验和情绪反应(见表3-1)。在培训中,积极的归因表现为将成功归因于内在、稳定的因素,比如将成功归因于自己的能力,而不是归因于运气。这种归因方式能够增强个体的自豪感和自信心,同时带来愉快的情绪体验。

表3-1　归因倾向与情绪反应

归因倾向	原　　因	成　　功	失　　败
内在性	内在因素:能力、努力、身心状况	感到满意和自豪	感到内疚和无助
	外在因素:任务难度、机遇、外界环境	产生惊奇和感激心情	产生气愤和敌意
稳定性	稳定因素:能力、任务难度	提高今后工作的积极性	降低今后工作的积极性
	不稳定因素:努力、机遇、身心状况、外界环境	以后的工作积极性可能提高或降低	以后的工作积极性可能降低
可控性	可控因素:努力	有助于积极的情感	内疚、羞愧
	不可控因素:能力、任务难度、机遇、身心状况、外界环境	产生惊奇的心情	感到遗憾

在面对失败时,如果个体将原因归于内在、可控的因素,如努力不够,那么他对未来依然充满希望,并会通过更加努力来争取成功。相反,消极的归因则会引发不良情绪。因此,在培训中,培训师应引导受训者进行积极的归因训练,避免消极的归因对其学习积极性产生不利影响。

(五)自我效能感理论

自我效能感理论由班杜拉提出,自我效能感指个体对自己能否成功地完成某项行为的主观判断。

早期心理学家在研究人们的行为动机时主要关注"结果期待"。结果期待是指个体对自己的某种行为会导致某一结果的推测。如果个体预测某一特定行为会导致自己所期望的结果,那么该行为就可能被激活和选择。例如,受训者意识到参加培训能获得预期的回报时才会参加培训,说明他具有较高的结果期待。

班杜拉认为,除了"结果期待"外,"效能期待"也会影响人们的行为选择。效能期待指个体对自己能否实施某种行为的能力的判断。当个体确信自己有能力进行某一活动,即具有较高的效能期待时,他会实施该活动。例如,受训者如果相信自己具有较强的学习能力,能够掌握培训内容,则可能会积极参加培训并全心投入学习。

影响自我效能感的因素主要有:

(1)自身的成败经验。一般来说,成功的体验会提高个体的自我效能感,而失败的体验则降低自我效能感。此外,成败经验对自我效能感的影响还受个体归因的左右。如果个体将成功或失败归因于外部不可控因素,这样的成败经验不会增强或降低个体的自我效能感。

（2）替代性经验。个体的自我效能感是在与环境互动过程中形成的，观察他人行为所获得的替代性经验也会影响自我效能感。当学员看到替代者（如同学或同事）成功时，会在一定程度上增强自我效能感。反之，替代者的失败可能会降低自我效能感。这种间接影响的程度与"自我-替代者"之间的相似度呈正相关关系，相似度越高，替代者的成败经验对个人自我效能感的影响越大。

（3）言语劝说。即他人的评价，包括暗示、说服性告诫、建议、劝告、评价等。评价的效果主要取决于评价者的声望、地位及评价内容的可信度。对自己有重要影响的评价者的鼓励与肯定有助于提高个体的自我效能感。他人的期望或暗示能在一定程度上改变个体的行为，并朝着期望的方向发展，这种作用可以用皮格马利翁效应和罗森塔尔效应来解释（见专栏3-2）。

（4）情绪反应和生理状态。身体健康、心情愉悦有利于提高自我效能感，而生理疲劳则对个体的效能判断和效能信念的建立产生不利影响。此外，高度的紧张、焦虑、抑郁容易降低自我效能感，因为疲劳和烦恼使个人感到难以完成任务，影响其实际能力的发挥，从而导致自我效能感的降低。

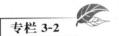

专栏3-2

皮格马利翁效应和罗森塔尔效应

1. 皮格马利翁效应

皮格马利翁是古希腊神话中的塞浦路斯国王，他雕刻了一座美丽的少女像，并将所有精力和爱恋投入其中，每天以深情的目光注视她。传说，爱神阿佛洛狄忒被他的执着打动，将雕像赋予了生命，并让他们结为夫妻。

皮格马利翁效应反映了暗示和期望的作用：积极的期望促使人们向好的方向发展，而消极的期望则使人走向不利的方向。它的启示在于，要促使一个人发展得更好，应该传递积极的期望。

2. 罗森塔尔效应

罗森塔尔效应是对皮格马利翁效应的一种验证。1968年，美国心理学家罗森塔尔及其助手在一所小学对1～6年级的18个班级进行了"未来发展测验"。随后，罗森塔尔以赞许的口吻将一份"最有发展前途者"的名单交给校长和相关老师，并叮嘱他们保密，以避免影响实验结果。实际上，名单上的学生是随机挑选的。

8个月后，罗森塔尔对这些班级进行了复试，结果出现了奇迹：名单上的学生成绩显著提高，性格变得活泼开朗，自信心增强，求知欲强烈，更乐于与人交往。[①] 这表明罗森塔尔的暗示产生了作用。名单上的学生因为老师对他们的期望更高，老师通过情感、语言和行为向学生传达了这一期望，如赞许、体谅、更高的要求和更多的辅导，使学生变得更加自尊、自信、自强，进而取得了显著进步。学生的积极反馈进一步增强了老师的期望和教育热情，形成了良性循环。

---

① 李胜兵.解读管理术语[M].北京：企业管理出版社，2007：123.

罗森塔尔效应体现了他人（特别是权威人物，如老师和家长）的期望和关爱如何影响个体行为，使其向期望的方向发展。在教育中，这种效应尤为显著。受到关注和照顾的学生通常会取得较大的进步，而被漠视或歧视的学生则可能陷入低谷。教师利用这一效应，给予学生积极的期望，以激励他们努力学习。同样，管理者利用这一效应，向员工传达信任和重视，从而激发员工的工作热情，提升组织效益。在企业培训中，运用皮格马利翁效应或罗森塔尔效应，给予学员充分的肯定和积极的期望，可以有效激发他们的学习斗志与信心，提高培训效果。

二、学习过程理论

学习过程理论主要关注个体学习的心理过程，探讨学习活动是如何发生的、知识是如何获得的、哪些心理机制在推动学习活动的进行以及这些机制是如何运作的，并探究学习遵循的规律。现有的研究表明，学习过程理论主要包括以下几个流派：行为主义、认知主义、建构主义和人本主义。

（一）行为主义学习理论

行为主义认为，心理学的研究不应只限于意识，而应关注从意识中反映出来的可观察和可测量的客观现象，即人的行为。行为是有机体为了适应环境变化而做出的各种身体反应的组合。在研究方法上，行为主义强调使用客观的实验方法来研究个体的学习行为。该流派的主要代表人物包括巴甫洛夫、桑代克、华生、斯金纳和班杜拉。

1. 巴甫洛夫的条件反射理论

巴甫洛夫通过条件反射实验，以狗作为观察对象，用食物作为刺激，通过导管将狗的唾液腺与记录唾液分泌量的仪器连接，来观察狗的唾液分泌情况。起初，狗看到食物时会分泌唾液，这是对无条件刺激物（即食物）的先天反应，称为无条件反射。随后，他引入一个中性刺激——铃声。在给狗食物的同时摇响铃声，经过多次配对后，狗仅听到铃声便会分泌唾液。这一现象表明，中性刺激物（铃声）与无条件刺激物（食物）多次配对出现后，转化为条件刺激物。巴甫洛夫将这些由条件刺激物引起的反应称为条件反射。条件反射主要包括行为的"保持与消退"和"泛化与分化"。

（1）保持与消退

巴甫洛夫发现，在动物建立条件反射后，如果继续让铃声与无条件刺激（食物）同时呈现，狗的条件反射行为（唾液分泌）会持续地保持下去。然而，当多次伴随条件刺激物（铃声）出现而没有相应的食物时，狗的唾液分泌量会随着实验次数的增加而减少，这便是反应的消退。

（2）泛化与分化

条件反射泛化是指，当受试者学会对某个刺激做出特定的反应时，不仅原有的刺激可以引发这种反应，类似的刺激也能引起。例如，在巴甫洛夫的实验中，狗通过铃铛刺激学会了分泌唾液。当狗在外面听到类似铃铛的声音时，也会不由自主地分泌唾液。条件反射分化则是指,如果只对条件刺激物进行强化,而其他刺激不予强化,那么,对其他刺激的反应就会逐渐消失。泛化和分化的主要区别在于刺激方向不同,泛化是通过类似刺激加强条件反射,而分化则是通过削弱其他刺激的条件反射来突出特定刺激的反应。

2. 桑代克的试误理论

桑代克受达尔文进化论的影响,认为人类是由动物进化而来,动物和人类的学习过程本质相同,只是复杂程度不同。因此,他通过动物实验研究学习,其中最为成功的实验之一是"猫开门"实验(见图3-2)。

在实验中,桑代克将一只饿得发慌的猫关进笼子,并在笼外放置食物。笼门用一个活动门闩锁着。起初,猫在笼内躁动不安,乱碰乱抓,最终偶然触碰到门闩,成功打开了笼门并获得食物。经过多次尝试后,猫从笼中出来吃到食物的时间越来越短。实验结果表明,猫的操作水平是逐渐提高的,这种改进是缓慢的、连续的。

图 3-2 "猫开门"实验

通过对动物学习行为的研究,桑代克提出了试误学习理论,认为学习的本质是在特定情景与特定反应之间通过"尝试"建立联结。在尝试的过程中,个体可能会犯错,但通过环境的反馈,逐渐放弃错误的尝试,保留正确的尝试,最终建立起正确的联结。这种不断尝试、不断犯错、最终成功的过程构成了学习的核心,因此该理论又被称为"试误说"。

桑代克在大量实验的基础上总结出了三条学习定律:准备律、练习律、效果律。

准备律,指学习者在学习时的预备定势。如果学习者有准备并按计划进行,会感到满足;如果有准备却无法按计划进行,会感到烦恼;若在无准备的情况下被迫进行活动,则会产生厌恶感。

练习律,指学习需要通过反复练习来巩固。桑代克认为,练习次数的多寡会影响刺激与反应之间联结的稳固程度。在奖励的情况下,不断重复已学会的反应会增强这种联结。

效果律,桑代克认为,行为是否会被"记住"并与刺激建立联系,取决于该行为的结果。能够带来满意效果(奖励)的行为会得到加强,而导致烦恼后果(惩罚)的行为则会被削弱或消除。

3. 华生的刺激—反应理论

华生主张对心理学进行客观的实验研究。他提出,心理学应当是自然科学的一个纯客观的实验分支,理论目标在于预见和控制行为,所有的行为,包括情绪反应,都应通过刺激—反应的关系进行分析。华生认为,人与动物之间没有本质的界限,因此应当在相同的实验条件下研究人类和动物,且条件越相似越好。他以日托中心的幼儿为对象,进行了一个颇具争议的实验——"小艾伯特实验"。

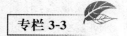

专栏 3-3

小艾伯特实验

华生从日托中心挑选了一个名为艾伯特的 9 个月的婴儿作为实验对象。在实验开始前,小艾伯特接受了一系列基础情感测试:让他初次接触白鼠、兔子、狗、猴子、有头发和无头发的面具、棉絮等物品。结果发现,小艾伯特对这些物品均不表现出恐惧。

大约两个月后,艾伯特刚超过 11 个月时,华生和同事开始实验。起初,小艾伯特被放在房间中间的床垫上,白鼠被放在他旁边。小艾伯特并不害怕白鼠,伸手去触摸它。在后续的测试中,当小艾伯特触摸白鼠时,华生在他背后用铁锤敲击悬挂的铁棒,制造出巨大声响。小艾伯特听到声响后大哭,表现出恐惧。

经过几次这样的配对后,当白鼠再次出现在小艾伯特面前时,他立即表现出极度痛苦,哭着转身背向白鼠,试图离开。显然,小艾伯特已经将白鼠(原先的中性刺激,现在的条件刺激)与巨响(无条件刺激)联系起来,产生了恐惧的条件反射。

实验的结论:

- 巨响(无条件刺激)引发了恐惧(无条件反射)。
- 白鼠(中性刺激)与巨响(无条件刺激)同时出现,引发了恐惧(无条件反射)。
- 白鼠(条件刺激)单独出现时,引发了恐惧(条件反射),表明学习已经发生。

实验后,华生还进行了泛化测试。当小艾伯特看到兔子、毛茸茸的狗、海豹皮大衣,甚至是华生戴着白色棉花胡须的圣诞老人面具时,他都表现出了相似的恐惧反应。

华生认为,除了天生的几种反射外,人类的所有行为都是通过条件反射建立新的刺激—反应联结而形成的。学习就是通过替代刺激建立条件反射的过程,即学习是刺激—反应的联结。他还提出了"频因律"和"近因律"。频因律指出,在其他条件相同的情况下,某种行为练习得越多,习惯形成得越快;近因律则强调,最近发生的反应更容易得到强化。

4. 斯金纳的强化理论

斯金纳继承了华生在科学性、客观性、控制和预测等行为主义传统上的强调,同时借鉴了桑代克的试误学习原理,提出了强化理论。

斯金纳设计了一种特殊的实验装置,称为斯金纳箱。这是一个隔音且几乎排除所有外部刺激的暗箱(见图 3-3)。早期的实验通常使用白鼠,后来多以鸽子为对象。箱子内设有一个开关(若使用白鼠,则为一根杠杆或木板;若使用鸽子,则为一个键盘)。按下开关可以获得食物。开关与箱外的记录系统相连,精确记录动物"按"或"啄"的次数与时间。在实验中,饥饿的白鼠最初通过偶然压杆获得食物,经过多次尝试后,学会了主动压杆以获取食物。

斯金纳随后对其他动物进行了类似实验,结果表明,及时给予奖励或强化,是促进动物学习的关键因素。通过对动物实验的推断,斯金纳认为人类的学习过程也是一种操作性反应的强化过程。学习某种行为,重要的是行为的结果。如果行为的结果增加了行为再次发生的可能性,这就是正强化;如果行为的结果减少了行为发生的可能性,则为负

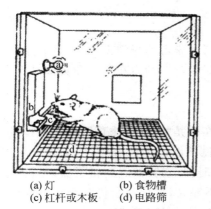

(a) 灯　　　　　(b) 食物槽
(c) 杠杆或木板　　(d) 电路筛

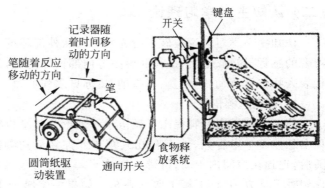

图 3-3　斯金纳箱

强化。简而言之,正强化促进行为的发生,负强化抑制或消除行为。通过利用正强化或负强化,人们可以影响行为的结果,从而修正行为,这就是强化理论,亦称为行为修正理论。

斯金纳将强化理论应用于人的学习中,提出了程序教学法,也称为"小步子教学法"。这种教学法的核心思想包括:①将教学内容分成逻辑联系紧密的小步子;②要求学生积极参与并做出反应;③对学生的反应给予及时反馈和强化;④学生可以根据自身情况自主调整学习步调和进度;⑤尽可能降低学生的错误率,确保学习效果。

5. 班杜拉的社会学习理论

社会学习理论的核心是解释人在社会环境中如何进行学习,而班杜拉是该理论的主要代表。该理论认为,人的行为,尤其是复杂行为,主要是通过后天习得的。行为的习得有两种不同的途径:一种是通过直接经验,即根据反应的结果来学习;另一种是通过间接经验,即通过观察他人的行为来学习。

社会学习理论特别强调观察学习或模仿学习,这种学习过程包括四个关键环节:注意、保持、再现、动机。

(1)**注意**。注意是学习的起点,个体需要集中注意力观察和理解示范者的行为。在这一过程中,示范者行为本身的特征、观察者的认知能力,以及观察者与示范者之间的关系等因素都会影响学习的效果。

(2)**保持**。当个体注意并观察了示范者的行为后,接下来是将这些观察到的信息保持在记忆中。这个过程涉及对观察到的行为进行编码和存储,以便日后能够回忆并使用这些信息。

(3)**再现**。再现指个体尝试模仿或复制观察到的行为。个体将示范者的动作、语言或其他行为转化为自身的行为,通过实践来再现观察到的行为。

(4)**动机**。动机是观察学习的关键,它决定个体是否会表现出所习得的行为。如果观察到的行为产生了积极的结果,个体更有可能重复该行为;相反,如果行为导致了负面结果,个体可能会避免表现这种行为。

（二）认知主义学习理论

认知主义学习理论突破了行为主义仅从外部环境考察学习的思维模式，侧重关注学习者的感觉、知觉、记忆、语言和思维等内部认知过程，研究学习的内在机制和具体过程，代表人物包括苛勒、托尔曼、布鲁纳、奥苏贝尔和加涅。

1. 苛勒的顿悟说

德国心理学家苛勒提出了顿悟学习理论。其经典实验是"猩猩取香蕉"。实验中，屋顶上悬挂着一串香蕉，地上有几只箱子。猩猩最初尝试跳跃以抓取香蕉，但未能成功。随后，猩猩在房间内走动，仿佛在观察环境。经过一段时间，它突然走到箱子前，把箱子挪到香蕉下方，并跳上箱子取到香蕉。如果一个箱子不够高，猩猩还会将多个箱子叠在一起，以便够到香蕉。苛勒还设计了其他类似的情境，观察猩猩如何解决问题。

苛勒的研究表明，猩猩并不是通过尝试错误的方式来学习如何取到香蕉，而是突然领悟了问题的解决方法。苛勒认为这种学习可以通过"知觉重组"来解释：猩猩在其认知结构中重新组合已有的知识经验，突然发现了箱子与香蕉之间的关系，从而找到了解决问题的新方法。苛勒称这种学习为顿悟学习，认为学习并非偶然和渐进的尝试与修正过程，而是突然的领悟。

顿悟的特点如下：

（1）依赖情境条件。顿悟发生在学习者能够理解相关问题各部分之间的关系时，只有当学习者掌握了这些关系，顿悟才会出现。

（2）经过尝试和错误。顿悟通常在一段尝试和错误的过程之后产生，通过不断累积经验，最终会出现顿悟。

（3）质变而非量变。顿悟是一种质的飞跃，不依赖于量的积累。这与桑代克的试误理论不同，后者认为学习是一个渐进的量变过程。

（4）可迁移性强。顿悟具有较强的迁移性，特别是在解决类似问题时，顿悟能够高度迁移并应用于新的情境。

对于个体而言，知识的广度、合理的知识结构、学习思考的压力、解决问题的强烈意识，这四个要素有利于顿悟的产生和创造力的激发。

2. 托尔曼的符号学习理论

美国心理学家托尔曼建立了符号学习理论，成为认知心理学的先驱。他通过白鼠在迷宫中的学习实验（图 3-4）验证了他的理论。实验设计包括一个起点、一个食物箱和三条不同长度的通道，分别为通道 1、2、3，其中通道 1 和 2 在后半段有重复的部分。实验开始时，将白鼠放在起点，让它们自由探索迷宫。经过一段时间后进行检验：再次将白鼠放在起点，并对各通道进行处理，观察其行为。实验结果表明：若三条通道都畅通，白鼠会选择最短的第一条通道；若通道 1 前

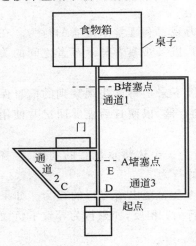

图 3-4　白鼠学习方位的迷宫实验

半段 A 处堵塞,白鼠会选择第二条通道;若通道 1 后半段 B 处堵塞,白鼠会选择第三条通道。

根据这一实验以及许多类似的实验,托尔曼认为学习不是盲目的刺激—反应联结,而是一种有目的的行为。他提出,学习的实质是大脑中形成了"认知地图",即基于过去的经验在头脑中形成的类似于现场地图的模型。

托尔曼认为,白鼠不仅学会了食物所在的方位,而且通过对迷宫通道中某些特征(如行动方向、到达目标的距离及其关系)的符号标记,建立了"目标—对象—手段"三者之间的认知结构。这种结构使得白鼠能够在迷宫的不同条件下,灵活选择通道,体现了符号学习的本质。

3. 布鲁纳的认知发现说

美国认知心理学家布鲁纳反对以刺激—反应联结和动物行为习得的研究结果来解释人类的学习活动。他将研究重点放在学生获取知识的内部认知过程,以及教师如何促进学生"发现"知识上。

布鲁纳认为,学习者不是被动地接受知识,而是主动地获取知识,并通过将新知识与已有的认知结构相联系,积极构建自己的知识体系。认知结构是个体对外界事物进行感知和概括的一般方式或由经验组成的观念结构,其主要成分是一套"感知类目",即编码系统。学习就是这些编码系统的形成过程,一切知识都是按照编码系统进行排列和组织的。这种相互联系的知识体系使得人们能够超越给定的信息,做到举一反三、触类旁通。

布鲁纳主张,学习知识的最佳方式是发现学习。发现学习指的是学生在教师提供的支持性环境和适当的引导下,通过独立思考,自行发现知识,并掌握原理和规律。教师应在教学中创造条件,让学生通过参与探究活动,发现基本的原理或规则。

4. 奥苏贝尔的认知同化说

与布鲁纳相似,美国心理学家奥苏贝尔认为"学习是认知结构的重组",并强调新知识的学习必须以已有的认知结构为基础。学习新知识的过程是学习者从已有的认知结构中积极提取与新知识最相关的旧知识,并将其"固定"或"归属"的动态过程。

奥苏贝尔将认知学习分为机械学习和有意义学习两大类。机械学习的实质是形成文字符号的表面联系,学习者不理解这些符号的实际意义,其心理过程主要是联想。有意义学习的实质则是学习者的新知识与已有的认知结构建立起非人为的、实质性的联系。

有意义学习的内部心理机制是同化。同化的本质在于新知识与已有认知结构中起固定作用的知识或观念之间的相互作用。根据新旧观念的概括水平及其联系方式的不同,奥苏贝尔将同化划分为三种模式:

(1) **下位学习**。当认知结构中的原有观念在概括水平上高于新观念时,新旧观念(或知识)之间构成类属关系,或称为下位关系。这种新旧知识相互作用的过程称为"下位学习"。

(2) **上位学习**。当学习者的认知结构中已有多个概念,而新的学习内容要求在这些已有概念的基础上建立一个更高层次的概念或观念时,就产生了"上位学习"。

（3）**并列结合学习**。当新知识与认知结构中的原有观念之间既不是从属关系，也不是上位关系，而是并列关系时，这种学习被称为"并列结合学习"。

奥苏贝尔认为，有意义学习必须满足以下条件：①学习材料本身具有逻辑意义，能够与学习者认知结构中的已有观念建立起非人为的、实质性的联系。②学习者的认知结构中必须具备同化新知识的适当观念，便于与新知识进行联系。③学习者必须具备有意义学习的倾向，即主动地将新知识与认知结构中已有知识联系起来。

5. 加涅的信息加工理论

美国教育心理学家加涅认为学习是一个有始有终的过程，这一过程可以分为若干阶段，每个阶段都涉及不同的信息加工过程。学习过程中的信息加工模式如图 3-5 所示[①]。

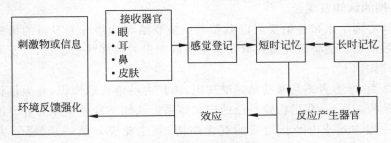

图 3-5　学习的信息加工模式

首先，学习者从环境中接收刺激或信息（如声音、气味、触觉、图像等），这些刺激或信息通过接收器官转变为神经信息，随后进入感觉登记。感觉登记是非常短暂的记忆储存过程，通常在几毫秒内就可以将来自各个接收器官的信息登记完毕。

随后，信息迅速进入短时记忆。短时记忆的容量有限，通常只能储存大约 7 个信息项目。储存在短时记忆中的信息经过多次复述后，会通过编码储存在长时记忆中。

当需要使用信息时，信息通过检索过程被提取出来。提取的信息可以直接传递到反应产生器官，从而产生反应，也可以重新回到短时记忆中，对信息的合适性进行进一步的考虑。

学习过程的最后一个环节是环境反馈。这种反馈为学习者提供了关于特定反应的评价。积极的反馈会强化这种行为，而消极的反馈则会促使学习者减少或避免该行为的再次发生。

（三）建构主义学习理论

1. 理论渊源

建构主义学习理论认为，知识不是独立于个体之外的客观存在，而是由个人主动建构的。最早提出建构思想的学者是维果斯基和皮亚杰。

维果斯基分析了智力形成的过程，提出了"内化"学说。他认为，学习是掌握人类经验并将其内化于自身认知结构的过程。内化是指外部活动借助言语转化为在头脑中进

---

① 雷蒙德・A.诺伊，徐芳译.雇员培训与开发[M].北京：中国人民大学出版社，2007：110.

行的内部活动。例如,儿童学习数数时,最初通过掰手指计数,接着出声计数,最终可以用无声的内部语言计数,逐渐实现操作的内化。因此,他认为心理结构是一种认知发展的过程,是一个内在结构不断组织和再组织的过程。新知识必须与已有知识整合,才能形成新的认知结构。

皮亚杰所创立的关于儿童认知发展的学派被称为日内瓦学派。他认为,儿童在与周围环境相互作用的过程中,逐步建构起关于外部世界的知识,从而使自身的认知结构得到发展。儿童与环境的相互作用涉及两个过程:同化与顺应。同化是指儿童将外界刺激所提供的信息整合到自己原有的认知结构中;顺应则是指当外部环境发生变化,而原有认知结构无法同化新环境所提供的信息时,儿童的认知结构发生重组与改变的过程。简单来说,同化是认知结构数量的扩充,而顺应是认知结构性质的改变。

儿童通过同化和顺应两种方式来达到与周围环境的平衡。当儿童能用现有的认知去同化新信息时,他处于认知的平衡状态;否则,平衡被打破,而修改或创造新顺应的过程就是寻找新平衡的过程。这样,儿童的认知结构在同化与顺应的过程中逐步建构起来,并在"平衡—不平衡—新的平衡"的循环中得到不断丰富、提高和发展。

2. 建构主义教学观

建构主义认为,知识主要不是通过教师的讲授获得的,而是学习者在一定的情境,即社会文化背景下,借助他人(包括教师和同学)的帮助,利用必要的学习资料,通过意义建构的方式主动获得的。在此过程中,四大因素直接影响学习效果。

(1)**情境**。学习情境必须有利于学习者对所学内容的意义建构,在教学或培训中应创设有利于学习者进行意义建构的情境。

(2)**协作**。学习者彼此应相互协作,这对学习资料的收集与分析、假设的提出与验证、学习成果的评价直至意义的最终建构都有重要作用。

(3)**会话**。小组成员通过会话商讨完成规定的学习任务,在会话中,彼此共享智慧成果,相互激发思想火花。

(4)**意义建构**。这是整个学习过程的最终目标,所要建构的意义是指事物的性质、规律以及事物之间的内在联系。学习者获取知识的多少,取决于他们根据自身经验去建构有关知识的意义的能力,而不取决于他们记忆和背诵教师讲授内容的能力。

3. 师生的角色

建构主义提倡在教师指导下以学习者为中心的学习。学习者是信息加工的主体,是意义的主动建构者,而不是外部刺激的被动接收者或被灌输的对象。学习者在学习中扮演以下三种角色:积极学习者,主动获取知识;社会性学习者,从不同角度建构知识;创造性学习者,通过创造去发现知识。

教师则成为学习者或受训者意义建构的帮助者和指导者,在教学过程中应发挥以下作用:激发学生的学习兴趣;创设符合教学内容要求的情境;提示新旧知识之间联系的线索;通过提问引发学生的思考和讨论;鼓励学习者之间开展协作和会话;引导协作和会话朝着有利于意义建构的方向发展;启发学生自主发现规律,掌握探求新知识的方法。

（四）人本主义学习理论

人本主义学习理论基于人本主义心理学的发展,强调人的本性、尊严、理想和兴趣,认为自我实现和为实现目标而进行的创造性行为是人的主要驱动力。该理论主要包括马斯洛的自我实现理论和罗杰斯的有意义学习理论。

1. 马斯洛的自我实现理论

马斯洛将"自我实现"定义为:个人不断实现自身潜能、智慧和天赋,使自身逐渐趋向于内部的统一、整合与协作的过程。在马斯洛看来,自我实现包含两个层面的含义:一是完满人性的实现,二是个人特性或潜能的实现。自我实现有两个标准:一是承认并表现个人内在的核心自我,包括天赋能力、潜能和机能的有效展现;二是避免或减少出现不健康的情况,以及避免人类和个人基本能力的缩减或丧失。马斯洛的自我实现理论包括以下几个核心观点:

(1)**性善论**。马斯洛认为,人性本质上是积极的、有建设性的和乐观的,总体来说是善良的。他并不否认邪恶的存在,但认为邪恶并非人性固有的,而是不良环境的产物。

(2)**潜能论**。马斯洛主张,每个有机体都具有一种内在倾向,旨在通过维持和增强机体活动的方式来发展自身潜能。潜能是指个人未来可能发展的潜在能力。马斯洛认为,潜能的充分发挥具有最高的社会价值,只有充分发展自身潜能的人,才能成为自由无畏的个体,并在社会中发挥积极作用,最终达到自我实现的目标。

(3)**动机论**,也称为层次理论。认为动机是人类成长的内在动力,而需求是动机产生的心理基础。马斯洛提出,人的需求是分层次的,最低层次的需求是生存需要,其次是安全需要、爱与归属的需要、尊重需要,最高层次是自我实现的需要。随着低层次的需求得到满足,人们会逐步产生更高层次的需求。

2. 罗杰斯的有意义学习理论

罗杰斯的有意义学习不仅仅是知识的增长,它是一种能够与个人的全面发展相融合的学习方式,能够引发个体在情感、态度、人格及未来行动选择上的重大变化。罗杰斯的有意义学习理论与奥苏贝尔的有所不同:前者侧重于学习内容与个人的关系,强调学习对个体的深远影响,通过学习促进个体的全面发展;后者则侧重于新旧知识之间的联系,不涉及个人意义。

罗杰斯认为,有意义学习具备以下四个特征:①全神贯注:学习过程中,个体的认知和情感都完全投入到学习活动中,真正做到身心合一。②自动自发:学习者由于内在的愿望,主动去探索、发现并理解事物的意义,这种学习是自我驱动的。③全面发展:通过学习,学习者的行为、态度和人格等各方面都能得到全面的发展和提升。④自我评估:学习者自主评估自己的学习需求和学习目标的完成情况,从而让学习成果真正融入自己的经验系统中。

罗杰斯强调,教师在学习中的角色是促进者,而不是知识的传授者。教师的主要任务不是直接教授知识或教导学习方法,而是为学生提供丰富的学习资源和创造促进学习的氛围,让学生自己决定如何学习。这种方式鼓励学生自主探索,帮助他们形成更深刻和个性化的学习体验。

三、学习风格理论

学习风格是学习者所偏好的学习模式,即学习者表现出来的具有个人特色的学习方式。学习风格理论侧重研究个体间学习方式的差异,代表人物有科尔布、杜恩、奥克斯福特、所罗门和哈尼等人。

(一)科尔布的研究

科尔布提出了学习风格理论,认为学习过程可以分为四个相互联系的阶段,即具体体验、沉思观察、抽象概括和主动实验(见图 3-6),这四个阶段形成一个学习周期。其中,在具体体验阶段,学习者通过直接的体验来感受新的事物或事件,从中获得感知和感受;在沉思观察阶段,学习者对具体体验进行观察和反思,从不同角度分析问题,以理解学习内容;在抽象概括阶段,学习者将观察到的体验进行总结和概括,形成理论或概念;在主动实验阶段,学习者运用总结出的理论或概念,采取具体行动解决实际问题,从而测试和应用所学的知识。

图 3-6 学习过程周期与学习风格类型

科尔布指出,这四个阶段不是孤立的,而是一个循环过程。学习者可以从一个阶段开始,经过其他阶段,最终返回到初始阶段。具体体验和抽象概括代表了个体在学习中偏好的感知方式,而沉思观察和主动实验则代表了个体偏好的信息加工方式。具体—抽象的感知方式与沉思—实验的信息加工方式,这两个维度的组合形成了四种不同的学习风格。它们分别是:

发散型:以具体体验和沉思观察为主。发散型的人具有丰富的想象力,对人、文化和艺术感兴趣,善于从不同的角度观察环境,并且能够了解它们的意义和价值。

同化型:以沉思观察和抽象概括为主。同化型的人通常对理论和抽象概念感兴趣,善于归纳推理,形成理论模型,并综合各种不同的观点,形成统一的解释。

聚合型:以抽象概括和主动实验为主。聚合型的人善于发现理论的实际价值,具有较强的决策能力,并能够有效地解决实际问题。

调节型:以主动实验和具体体验为主。调节型的人依靠直接体验主动学习,善于动手,乐于执行具有挑战性的任务。

　　针对这些学习风格的特点,科尔布总结了每种风格的优势与不足,并提出了相应的改进措施(见表 3-2),以帮助学习者扬长避短,提高学习效率。

表 3-2　科尔布四种学习风格的比较

风格类型	优　势	不　足	改　进　措　施
发散型	• 想象力丰富 • 理解他人 • 善于发现问题 • 献计献策	• 难以决策 • 难以把握机会	• 多听取他人意见 • 积累信息资料 • 体谅他人感受
同化型	• 善于制订计划 • 善于发现问题 • 构建理论 • 创建模式	• 不吸取经验教训 • 方法不系统 • 行动不实际	• 收集整理信息 • 构建概念模式 • 设计实验 • 检验理论与想法
聚合型	• 善于解决问题 • 擅长决策 • 善于认识问题 • 擅长演绎推理	• 精力不集中 • 想法分散 • 决策匆忙	• 定目标 • 尝试新方法 • 选择最佳方案
调节型	• 敢于冒险 • 具有领导才能 • 付诸行动	• 工作完成不准时 • 计划不切实际 • 偏离目标	• 专注于目标 • 寻找新机会 • 个人投入 • 多与他人交往 • 影响他人

(二) 杜恩的研究

　　杜恩认为,学习风格是由个体对各种刺激的反应所决定的。将个体的偏好与学习情境相匹配,有助于改善学习行为并提升学习效果。杜恩将学习风格的要素分为五大类:环境类、情感类、社会类、生理类和心理类(见表 3-3)。

表 3-3　学习风格要素

一 级 指 标	二 级 指 标
环境类要素	• 对学习环境安静或热闹的偏爱 • 对光线强弱的偏爱 • 对温度高低的偏爱 • 对坐姿正规或随意的偏爱
情感类要素	• 自我激发动机 • 教师激发动机 • 家长激发动机 • 学习坚持性的强弱 • 学习责任感的强弱

一 级 指 标	二 级 指 标
社会类要素	• 喜欢独立学习 • 喜欢结伴学习 • 喜欢与成人一起学习 • 喜欢与不同人群一起学习
生理类要素	• 喜欢听觉刺激 • 喜欢视觉刺激 • 喜欢触觉刺激 • 学习时是否喜欢吃零食 • 清晨学习效果最佳 • 上午学习效果最佳 • 下午学习效果最佳 • 晚上学习效果最佳 • 学习时是否喜欢活动
心理类要素	• 大脑的分析和综合能力 • 对大脑左右半球的偏好 • 沉思与冲动的倾向

（三）奥克斯福特的研究

小测试 3.1　奥克斯福特学习风格测试

奥克斯福特根据个体在学习中感官偏好的差异，将学习风格分为视觉型、听觉型和触觉型三种。视觉型学习者擅长通过视觉刺激进行学习，喜欢通过图片、图表、录像、影片等视觉手段接收和表达信息。听觉型学习者擅长通过听觉刺激进行学习，喜欢通过讲授、讨论、听录音等口头语言方式获取信息。触觉型学习者喜欢通过动手尝试进行学习，他们通常在操作性技能的学习中表现突出。

（四）所罗门的研究

所罗门将学习风格分为四组八个维度，分别从知识的加工、感知、输入和理解四个方面进行划分。

1. 知识的加工：活跃型与沉思型

活跃型学习者倾向于通过积极的活动来学习知识，如讨论、尝试或实际应用，他们更喜欢集体工作。相比之下，沉思型学习者则喜欢通过安静的思考来处理信息，更偏好独立工作。

2. 知识的感知：感悟型与直觉型

感悟型学习者擅长记忆事实和处理已有的任务。他们更喜欢稳定和结构化的工作。直觉型学习者则擅长发现新可能性以及事物之间的关系，喜欢变革和创新。

3. 知识的输入：视觉型与言语型

视觉型学习者擅长学习他们所看到的信息，如图片、图表、流程图、图像、影片和演示内容。言语型学习者则倾向于通过文字和口头解释获取信息。

4. 知识的理解：序列型与综合型

序列型学习者习惯于按线性步骤理解问题，每一步都合乎逻辑地紧跟前一步。他们喜欢循序渐进地学习。综合型学习者则擅长打破常规，进行"跨越式"学习，能够将无关的、零散的材料以新颖的方式组合起来，从而获取新知识。

（五）哈尼的研究

哈尼等研究出科尔布模型的简单变形，提出一个从经历中学习的过程模型，认为个体的学习分为四个阶段：经历发生→考察经历→从经历中推断→计划下一步。根据各阶段适合的学习者特点，将学习风格分为四类：活动家、沉思者、理论家和实用主义者（见图 3-7）。[①]

小测试 3.2　所罗门学习风格测试

小测试 3.3　哈尼学习风格测试

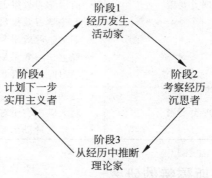

图 3-7　从经历中学习的过程与学习风格

这四种不同的学习风格表现出不同的行为特点，具体差异见表 3-4。

表 3-4　哈尼四种学习风格的行为特点[②]

风　格	行　　为
活动家	• 乐于接受新事物 • 全心投入，热心参与 • 有"做了才算"的习惯 • 喜欢寻找新鲜的工作 • 对耗时较长的工作感到厌烦 • 不喜欢单独工作，喜欢与他人共事 • 经常忙碌于各种事务
沉思者	• 喜欢从不同角度思考问题 • 倾向于搜集资料并利用数据分析 • 处事小心谨慎，充分考虑后果后再做决定 • 开会或讨论时倾向于聆听 • 喜欢观察他人工作，不急于参与 • 处事低调，能够容忍不同意见

① 〔英〕彼得·哈尼，罗杰·贝内特. 培训！培训！推动员工持续进步［M］，王庆海，译. 北京：中国劳动社会保障出版社，2004：121.

② 肖胜萍. 企业员工再培训手册［M］. 北京：中国纺织出版社，2003：205.

风　　格	行　　为
理论家	• 喜欢将观察整理成逻辑性理论 • 以"垂直式"方法逐步分析问题,例如,首先、继而、最后等 • 做事有条不紊,追求完美 • 偏爱假设、原则和理论 • 不能容忍主观、反逻辑的判断
实用主义者	• 喜欢验证理论、概念及方法 • 喜欢通过实践证实新观点 • 优先处理问题或事务 • 讨厌反复和冗长的讨论 • 抓住每个工作机会,即使困难重重 • 常说"路是人走出来的" • 注重实际效益

四、AI 与学习的现代理论

在培训领域,AI 的迅猛发展催生了多种现代理论,极大地推动了学习模式的创新和优化。其中,机器学习理论通过其多样的学习方法和应用场景,提供了个性化和动态调整的学习解决方案;学习分析理论则利用数据驱动的方法提高了培训决策的科学性和精准性;人机协作学习理论则强调了智能系统与人类学习者的协同作用,优化了学习体验和效果。

(一)机器学习理论

1. 机器学习的定义

机器学习是现代人工智能的核心技术之一,旨在通过数据和算法,使计算机能够自动学习和改进。与以往计算机程序不同,机器学习强调的是"学习",而不是按部就班地执行命令。机器学习的概念最早由塞缪尔于 1959 年提出,他将其定义为"让计算机在没有明确编程的情况下从经验中学习"。1997 年,米切尔进一步定义道:"对于某类任务 T 和性能度量 P,如果一个计算机程序在 T 上以 P 衡量的性能随着经验 E 而不断完善自身,那么称该程序在从经验 E 中学习。"机器学习是一门多领域交叉学科,涉及概率论、凸优化、统计学等学科,已经广泛应用到教育培训、制造、驾驶、农业、医学等领域。

2. 机器学习的分类

机器学习理论基于不同的学习方式,涵盖多个核心的学习算法和模型,包括监督学习、无监督学习、强化学习、深度学习等。这些模型各自适用于不同的学习任务,展现出独特的应用场景。

(1)**监督学习,也称为有导师学习**。它依赖于标注数据来训练模型,以预测未知数据的结果。通过已知的输入输出对的训练,让模型学会预测新输入的输出。常用的基函数模型包括概率函数、代数函数或人工神经网络,学习结果通常为一个函数。瓦普尼克在20世纪60年代至90年代开发的支持向量机模型是监督学习的经典代表。监督学习在实际应用中,例如企业培训中,可以帮助预测员工的学习进展,并据此优化培训计划。

（2）**无监督学习**,也称为无导师学习。它是在没有标注数据的情况下,通过探索数据的内在结构,发现隐藏的模式和特征。无监督学习采用的方法主要是聚类,学习结果通常为类别。典型的无监督学习包括发现学习、聚类和竞争学习等。科霍宁在20世纪80年代提出的自组织映射模型是无监督学习的代表。无监督学习在员工培训中可以用于识别不同员工的学习需求和偏好,帮助企业制定更加个性化的培训方案,以满足多样化的学习需求。

（3）**强化学习**。强化学习是一种通过与环境互动,从奖励和惩罚信号中进行学习的方法。该方法以统计和动态规划技术为指导,通过反复试验优化策略,从而提升系统的学习效果。萨顿和巴托在1998年系统地阐述了这一领域的理论。强化学习在员工培训中能够根据员工的反馈不断调整学习路径,最终实现更好的学习成果。

（4）**深度学习**。深度学习是基于多层神经网络的机器学习方法,能够自动提取数据中的高级特征。辛顿、勒昆和本吉奥在21世纪初期推动了这一领域的发展。深度学习在员工培训中,可以通过智能推荐系统,根据员工的学习记录和需求,自动推荐个性化的学习内容,从而提高培训的针对性和有效性。

3. 机器学习在培训中的应用

机器学习在员工培训中具有广泛的应用潜力,能够显著提升培训的效率和效果。

（1）**个性化学习路径设计**。通过机器学习算法,AI可以为每位员工量身定制学习路径。基于员工的历史学习数据、技能水平、兴趣偏好和反馈,机器学习模型能够预测员工未来的学习需求,进而设计出个性化的学习方案,以更加精准地满足员工的差异化需求。

（2）**实时反馈与适应性调整**。机器学习还能帮助培训系统在员工学习过程中提供实时反馈,并根据员工的表现动态调整学习内容。例如,强化学习算法能够分析员工在学习任务中的表现,及时给予奖励或建议,帮助员工在学习过程中不断改进。

（3）**技能评估与能力预测**。在培训结束后,机器学习模型可以被用于评估员工的学习成果。通过分析员工在不同任务中的表现数据,模型能够预测员工在实际工作中的应用能力。这种基于数据的评估更为客观准确,能够帮助企业识别高潜力人才,并为他们提供进一步的职业发展机会。

（4）**智能学习资源推荐**。机器学习模型能够根据员工的学习记录、兴趣和需求,智能推荐相关的学习资源。深度学习算法可以从大量的学习内容中自动提取与员工需求最匹配的资源,并将这些资源推荐给员工,从而确保学习内容的相关性和实用性。

（5）**培训效果优化**。通过分析大量员工的学习数据,机器学习模型能够识别出培训中的共性问题和瓶颈,并为培训设计者提供优化建议。例如,模型可以指出哪些学习模块对员工的实际工作帮助最大,哪些部分需要进一步改进。通过这种持续优化,企业的培训体系得以不断完善,从而更好地支持员工的发展。

（二）学习分析理论

1．学习分析理论的起源与发展

学习分析理论在 2011 年首次正式提出，在加拿大卡尔加里召开的第一届学习分析与知识会议上获得了广泛关注。该理论源于数据科学、教育学、心理学和计算机科学等多个学科的交叉，其核心目标是通过收集和分析学习过程中产生的数据，揭示学习者的行为模式，预测学习结果，并为教学设计提供数据支持。这一理论旨在优化教育和培训决策，改进学习体验，促进学习者的全面发展。

在学习分析领域，西蒙斯和加西夫是具有重要影响力的先驱人物。西蒙斯在 2011 年基于网络学习和连接主义，提出了利用学习分析揭示学习者行为模式并支持教学决策的观点。加西夫则在 2010 年代初期在学习分析的算法和工具开发方面做出了卓越贡献，推动了教育数据分析方法的创新与应用。这些研究为学习分析领域的发展奠定了坚实的基础。

随着教育技术的快速发展，学习分析已逐渐成为教育系统中不可或缺的一部分。如今，该理论不仅应用于学校教育，还广泛应用于企业培训和在线教育平台，推动个性化学习和教学质量的提升，并为教育和培训系统的优化提供了更为科学的依据。

2．核心观点及其在培训中的应用

（1）**数据驱动决策**。AI 通过对学习者行为数据的深入分析，为教育者和培训管理者提供基于证据的决策支持。这种数据驱动的方法帮助他们设计和调整教学策略，以提升教育和培训的效果。西蒙斯在这一领域的研究强调了数据洞察在优化教学过程中的关键作用，他提出了将数据分析作为教学和培训决策核心依据的理念。在实际应用中，企业通过学习分析可以精准地规划培训需求，确保培训内容与员工的实际需求高度匹配。

（2）**预测与干预**。AI 不仅能够预测学习者的学习进度和可能的结果，还为教学过程中的早期干预提供科学依据，帮助学习者及时克服学习中的障碍。加西夫研究了通过数据驱动的方法优化预测模型和干预策略，从而提高学习效果。在培训中，企业可以通过学习分析工具实时监控员工的学习进度，识别出潜在的学习障碍或瓶颈，并在问题发生之前采取适当的干预措施，如调整学习计划或提供额外的辅导。

（3）**学习者自我调节**。AI 通过提供即时反馈，帮助学习者更好地理解自己的学习行为，从而增强他们的自我调节能力，使其在学习过程中不断优化自己的学习策略。在培训环境中，这意味着员工能够通过 AI 系统的反馈信息，自主调整自己的学习方法和学习进度，以更有效地掌握培训内容。

（4）**优化培训资源配置**。通过对大量学习数据的分析，AI 能够帮助教育和培训机构识别哪些教育资源最为有效，从而优化资源配置，提高整体教学质量。这一过程与教育数据挖掘密切相关，通过对课程效果和学习行为的分析，推动了资源配置和课程设计的精准化，确保教育资源能够最大程度地发挥其价值。在企业培训中，学习分析可以指导资源的分配，确保最有效的学习工具和内容被优先提供给需要的员工，最大化培训投资的回报率。

（三）人机协作学习理论

1. 人机协作学习的定义与起源

人机协作学习是一种整合人工智能技术与人类学习者的教学模式，旨在通过高效的互动提升学习效果。该理论的核心在于通过智能系统的支持和优化来增强学习体验。不同于传统的教学模式，人机协作学习不仅关注机器如何辅助学习，还强调人类和机器之间的协同作用。

这一理论的起源可以追溯到 20 世纪 80 年代和 90 年代。计算机技术的发展使得教育领域开始探索机器与人类互动的可能性。最初的计算机辅助教学为这一理论奠定了基础。随着人工智能技术的进步，智能辅导系统成为人机协作学习的重要组成部分。毕尔和谢弗在 20 世纪 90 年代的研究中，开创性地探讨了智能系统如何提供个性化学习支持，并促进学习者的自我调节，从而推动了这一领域的深入发展。

2. 人机协作学习的核心机制

（1）**互动方式的设计**。人机协作学习的核心在于人类与机器之间的有效互动。这种互动通常通过自然语言处理技术实现的对话系统或用户界面设计来完成。辛顿在 2000 年代初期对自然语言处理技术的发展做出了重要贡献，使机器能够更流畅地理解和生成自然语言，从而提升了人机对话的自然性和有效性。实时对话系统允许学习者向智能系统提出问题或请求反馈，系统则通过自然语言处理技术进行理解和回应，使学习者能够获得及时的指导和支持。

（2）**技术支持与人类认知的协同作用**。技术支持与人类认知的协同作用是人机协作学习的关键。智能算法和机器学习模型通过与人类认知过程的有效结合，优化了学习体验和提高了学习效果。在这一过程中，智能系统通过分析学习者的行为数据，包括点击行为、搜索记录和反馈信息，个性化地调整学习内容和学习路径。这种数据驱动的方法使系统能够不断优化预测的准确性和推荐效果。例如，推荐系统根据用户的历史行为和偏好调整推荐内容，从而提升个性化服务的质量。这种智能调整不仅提高了学习的针对性，还减轻了学习者的认知负担，使他们能够专注于更复杂的学习任务。

（3）**实时数据与反馈**。智能系统在实时数据与反馈方面的作用至关重要。这些系统能够实时监控学习者的进度、错误类型和反应速度，并基于这些数据提供个性化的支持和反馈。例如，智能系统通过持续追踪学习者在各个学习任务中的表现，能够即时发现学习中的问题。如果系统检测到学习者在某一知识点上出现错误的频率较高或反应时间较长，它可以根据分析结果提供额外的练习或详细的解释。这种针对性的支持帮助学习者更有效地掌握难点内容，避免了传统学习模式中可能出现的延迟反馈问题。

3. 人机协作学习在培训中的应用

（1）**智能辅导系统**。智能辅导系统在企业培训中发挥了至关重要的作用。这些系统能够根据员工的学习历史和实时表现，自动调整培训内容。例如，在销售团队的培训中，智能辅导系统可以分析员工在模拟销售情境中的表现、客户反馈和销售数据，自动调整培训模块的难度，提供更符合员工实际需求的学习内容。如果某名销售员在测试中表现优异，系统会将其学习重点转向更高级的销售策略和技巧；而对于那些在销售模拟中表现不佳的员工,系统则会提供额外的指导和实践机会,帮助他们克服销售挑战和提升销售能力。

（2）**虚拟培训助手**。虚拟培训助手是一种重要的应用形式,通过问答互动和实时指导帮助员工完成在线培训。这些助手能够模拟各种培训场景,为员工提供实时学习支持,并跟踪其学习进度。例如,在客服培训中,虚拟培训助手可以创建多种客户场景,帮助员工在虚拟环境中练习应对不同的客户问题。虚拟助手可以模拟一个不满的客户投诉情境,员工需要在这种情境下进行有效沟通并提出解决方案。虚拟培训助手不仅能即时提供反馈,还能分析员工的表现,基于这些分析结果调整模拟场景的复杂性,从而有针对性地帮助员工提升应对技巧。这种方式不仅增强了培训的互动性,还使培训内容更贴近实际工作中的挑战,提升了员工的实际操作能力。

思 考 题

1. 什么是学习？学习的动机有哪些？
2. 在设置培训目标时,应遵循什么原则？
3. 简述行为主义学习理论的代表人物及其主要观点。
4. 简述认知主义学习理论的代表人物及其主要观点。
5. 根据建构主义学习理论,分析影响培训效果的关键要素。
6. 比较罗杰斯和奥苏贝尔的有意义学习的区别与联系。
7. 简述学习风格理论的代表人物及其主要观点。
8. 简述 AI 与学习的现代理论的主要观点。

即 测 即 练

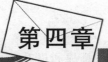

第四章

战略引领：员工培训的
方向与设计流程

微软的战略性培训转型

微软(Microsoft)作为全球科技行业的领导者,一直在技术创新与市场需求的变化中不断调整其企业战略。面对人工智能和云计算的崛起,微软进行了重大的战略转型,从传统的软件产品公司转变为云计算和 AI 服务的全球领先提供商。在这一过程中,战略性培训是微软成功转型的重要支柱。

20 世纪末至 21 世纪初,微软以 Windows 操作系统和 Office 办公软件闻名,但随着行业技术的发展,尤其是云计算和人工智能的兴起,公司意识到需要重新定位以保持市场竞争力。为了实现这一转型,微软于 2014 年任命萨提亚·纳德拉(Satya Nadella)为CEO,他提出了以"云优先,移动优先"为核心的新战略。此战略强调通过 Azure 云平台和 AI 技术为企业客户提供服务。

为支持这一战略转型,微软启动了一系列战略性培训项目,旨在重塑员工的技能和思维方式,以适应公司新方向的需求。微软通过其内部学习平台 Microsoft Learn,提供广泛的在线课程和认证项目,涵盖云计算、AI、大数据分析等领域。这些课程不仅针对技术员工,还包括销售、市场、客户支持等非技术人员,帮助他们理解和推广新的产品与服务。

微软在培训过程中积极运用 AI 技术,为员工提供个性化的学习路径。通过分析员工的学习数据和绩效指标,微软能够识别员工的技能差距,并推荐适合的培训资源。此外,公司还鼓励员工参与创新项目和跨部门合作,以实践新学到的知识。

微软的高管团队在这一过程中扮演了重要角色,他们不但积极参与培训计划的设计和评估,还通过领导力项目提升管理层的战略思维和执行能力。这种全方位的培训与企业战略紧密结合,使微软能够快速适应市场变化,并在云计算和 AI 领域取得了显著成就。

微软的战略性培训案例展示了在技术和市场环境快速变化的背景下,企业如何通过培训来支持战略转型。通过提供个性化的学习机会、鼓励实践应用以及高层领导的积极参与,微软成功地将员工培训与公司战略紧密结合,从而推动了企业的创新和可持续发展。

一、企业战略与战略性培训

(一) 企业战略

"战略"一词最早起源于历史上的战争和军事活动,用于指导军事谋略。随着时代的发展,战略思维已被广泛应用于社会、政治和经济等多个领域。企业战略是指企业长期基本目标的确定,以及为实现这些目标所需采取的行动方针和资源配置(钱德勒,1962)。战略包括外部竞争战略与内部管理优化的组合。对外而言,战略涵盖行业选择、产品和业务选择,以及关键竞争方式的确定;对内而言,战略涉及企业经营管理的最优方案选择与实施。最终目的是在既定时期内利用既有资源获取最大利润回报。

企业战略的特点如下[①]:

(1)**全局性**。战略是指导整个企业所有活动的总谋划,旨在实现企业整体最优化。企业战略应与国家的经济、技术、社会发展战略相协调,并适应全球未来发展趋势。

(2)**长期性**。在迅速变化和激烈竞争的环境中,企业必须对未来变化进行预测,制定长期战略规划。

(3)**系统性**。企业战略包括三个层次:一是企业总体战略,决定企业的长期经营目标,确立了竞争优势的类型以及如何发挥这些优势,它是战略体系的核心和基础,起着统领全局的作用;二是经营战略,将总体经营战略的目标、方向和意图具体化;三是职能战略,按各专门职能领域落实战略目标和方针,通常包括研发、生产、财务和人力资源等。三个层次共同构成一个完整的系统,形成整体优势,实现企业战略目标。

(4)**相对稳定性**。在一定时期内,稳定的战略对企业经营具有指导作用。若频繁调整战略,会导致经营混乱并带来损失。然而,企业战略需要随外部环境的变化进行动态调整,因此其稳定性是相对的。

(二)战略性培训

战略性培训是战略性人力资源管理的重要组成部分。战略性人力资源管理强调将人力资源管理提升至战略高度,使其与企业战略相匹配,通过人力资源活动实现企业战略目标。战略性培训是指以企业战略目标为导向,与企业的使命、愿景、价值观等相协调一致的培训。战略是培训的指南针,指引培训的方向,而培训则是实现战略目标的重要手段,通过培训帮助企业获得持续的竞争优势。与传统培训相比,战略性培训具有以下几个显著差异:

(1)**培训地位不同**。传统培训仅作为辅助功能,通常根据上级指令安排相关培训事宜。而战略性培训则基于企业整体战略,围绕企业长远发展目标进行全局性思考与规划。战略性培训不仅是各种知识、技能课程的简单叠加,更是基于工作分析、人力资源现状分析,并结合人力资源规划部署、绩效管理和薪酬奖励设计的一个系统,旨在提升企业竞争力。

(2)**培训重点不同**。传统培训通常属于事后培训,侧重于规范性和事务性培训,其价值主要在于提升员工工作的规范性。而战略性培训强调企业战略的主导地位,具有前瞻性,侧重于创新和变革培训,以适应快速变化的市场环境。

(3)**协同程度不同**。传统培训往往与企业战略目标脱节,被动地开展局部、程序性工作。战略性培训则将员工培训与企业战略紧密结合,整合各部门资源,在各级部门的支

---

① 赫连志巍,张敬伟,王立国.企业战略管理[M].北京:机械工业出版社,2005:12-14.

持和配合下开展培训工作。例如,对中层管理者的培训,必须获得高层管理者的支持。再如,调查员工的培训需求时,需要各部门协同配合提供相关信息。

（4）**培训效果不同。**传统培训主要关注维持企业的正常运转,其作用通常是短期且局部的。战略性培训更关注影响企业发展的战略性因素,其作用具有长期性和整体性。

二、AI 时代战略性培训对培训工作者的要求

（一）培训工作者的角色

扩展阅读 4.1 战略性
培训中培训部门的职责

1. 罗杰·贝内特的培训角色理论

英国培训专家罗杰·贝内特认为人力资源开发人员承担五种角色(图 4-1):[①]

（1）培训者

培训者是最直接且现实的角色,主要职责包括课堂教学、监督培训执行情况以及所有影响学习过程的活动。培训者还需为受训者提供所需的学习内容、条件和信息,并进行反馈和提供帮助。因此,培训者必须具备深厚的学习理论知识,善于运用各种激励手段和监督措施,选择和使用适合的学习方法,确保受训者顺利完成个人学习计划。

（2）设计者

设计者角色的活动主要包括培训计划的设计、维护和实施。培训工作者需综合考虑组织、部门和员工的需求,分析培训需求,规划培训目标,设计培训课程,选择适合的培训方法,检验培训效果,并帮助培训师顺利实施培训计划。

（3）顾问

作为顾问,培训工作者需在培训领域具备权威性,能够诊断企业发展中涉及的培训问题,并找到解决方案。他们与培训者和设计者共同设计培训计划,提出培训建议,确保培训成果得以有效转化和应用,成为管理层的重要参谋。

（4）创新者

创新者的角色要求对市场和外部环境具备高度敏感性,能够预见企业未来的发展趋势,并提出应对策略。培训工作者应帮助员工开发新思想、新理念和新方法,使企业在不断创新中应对市场和外部环境的变化。

（5）管理者

管理者负责计划、组织和控制培训过程,确保培训目标的实现。管理者需与高层管理者及其他部门建立广泛且紧密的联系,确保最有效的培训活动得

图 4-1 培训者的五种角色

① 王淑珍,王铜安.现代人力资源培训与开发[M].北京:清华大学出版社,2010:22;〔英〕彼得·哈尼,罗杰·贝内特.培训!培训!推动员工持续进步[M],王庆海,译.北京:中国劳动社会保障出版社,2004:69-84.

以开展。他们还需建立畅通的信息沟通渠道,获取并发展培训资源,组建和完善培训队伍,明确各方职责,并监督和控制培训活动,以增强培训效果。在小规模组织中,设计者的部分职责可能会与管理者的职责重叠。

罗杰·贝内特的理论中,培训者和设计者主要关注"维持"既定绩效,而创新者和顾问则专注于"变化"层面。管理者处于两个层面的交界处,整合了上述四个角色的相关行为。虽然这五种角色各有侧重,但它们相互联系,没有明确的界限。管理者的角色源于自身特质,与其他角色建立紧密的内在联系;培训者和设计者专注于维持既定的绩效,而创新者和顾问则注重应对变化和解决问题。

除了以上五大角色以外,罗杰·贝内特认为人力资源开发人员还担任如下角色,这些角色可以作为自我评价的依据:

扩展阅读 4.2　美国培训与开发协会对培训工作者角色的界定

- 培训目标的制定者;
- 培训需求的分析者;
- 培训政策的制定者;
- 培训创造性思想的提出者;
- 培训内容设计者和开发者;
- 培训管理者和组织者;
- 培训市场推广者;
- 培训负责人;
- 组织发展的代理人、教练、导师;
- 培训顾问、建设者;
- 学以致用的代理人;
- 培训资源的管理者;
- 建立联系的负责人;
- 培训效果评估人。

2. AI 时代培训工作者角色

在 AI 时代,培训工作者扮演多重角色,包括学习设计者、战略推动者、变革引导者、技术整合者以及顾问与协调者。这些角色相互交织,共同作用于培训的成功,确保企业能够在快速变化的市场中保持竞争力并实现持续发展。

(1)学习设计者

培训工作者需要成为学习设计者,负责设计和开发个性化的学习体验。他们需要运用先进的 AI 技术,如自适应学习系统、虚拟现实(VR)和增强现实(AR)工具,设计互动性强且内容丰富的培训项目。作为学习设计者,培训工作者需精通现代教育技术,掌握成人学习原理,并能够根据员工的不同需求和学习习惯量身定制培训内容,确保每位员工都能获得最佳的学习体验。

(2)战略推动者

培训工作者在企业中扮演着战略推动者的角色,确保培训与企业的整体战略目标紧密结合。他们需要深入理解企业的使命、愿景和发展目标,并将这些战略方向体现在培训规划中。通过设计和实施与企业战略相匹配的培训项目,培训工作者帮助企业在快速变化的市场中提升竞争力,增强市场适应性。

（3）变革引导者

AI 技术的快速发展推动了企业的数字化转型,培训工作者在此过程中扮演着变革引导者的角色。他们帮助员工适应新技术和新工作流程,通过培训支持企业的创新和变革。作为变革引导者,培训工作者不仅要具备引导员工应对变革的能力,还需帮助企业培养适应技术变化的新思维和新方法,确保企业在激烈的市场竞争中保持领先地位。

（4）技术整合者

培训工作者在 AI 时代还需要成为技术整合者,负责将先进的 AI 技术和工具无缝融入培训过程中。他们需要与技术专家合作,将 AI 驱动的数据分析、学习管理系统和智能评估工具应用于培训的各个环节。通过识别并引入合适的技术,培训工作者可以优化培训流程,确保培训项目符合企业和员工的不断变化的需求。

扩展阅读 4.3 培训者角色的检查

（5）顾问与协调者

培训工作者还需充当企业各部门的顾问与协调者。他们需要与企业的管理层、技术团队以及各个职能部门紧密合作,深入了解不同部门的具体需求,提供有针对性的培训建议,并协同实施培训计划。作为顾问与协调者,培训工作者需具备出色的沟通和协调能力,能够整合不同部门的资源,确保培训项目的顺利开展并取得预期成果。

（二）AI 时代培训工作者的素质要求

1. 全局观与战略思维

培训工作者需要具备全局观,能够从企业整体发展和市场变化的角度思考问题,深入理解企业的使命、愿景及发展方向,将培训工作与企业的长期目标相结合,确保培训项目支持企业的长远发展。此外,培训工作者需具备战略思维,能够预见未来的趋势和挑战,制订前瞻性的培训计划,帮助企业在竞争中保持优势。

2. 持续学习能力

AI 技术发展迅速,培训工作者必须保持持续学习的热情和能力,以适应时代的发展需求。这不仅包括更新知识、学习新技术和工具,还包括掌握新的培训方法、管理理念和行业趋势。通过持续学习,培训工作者可以不断提升专业水平和适应能力,为企业提供更优质的培训服务。

3. 创新能力

创新是 AI 时代成功的关键,培训工作者需具备创新能力,对市场和技术的发展保持高度敏感,以开发出符合企业需求的培训解决方案。他们需要善于运用 AI 技术,创造性地设计和实施培训项目,推动企业的持续创新与变革。此外,培训工作者还需具备开拓思维,能够提出新的想法和方法,帮助企业在不断变化的市场环境中实现持续增长。

4. 数据分析能力

随着 AI 技术的广泛应用,数据在培训中的重要性显著提升。培训工作者需要具备全面的数据分析能力,包括收集、分析和解读与培训相关的数据。他们应掌握统计分析、数据可视化和报告生成的基本原理,以便将复杂的数据转化为易于理解和应用的决策依据。

通过深入的数据分析，培训工作者可以精准识别培训需求、评估培训效果，并预测未来趋势。这使得他们能够及时调整培训策略，提高培训的针对性和有效性，确保培训项目与企业的目标高度一致。此外，数据分析能力还帮助企业实现更高的投资回报率，使培训在企业发展中发挥更大的价值。

5. 沟通与协调能力

培训工作者不仅需要设计和实施有效的培训项目，还需与企业内部多个部门和团队进行沟通与协调，以确保培训项目顺利推进。培训工作者应具备清晰传达培训目标和计划的能力，并与管理层、技术团队及各职能部门保持良好的沟通，确保他们的需求和期望得到充分理解和满足。

此外，培训工作者需要在跨部门沟通和协作中发挥作用，以实现培训成果的有效转化。例如，培训后的知识和技能可能在不同部门间无法顺利转移和应用，影响培训效果。为此，培训工作者应建立跨部门的学习和交流平台，如定期举办分享会、工作坊或协作项目，促进培训成果的广泛应用。

6. 科技伦理意识

在 AI 技术广泛应用的背景下，培训工作者需要具备高度的科技伦理意识，以确保培训项目的设计和实施充分考虑技术的伦理和社会影响。这种意识不仅包括对技术使用合法性和合规性的理解，还涉及隐私保护、数据安全和 AI 技术带来的社会伦理问题的敏感性。

例如，在利用 AI 技术进行数据分析时，培训工作者必须保障员工的数据隐私和安全，防止数据被滥用或泄露。同时，培训工作者需要帮助员工理解 AI 技术的潜在伦理风险，如算法偏见、自动决策的透明性等，培养他们在使用技术时的道德判断能力。这不仅有助于规范技术应用，保护个人和组织的权益，还能提升员工对技术的信任和接受度，促进技术的正当应用和社会责任的履行。

三、AI 驱动的战略性培训设计流程

战略引领的员工培训设计流程如下：首先，确定企业战略，明确企业的使命、愿景和价值观，具体的战略分析方法有 PEST 模型、波特五力模型、SWOT 分析；其次，基于企业战略，确定人力资源管理策略；最后，根据不同的战略，实施针对性、差异化的战略性培训。

（一）确定企业战略

1. 战略核心：使命、愿景和价值观

企业战略的核心包括使命、愿景和价值观。使命是指企业存在的原因，即企业为什么存在，企业是干什么的，服务的客户是谁，客户能从企业得到什么价值等；愿景也称前景，是企业想要实现的未来蓝图；价值观是指企业在经营过程中所秉持的基本信念和行为准则。这三者共同为企业的长期发展提供方向和指导。国内知名企业的使命、愿景和价值观见表4-1。

表 4-1   国内外知名企业的使命、愿景和价值观

公司	使 命	愿 景	价 值 观
华为	聚焦客户关注的挑战和压力,提供有竞争力的信息与通信解决方案和服务,持续为客户创造最大价值。	构建万物互联的智能世界。	以客户为中心,以奋斗者为本,长期艰苦奋斗,持续自我批判。
阿里巴巴	让天下没有难做的生意。	• 不追求大,不追求强,追求成为一家活 102 年的好公司; • 到 2036 年,服务 20 亿消费者,创造 1 亿就业机会,帮助 1000 万家中小企业盈利。	• 客户第一,员工第二,股东第三; • 因为信任,所以简单; • 唯一不变的是变化; • 今天最好的表现是明天最低的要求; • 此时此刻,非我莫属; • 认真生活,快乐工作。
京东	科技引领生活。	成为全球最值得信赖的企业。	客户为先,诚信守本,团队合作,追求卓越。
百度	用科技让复杂的世界更简单。	成为最懂用户,并能帮助人们成长的全球顶级高科技公司。	简单可依赖。
迪士尼	使人们过得快活。	成为全球的超级娱乐公司。	• 极为注重一致性和细节刻画; • 通过创造性、梦幻和大胆的想象不断取得进步; • 严格控制、努力保持迪士尼"魔力"的形象。
苹果	提供创新的产品和服务,使全球用户生活更简单、更有意义。	创造出具有革命性的产品,改变世界,使人们的生活更加美好。	创新、简洁、质量、隐私保护、环保。
特斯拉	加速全球向可持续能源的转变。	成为全球最令人向往的电动汽车品牌。	创新、可持续、质量、效率、客户至上。

2. 企业战略的分析方法

企业战略的分析方法主要包括三种:一是通过 PEST 模型分析宏观环境;二是利用波特五力模型分析产业环境;三是应用 SWOT 分析法评估企业内外环境。

(1) 宏观环境分析——PEST 模型

宏观环境指的是影响所有行业和企业的各种宏观力量,主要包括政治(political)、经济(economic)、社会(social)和技术(technological)四大因素。PEST 模型如图 4-2 所示。

政治环境包括国家的社会制度、执政党的性质、国际关系、政治局势以及政府的方针政策等因素。

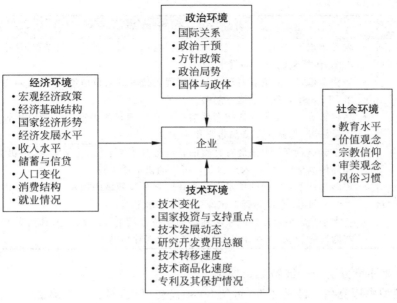

图 4-2　PEST 模型

经济环境主要涉及国家的经济政策、经济结构、经济形势以及反映经济发展水平和速度的相关指标。此外,还包括企业所在地区或服务地区的消费者收入水平、储蓄与信贷情况、人口变化、消费结构和就业状况等因素。

社会环境包括国家或地区居民的受教育程度和文化水平、价值观念、宗教信仰、审美观念和风俗习惯等。

技术环境除了考察与企业所处领域直接相关的技术进展外,还应关注国家对科技开发的投资和支持重点、领域内技术发展动态、研发费用总额、技术转移和商品化速度,以及专利及其保护情况等因素。

下面以小米 SU7 为例,运用 PEST 模型,分析宏观环境(表 4-2)。

表 4-2　小米 SU7 的 PEST 模型分析

因　　素	分 析 内 容
政治因素 (political)	• 政策支持:各国政府对新能源汽车行业的政策支持,如补贴和优惠政策,促进了电动汽车市场的增长,为小米 SU7 的市场推广提供了有利条件。 • 国际关系:整体国际关系的不确定性可能带来额外的贸易壁垒和技术合作限制,中美贸易关系的波动可能影响国际市场的政策和关税环境。
经济因素 (economic)	• 市场需求:尽管全球经济增长缓慢,但中国等市场对电动汽车的需求持续强劲,为小米 SU7 提供了市场机会。 • 经济政策:中国的限购政策和新能源车牌照的优惠等政策对汽车消费产生了重要影响,激励了消费者购买电动汽车,从而有利于小米 SU7 的销售。 • 原材料成本与价格波动:原材料如锂、钴电池的价格波动对生产成本产生直接影响,进而影响小米 SU7 的定价策略和利润空间。

因　素	分 析 内 容
社会因素 （social）	• 城市化进程：中国的快速城市化进程增加了对交通工具的需求，这推动了对个人汽车，包括电动汽车的需求。 • 消费者偏好：消费者对环保和智能驾驶技术的兴趣增加，推动了对电动汽车的需求，小米 SU7 迎合了这一趋势。 • 品牌影响力：小米在科技领域的声誉和品牌影响力有助于吸引年轻消费者和科技爱好者，为其汽车产品带来更多关注和信任。
技术因素 （technological）	• 供应链成熟度：中国拥有完整的新能源汽车产业链，包括电池、电机、电控等关键零部件的生产，使小米能够获得可靠的供应链支持。 • 智能化技术：中国的技术企业在智能驾驶等领域的创新，为小米提供了丰富的技术合作机会，有助于提升汽车的智能化水平。 • 技术创新：小米在智能家居和移动设备方面的技术优势为其汽车产品提供了创新的智能功能，例如车载物联网和自动驾驶辅助系统。

（2）产业环境分析——波特五力模型

五力模型由迈克尔·波特于 20 世纪 80 年代初提出，对企业战略制定产生了深远影响。该模型识别了竞争的五种主要来源，分别是：供应商的议价能力、购买者的议价能力、潜在的新进入者的威胁、替代品的压力和同行业竞争者的竞争程度。[①] 五力模型如图 4-3 所示。

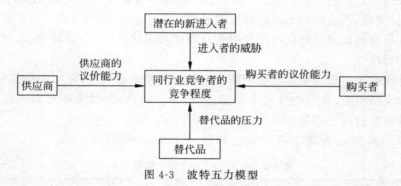

图 4-3　波特五力模型

① 供应商的议价能力

供应商提供企业生产所需的原材料和资源。供应商可能通过提高价格、降低产品质量或服务质量来施加压力。供应商的议价能力影响现有企业的利润空间。主要决定因素包括：

- 供应商产业的集中度
- 供应品的可替代程度
- 交易量的大小
- 产品差异化程度

---

① 袁凌.管理大师的智慧[M].长沙：湖南大学出版社，2008：33-34.

- 供应品对行业生产的重要程度
- 供应品的特色和转变费用
- 向前一体化的可能性
- 掌握信息的程度

② 购买者的议价能力

购买者通过压价和要求更高质量的产品或服务来影响企业的盈利能力。购买者的议价能力较强时,通常有以下特点:

- 购买者数量较少且每个购买者的购买量大,占销售量的较大比例
- 卖方由大量相对来说规模较小的企业组成
- 购买者购买的是标准化产品,且可以向多个卖主购买
- 购买者有能力实现后向一体化,而卖主不可能前向一体化

③ 潜在的新进入者的威胁

潜在的新进入者是指可能进入本行业成为竞争对手的企业。其威胁程度取决于:

- 进入障碍的大小,如规模经济、产品差异、资本需求、转换成本、销售渠道、政府政策、法律限制、自然资源和地理环境等
- 现有企业对新进入者的预期反应,如报复行动的可能性,取决于企业的财力、固定资产规模和行业增长速度等

④ 替代品的压力

替代品是指具有相同或类似功能的产品。替代品的存在会对现有企业构成压力。决定替代品压力大小的因素包括:

- 替代品的盈利能力
- 替代品生产企业的经营战略
- 购买者的转换成本

⑤ 同行业竞争者的竞争程度

指行业内企业之间的竞争关系和程度,通常表现在价格、广告、售后服务等方面。竞争强度受以下因素影响:

- 行业进入障碍较低,竞争对手数量较多且实力接近
- 市场趋于成熟,需求增长缓慢
- 竞争者通过降价等手段促销
- 提供相似的产品或服务,用户转换成本低
- 高退出障碍,即退出竞争的代价高于继续参与的代价

下面以腾讯公司为例,运用波特五力模型分析产业环境。参见表4-3。

（3）企业内外环境分析——SWOT分析

SWOT分析方法是通过识别企业内部和外部环境中的优势（strengths）、劣势（weaknesses）、机会（opportunities）和威胁（threats）,帮助企业制定适合其实际情况的战略和策略。

优势是指企业内部的积极因素和有利条件,这些因素能够帮助企业在市场竞争中取得优势。企业的优势可以来自于多个方面,例如强大的品牌声誉、高效的生产流程、专业

表 4-3　腾讯公司的波特五力模型分析

竞 争 来 源	分 析 内 容
供应商的议价能力	• 供应商集中度与替代性：腾讯的主要技术供应商分布广泛且替代性较高,供应商集中度相对较低。 • 交易量与议价能力：腾讯作为大型科技公司,采购量大,拥有一定的议价优势。 • 供应品对生产的重要性：关键技术供应品(如云服务和数据中心设备)对腾讯业务至关重要。
购买者的议价能力	• 客户规模与市场份额：腾讯的主要客户群体(如企业客户和广告主)购买量大,增强了他们的议价能力。 • 产品标准化与选择：腾讯提供的产品和服务(如广告和云服务)较为标准化,客户有较多选择。
潜在的新进入者的威胁	• 进入障碍：技术领域的规模经济、资本需求和技术壁垒较高,新进入者面临较高的进入障碍。 • 市场吸引力与竞争反应：行业增长吸引新进入者,腾讯具备强大财务实力和市场地位,能有效应对潜在威胁。
替代品的压力	• 替代品的竞争：替代品(如其他社交平台和云服务)具有较强的市场竞争力,并不断推出新产品和服务。 • 用户转换成本：用户转换成本较低,使得替代品对腾讯构成压力。
同行业竞争者的竞争程度	• 市场竞争激烈：行业内竞争者众多且竞争激烈,腾讯在多个领域面临来自大型科技公司和初创企业的挑战。 • 成熟市场与促销策略：市场趋于成熟,竞争者通过降价等手段争夺市场份额。 • 高退出障碍：固定资产投资和品牌建设使退出市场的代价较高。

的技术团队、稳定的客户关系,这些优势使企业能够更好地应对市场竞争并抓住发展机遇。

劣势是指企业内部的消极因素和不利条件,这些因素可能阻碍企业的发展或削弱其市场竞争力。常见的劣势包括产品创新能力不足、资金不足、管理效率低下、市场占有率低等。企业需要识别并克服这些劣势,以提高整体竞争力。

机会是指企业外部环境中存在的有利因素,这些因素可以帮助企业实现增长和发展。机会可能来自于新兴市场的扩展、政府政策的支持、技术进步带来的新业务、竞争对手的弱化等。抓住这些机会有助于企业实现战略目标和可持续发展。

威胁是指企业外部环境中存在的不利因素,这些因素可能对企业的发展构成挑战或风险。例如行业内竞争加剧、经济下行、消费者偏好变化、供应链中断等。企业需要制定有效的策略来应对这些威胁,以确保其市场地位和业务稳定。

表 4-4 是以特斯拉公司为例的 SWOT 分析。

根据 SWOT 分析结果,企业选择适合其实际情况的经营战略,分别是 SO 战略(增长型战略)、WO 战略(扭转型战略)、ST 战略(多种经营战略)、WT 战略(防御型战略),见表 4-5。不同战略的实施方法和举例如表 4-6 所示。

表 4-4 特斯拉公司的 SWOT 分析

SWOT 因素	分 析 内 容
优势 （strengths）	• 品牌影响力：特斯拉在电动车领域拥有强大的品牌声誉,广受消费者认可。 • 技术创新：在电池技术和自动驾驶方面具有领先优势,持续引领行业创新。 • 垂直整合：从设计、生产到销售的垂直整合模式,提高了效率和质量控制。
劣势 （weaknesses）	• 生产能力限制：面临产能扩张的挑战,无法快速满足日益增长的市场需求。 • 资金压力：大量投资于研发和扩张,可能导致财务压力。 • 服务网络覆盖不足：售后服务和充电网络在某些地区覆盖有限,影响用户体验。
机会 （opportunities）	• 市场需求增长：全球对电动车和可持续能源的需求不断增长,提供了巨大市场潜力。 • 政府支持政策：各国政府对电动车的补贴和环保政策支持,推动行业发展。 • 新兴市场：新兴市场的城市化进程和环保意识增强,为特斯拉提供了拓展空间。
威胁 （threats）	• 竞争加剧：传统汽车制造商和新兴公司纷纷进入电动车市场,竞争日益激烈。 • 经济不确定性：全球经济波动可能影响消费者的购买力和投资信心。 • 法规变动：各国关于自动驾驶和环保的法规变动可能影响特斯拉的业务模式。

表 4-5 SWOT 分析与战略选择

外部环境因素	内部环境因素	
	优势（S）	劣势（W）
机会（O）	SO 战略（增长型战略） 发挥优势,最大限度利用机会	WO 战略（扭转型战略） 调整策略,业务转型
威胁（T）	ST 战略（多种经营战略） 多种经营,规避风险	WT 战略（防御型战略） 放弃或开发新的市场

表 4-6 不同战略的实施方法和举例

战略类型	实 施 方 法	举 例
SO 战略 （增长型战略）	发挥内部优势,抓住市场机会进行扩张。	苹果公司利用其品牌声誉和技术创新,推出 iPhone 并扩大市场份额。
WO 战略 （扭转型战略）	改善内部劣势,调整策略以利用外部机会进行业务转型。	传统制造企业引入现代化管理系统,增加研发投入,推出智能产品线。
ST 战略 （多种经营战略）	利用核心能力分散风险,通过多样化经营应对外部威胁。	特斯拉利用技术优势和市场领先地位,推出新产品应对激烈竞争。
WT 战略 （防御型战略）	解决内部劣势,调整市场策略以规避外部威胁。	零售企业在经济下行期间,通过缩减运营规模、增加线上销售渠道降低风险。

3. 利用 AI 制定和优化企业战略

在当今迅速变化的商业环境中,AI 已经成为制定和优化企业战略的关键工具。利用 AI 强大数据分析和预测能力,企业可以在制定战略时获得更为精准的洞察和有效的决策支持。

（1）数据驱动的战略分析

AI 在数据收集和分析方面的应用为企业提供了强大的支持。通过整合来自不同来源的大量数据，AI 能够利用机器学习算法和数据挖掘技术提取有价值的洞察，帮助企业理解市场动态和识别战略机会。预测分析能力也是 AI 的一大优势，通过对历史数据的深度挖掘，AI 可以预测未来的市场趋势、销售波动和经济变化。这种前瞻性的分析使企业能够提前做出调整，优化战略以应对挑战、迎接机遇。例如，亚马逊利用 AI 技术分析用户购买行为，预测需求变化，从而优化库存管理和定价策略，提高运营效率和客户满意度。

（2）个性化的战略规划

基于客户的性别、年龄、消费习惯等信息，AI 可以将客户细分为多个群体。这些群体的需求和偏好各不相同，企业可以据此制定个性化战略。例如，某家化妆品公司根据客户的肤质和个人喜好，推出定制化的护肤产品。客户可以通过在线测试获得适合自己的护肤方案，并购买定制产品。这种个性化的产品设计不仅满足了客户的具体需求，还增强了客户的品牌忠诚度。

个性化战略也体现在精准的产品推送和营销策略上。企业通过 AI 分析客户行为数据，制定个性化的营销活动和广告策略。例如，社交媒体平台利用用户的兴趣和行为数据，推送量身定制的广告内容。这种精准营销不仅提高了广告的点击率和转化率，还降低了广告成本，增强了营销效果。例如，网飞（Netflix）利用 AI 分析用户的观看历史，提供个性化的影视推荐服务，大大提升了用户的黏性和满意度。

（3）智能化的战略调整

通过实时监控市场变化和业务运营，AI 可以提供实时数据和趋势分析，帮助企业快速调整战略和战术以应对变化。同时，AI 决策支持系统可以通过分析不同的情境和变量，提供智能化的决策建议，使管理层能够做出更为精准的战略决策。例如，许多零售企业利用 AI 监控市场变化和消费者行为，调整产品供应链和销售策略，以适应快速变化的市场需求。

（4）风险管理与战略优化

风险管理是战略制定中不可忽视的部分，AI 在风险预测和评估方面的应用可以帮助企业识别和评估潜在的风险。通过对历史数据和趋势的分析，AI 能够预测潜在的风险事件，并提供预警信息。同时，AI 还可以生成优化建议，帮助企业调整战略以减少风险并最大化收益。例如，金融机构利用 AI 进行市场风险建模和预警，识别潜在的金融市场波动风险，并调整投资策略以降低损失。

（二）企业战略类型与人力资源管理策略

根据业务的发展方式，企业战略可以分为集中战略、外部成长战略、内部成长战略和收缩投资战略四种类型。针对不同的企业战略，需采用相应的人力资源管理策略，并借助 AI 技术实现更高效的管理和决策。

1. 集中战略

集中战略，又称聚焦战略，是指企业集中使用资源，将经营重点放在特定目标市场，为特定地区或特定购买者群体提供专门的产品或服务。该战略的核心理念是业务的专一化，通过更低的成本、更高的效率以及更好的服务，在狭窄的细分市场中超越广泛竞争的对手。采用集中战略的企业举例如表 4-7 所示。

案例 4.2 美国西南航空公司的人力资源管理

表 4-7 采用集中战略的企业举例

公　　司	市　场　定　位	战　略　特　点
星巴克 （Starbucks）	高品质咖啡和独特的咖啡体验，主要面向中高端消费者和都市白领。	注重顾客体验、门店氛围和高质量咖啡，建立强大的品牌忠诚度。
劳力士 （Rolex）	高端奢侈手表市场，目标客户为追求奢华和身份象征的消费者。	卓越工艺和经典设计，拥有显著的地位和声誉。
保时捷 （Porsche）	高性能跑车市场，目标客户为追求卓越驾驶体验和车辆性能的高端消费者。	持续创新和提升车辆性能，在高性能跑车市场保持竞争力。
宜家 （IKEA）	经济实惠且设计独特的家居产品，主要面向年轻人和注重性价比的消费者。	自助式购物体验、简约设计和具有竞争力的价格，建立稳固市场地位。
丽思卡尔顿酒店 （The Ritz-Carlton Hotel Company）	奢华酒店体验，主要目标客户为高端商务旅客和度假人士。	卓越客户服务、豪华设施和个性化体验，赢得良好声誉和客户忠诚度。
海底捞 （Haidilao）	高端火锅餐饮市场，目标客户为中高端消费者。	提供卓越的服务体验和个性化服务，在火锅细分市场中树立了强大的品牌形象。
茅台 （Moutai）	高端白酒市场，目标客户为中高端消费者和收藏家。	通过传统工艺和高端定位，在中国白酒市场中保持了显著的市场地位。

采用集中战略的企业通常具有规范的职能型组织架构和运作机制，以及高度集权的控制与严密的层级指挥系统。各部门和员工的分工明确，工作技能集中。因此，人力资源策略的重点在于技能的先进性，通过开发现有人力资源，使员工获得更高水平的技能，从而提高产品质量、生产率或革新技术流程。AI 可以通过分析员工技能数据和市场需求，智能化匹配培训课程和发展路径，提升员工能力和企业竞争力。此外，在薪酬体系中，应更加关注如何保留这些技能型员工，以确保公司获得持续的竞争优势。

2. 外部成长战略

（1）外部成长途径

外部成长战略主要通过兼并、收购和战略联盟等方式实现企业的快速发展。这种战略主要包括以下几种途径：

① 兼并同业企业，即兼并在产品市场链条上与本企业处于相同经营阶段的企业。通过这种策略，企业可以扩大市场份额，实现规模经济。例如，迪士尼（Disney）收购了 21 世纪福克斯（21st Century Fox）的娱乐业务。通过这一兼并，迪士尼不仅扩大了其在电影和电视节目制作领域的市场份额，还增强了其市场控制力。AI 技术可以辅助企业分析目标市场和竞争对手，识别潜在的并购对象，优化并购决策。

② 兼并供应链企业，即兼并能够为本企业供应原料或购买本企业产品的企业，如供应商或零售商。通过这种策略，企业可以确保原材料供应的稳定性，降低生产成本，并拓展

销售渠道。例如,苹果公司(Apple)收购了其主要零部件供应商 Dialog Semiconductor,以确保核心组件的供应稳定性并降低生产成本。此外,亚马逊(Amazon)收购了 Whole Foods,进入了实体零售市场。这一收购不仅增强了亚马逊在食品和杂货领域的市场覆盖率,还通过整合线上平台和实体店铺优化了供应链。在兼并供应链企业的过程中,AI通过分析目标企业的财务状况、市场地位、供应链网络、业务流程以及风险因素,提供全面的评估报告,帮助企业制定更为精准的兼并决策。

③ 兼并跨行业企业,即兼并那些与本企业业务领域不同的企业。通过这种策略,企业可以多样化其业务领域,减少对单一市场的依赖,并开拓新的收入来源。例如,谷歌(Google)收购了摩托罗拉移动(Motorola Mobility)。通过这一兼并,谷歌不仅进入了智能手机和移动设备市场,还获得了摩托罗拉的大量专利,这些专利帮助谷歌增强了其在移动技术领域的竞争力,并为其 Android 操作系统提供了技术支持。AI 可用于识别跨行业的协同效应,评估兼并带来的潜在风险和收益。

案例 4.3　思科公司的兼并之道

(2)人力资源管理策略

扩展阅读 4.4　人力资源部门在兼并中的行动纲要

通过收购和兼并措施,企业可以实现快速成长,节约交易成本,实现资源共享并获得协同效应,从而提高整体效率并获得更多利润。然而,这些变革也给人力资源管理带来了新的挑战,需要采取有效的应对策略。具体内容如下:

第一,保持员工士气。当员工得知公司即将进行兼并时,尤其是被兼并公司的员工,常常会产生焦虑情绪。他们担心工作安全,可能会出现旷工率上升、工作效率降低、传播谣言等问题。人力资源部门在兼并过程中扮演着重要角色,需要采取一系列措施来保持员工士气,包括清晰的沟通、提供心理支持、确保透明度以及积极管理变革。AI 可以通过情感分析工具监测员工情绪,及时提供心理支持和咨询服务。

第二,不同文化的整合。不同企业之间存在文化差异,合并后的新公司可能会面临文化冲突。人力资源部门可以利用 AI 分析企业文化差异,定制文化整合方案,通过文化融合活动、培训和团队建设,积极整合不同的文化差异,形成统一的企业文化和价值观,促进原有不同组织中的员工之间的合作。

第三,人员重组。兼并后,企业可能面临人员冗余的情况,需进行必要的裁员。人力资源部门可以利用 AI 分析员工技能和岗位需求,制定合理的裁员方案以及遣散补偿、失业补助和再就业培训计划,尽可能减少裁员对员工的负面影响。此外,妥善处理裁员过程,提供心理支持和职业指导,也有助于维护企业声誉和员工的信任。

第四,统一人力资源管理模式。不同的企业有不同的人力资源管理模式,如考核方法、报酬体系和福利政策等。人力资源部门可借助 AI 建立数据驱动的人力资源管理系统,形成统一化的人力资源管理模式。这包括制定统一的考核标准、报酬结构和福利政策,以确保管理模式的一致性和公平性。

3. 内部成长战略

内部成长战略是指企业通过自有资金的积累,自主从事产品和市场开发,以实现发展的战略。这种战略的优点在于企业能够掌握核心专长,企业文化与发展方向一致,且管理较为容易。然而,它也存在资源获取可能面临瓶颈、成长速度较慢的缺点。内部成长战略的具体决策包括拓展全球市场、通过合伙发展壮大、建成新厂、添置新生产设备、开发新产品或不同产品、增加分销渠道等。这些决策对人力资源管理提出了新的要求,见表4-8。

表4-8 内部成长战略决策与人力资源管理

内部成长战略决策	对人力资源管理的要求
拓展全球市场	• 跨文化管理 • 选拔和培训海外工作人员 • 调整奖惩制度以适应海外形势
通过合伙发展壮大	• 选拔培养具有较高谈判能力的员工 • 文化的整合 • 处理不同组织间的冲突
建成新厂	• 部分员工调往新厂 • 招聘和培训新员工
添置新生产设备	• 对员工进行新技能培训 • 淘汰或安置技能过时的员工
开发新产品或不同产品	• 选拔创新型人员 • 员工创新能力的培养 • 建设创新型文化
增加分销渠道	• 选拔和培训具备销售和市场拓展能力的员工 • 增强员工对新渠道的适应能力 • 培训员工以提升其销售和客户服务技能

内部成长战略的人力资源管理强调创新性和弹性,以形成创造性氛围。在招聘与选拔方面,AI可以通过分析应聘者的数据,重点甄选具有革新精神、敢于变革并能够进行创新的员工;在培训与发展方面,AI可以提供个性化的学习路径,采用团队导向的方法进行培训,增强员工的创新能力和团队合作能力;在绩效评价方面,AI能够自动跟踪和分析员工的创新行为,制定与创新相关的绩效考核指标,鼓励员工提出和实施创新方案;在薪酬方面,AI可以通过市场数据分析,帮助制定具有外部竞争力和内部差异性的薪酬体系,以激励员工的创造性和提升整体绩效。

4. 收缩投资战略

(1) 收缩投资战略类型

收缩投资战略,也称为撤退战略,是指企业在经营状况恶化时,采取缩小生产规模或取消某些业务的战略。这种战略旨在聚焦核心业务,减少企业的运营风险。收缩投资战略主要分为以下三种类型:

① 扭转战略

企业通过缩小产销规模、削减成本费用、重组等措施,努力扭转销售和盈利下降的趋势。这一战略旨在改善企业的财务状况和运营效率,使其能够在困境中恢复并重新获得市场竞争力。例如,企业可能会减少产品线、优化生产流程或重组业务部门,以降低成本并提高效益。

柯达(Kodak)曾是全球领先的影像技术公司,但随着数字化影像技术的崛起,其传统胶卷业务受到严重冲击。为了扭转颓势,柯达实施了扭转战略,逐步缩小胶卷生产规模,减少了不盈利的业务线,并进行了业务重组。柯达将重心转向数字影像技术和打印业务,同时削减了相关的运营成本。这些措施帮助柯达改善了财务状况并重新调整了其市场定位。

② 剥离战略

企业出售或停止经营部分子公司或业务单位,集中资源于核心业务。这种战略通常在企业面临财务困境或某些业务单位不再符合企业战略目标时被采用。剥离战略有助于企业减少复杂性,优化资源配置,并提高整体运营效率。例如,企业可能会将非核心业务部门出售给其他公司,或者停止某些业务线的运营。

国际商业机器公司(IBM)在近年来进行了大规模的剥离战略,将其低利润或非核心业务部门加以出售,以把资源集中于其云计算和人工智能等核心业务。IBM 出售了其下属的打印机业务、芯片制造业务等,以优化资源配置并提升业务专注度。这些剥离措施帮助 IBM 提高了运营效率并增强了其在高增长领域的市场竞争力。

③ 清算战略

企业将其全部资产出售,并停止经营。这一战略通常在企业面临严重的财务危机或无法继续运营时被采用。通过清算,企业可以收回资产,减少债务,尽可能保护股东和债权人的利益。例如,企业可能会出售所有固定资产、库存以及其他资产,以偿还债务并结束运营。

雷曼兄弟(Lehman Brothers)在 2008 年金融危机期间面临严重财务危机,最终决定实施清算战略。雷曼兄弟将其全部资产出售,包括不动产、金融资产等,以偿还债务,并最终停止经营,该清算过程帮助保护了部分债权人和股东的利益。

(2)人力资源管理措施

收缩投资战略通常被那些由于面临严重经济困难而想要缩减部分经营业务的企业所采用。一般而言,企业实施收缩战略只是短期的过渡,其根本目的并不是停止发展,而是为今后发展积蓄力量,帮助企业渡过困境。有时,只有采取收缩和撤退的措施,才能抵御竞争对手的进攻,避开环境的威胁,并迅速实现自身资源的最优配置。可以说,收缩投资战略是一种以退为进的战略。在实施收缩投资战略时,应采取以下人力资源管理措施:

第一,谨慎裁员。在实施收缩投资战略时,一些企业通常通过裁员来降低人力费用和运营成本。AI 可以通过分析员工的绩效数据和潜在价值,帮助识别关键人才,并提供合理的裁员建议,以最小化对企业运营的影响。然而,裁员可能会对留任员工造成严重的负面影响,影响他们的工作积极性和士气。因此,裁员应谨慎进行,将其作为最后的手段,优先考虑其他成本控制措施。企业可以通过结构性调整现有人力资源,或者通过优化薪酬结构和调整薪酬水平来控制人力成本,避免大规模裁员带来的震荡。

第二,加强沟通。与收缩投资相关联的订单减少、利润下降、裁员增加等问题,会对组织凝聚力和员工士气带来巨大冲击。此时,人力资源部门应加强与员工的沟通与交流,解释企业所采取的紧缩策略和未来前景,帮助员工理解变革的原因和目标。同时,利用 AI 情感分析工具了解员工情绪和反馈,帮助管理层制定更有效的沟通策略,消除恐惧和不安,稳定情绪,鼓舞士气。

第三,强化培训。在经济不景气和投资收缩的情况下,员工的空闲时间可能增多,企业可以利用这一时机对员工进行培训。AI 可以通过个性化的学习平台,为员工提供量身定制的培训课程,帮助员工提升技能,并为未来的职业发展做好准备。培训内容包括时间管理、压力管理、领导能力、沟通能力等,或针对具体技能进行提升。这不仅能提高员工的管理能力和业务技能,还能增强企业的整体竞争力。此外,对于那些即将被淘汰的员工,企业应提供工作搜寻技巧培训,帮助其顺利重新求职。

(三)实施战略性培训

1. 战略性培训策略

在企业发展中,员工培训应当以战略为导向,旨在培养满足企业战略需求的优秀员工。以下是战略性培训策略及其重点任务(见表 4-9):[①]

(1)使学习投资多样化。企业应提供多样化的学习机会,而不仅限于传统培训项目。可以利用互联网和 AI 等新技术来实施培训,鼓励员工利用非正式渠道进行学习,并提供个性化的学习机会以满足不同需求。

(2)扩大培训对象的范围。培训不应仅限于管理层,而应扩展到普通员工。还可培训供应商,确保其提供的材料符合客户质量标准,或培训客户,以帮助他们更好地使用公司的产品和服务。

(3)加快员工学习的步伐。企业需要建立高效的培训系统,包括快速识别培训需求,提供高质量学习方案,并缩短培训项目的开发时间,以应对快速变化的技术、客户需求和市场环境。

(4)改善客户服务。确保员工具备丰富的产品和服务知识,提升与客户沟通的技能,并明确其角色定位和决策权限,从而提升客户服务质量。

(5)为员工提供发展机会并与之交流。让员工意识到自身的发展机会,了解其职业生涯和个人成长的可能性,使企业发展与员工个人发展相契合,确保培训满足员工当前和未来的需求。

(6)获取和共享知识。通过向经验丰富的员工获取洞察力和信息,系统地组织和存储知识,并提供便捷的信息获取途径,从而在组织内共享知识。

(7)根据企业的战略导向调整培训。依据企业战略,识别所需的知识、能力和素质,制订针对性的培训计划,以确保培训符合企业的发展战略。

(8)确保工作环境支持学习及培训成果的转化。让员工了解学习的重要性,消除学习障碍(如时间、资源和设备不足),并提供促进团队协作和创新的物理空间。同时,争取管理者和同事对培训、开发和学习的支持,以促进知识共享和成果转化。

---

① 〔美〕雷蒙德·A.诺伊.雇员培训与开发[M].北京:中国人民大学出版社,2007:43-44.

表 4-9　战略性培训策略及其重点任务

战略性培训策略	重点任务
使学习投资多样化	• 运用互联网和 AI 等新技术实施培训 • 利用非正式渠道进行学习 • 提供个性化的学习机会
扩大培训对象的范围	• 向非管理层员工提供更多学习机会 • 培训客户、供应商和员工
加快员工学习的步伐	• 快速确定培训需求 • 提供高质量学习方案 • 减少培训项目开发时间
改善客户服务	• 确保员工具备产品和服务知识 • 提升与客户沟通的相关技能 • 明确员工角色定位和决策权限
为员工提供发展机会并与之交流	• 确保员工有发展机会 • 告知员工职业生涯和个人成长机会 • 使培训满足员工当前及未来发展的需求
获取和共享知识	• 从经验丰富的员工处获取洞察力和信息 • 系统地组织和存储信息 • 提供便捷的信息获取途径
根据企业的战略导向调整培训	• 确定所需的知识、能力和素质 • 制定符合企业战略的培训项目
确保工作环境支持学习以及培训成果的转化	• 员工了解学习的重要性 • 消除学习障碍,如时间和资源不足 • 提供支持团队协作和创新的物理空间 • 争取管理者和同事对培训、开发和学习的支持

2. 四种战略性培训策略

（1）集中战略的培训策略

在集中战略下,企业通过专注于特定市场或产品领域,以增强其竞争优势。这种战略要求员工具备高度专业化的技能和能力,以便为客户提供个性化、高品质的产品或服务。集中战略下 AI 驱动的培训策略如表 4-10 所示。美国西南航空公司采用的战略就是集中战略,其培训策略值得借鉴,见案例 4-1。

表 4-10　集中战略下 AI 驱动的培训策略

培训策略	目　标	措　施
技能培训	提高员工在特定领域的专业技能,以满足市场的特殊需求。	• 利用 AI 分析行业趋势,定制个性化培训计划。 • 提供先进的技能培训课程,涵盖最新的行业技术和方法。 • 组织技术交流会,与行业专家进行深度互动。 • 开发跨职能的交叉培训项目,提升员工的多元技能。

培 训 策 略	目 标	措 施
团队建设	增强团队协作能力，提高工作效率和质量。	• 使用 AI 驱动的团队协作平台，提高团队沟通效率。 • 进行团队合作与沟通的培训，加强员工之间的协作精神。 • 举办团队活动和项目，以促进团队互信和凝聚力。 • 实施跨部门的工作交流，增加员工对其他部门工作的理解和支持。
人际交往培训	提高员工的人际沟通能力，以提升客户服务质量。	• 开设人际沟通技巧培训课程，增强员工的沟通能力和情商。 • 进行客户服务培训，提高员工的客户互动技巧和服务意识。 • 通过角色扮演和模拟场景，帮助员工应对不同的沟通挑战。 • 利用 AI 生成的虚拟客户进行情境模拟，提高员工的应对能力。
企业文化培训	帮助员工适应并融入企业文化，提高组织认同感。	• 开展企业文化培训，介绍公司的核心价值观和文化理念。 • 建立文化委员会，促进文化活动的开展和员工的文化认同。 • 推行透明化管理，确保员工了解公司的战略方向和决策过程。 • 应用 AI 进行员工满意度调查，及时调整企业文化策略。

 案例 4-1

美国西南航空公司的集中战略与培训策略

美国西南航空公司(Southwest Airlines)以其独特的集中战略和全面的培训策略在航空行业中取得了显著成功。其集中战略包括低成本运营、服务一致性和灵活的运营安排，特别聚焦于特定的客户群体。公司的培训策略通过系统化的培训和文化建设，确保了员工的高效能和公司整体效能的提升。

西南航空的集中战略核心在于高效的低成本运营和一致的服务标准，特别聚焦于价格敏感型的消费者和中小企业客户。公司通过集中使用波音 737 机型、优化资源采购和航班调度系统，显著降低了运营成本并提升了运营效率。统一的服务标准确保了客户体验的一致性，而灵活的运营模式则帮助公司迅速适应市场变化和突发事件。

西南航空的培训策略涵盖了全面的系统培训、跨部门协作促进和企业文化建设等，确保员工能够快速适应公司环境并提供高水平的服务。

公司对新员工的培训采取了系统化的方法，包括课堂讲授、在职训练和实际操作训练。新员工首先接受 1~2 周的课堂讲授，这一阶段涵盖公司政策、操作程序和客户服务技能，为员工提供理论基础。随后，他们将进入 2~3 周的在职训练，由经验丰富的督导员带领,帮助他们熟悉实际工作环境和日常操作。此外,新员工还会在经验丰富的前辈指导下进行实际操作训练,以提高其实操能力。公司还安排了定期的训练,由培训协调专员进行,确保员工的技能不断更新和提升。

西南航空特别重视部门间的协作与理解,通过整体工作流程培训和跨部门交流提升员工的协作能力。新员工在培训中学习整体工作流程及其对其他部门的影响,这有助于他们理解自己的工作如何影响整个公司运作。公司还定期开展跨部门工作交流,鼓励员工了解其他部门的工作内容。例如,飞行员帮助客舱人员打扫机舱,空服人员协助地勤人员完成地面周转,这些措施不仅提高了部门间的协调能力,还有效减少了飞机中转时间,提升了工作效率。

在企业文化建设方面,西南航空通过多种方式强化公司文化,使员工能够更好地融入公司。公司注重培养员工的幽默感,致力于营造轻松、欢乐的工作环境,并鼓励员工与顾客积极互动,以提升服务质量。此外,西南航空推行透明化管理,确保每一项重大决策在对外公布前通过内部刊物传达给员工,实现最大程度的员工民主管理。公司还成立了文化委员会,每两年换届一次,由公司老员工组成,负责梳理和呈现公司的企业文化和价值观,帮助新员工理解并融入公司的战略和目标。

此外,西南航空鼓励员工进行持续学习和个人发展。公司提供丰富的培训资源,包括在线课程、外部培训和内部讲座,帮助员工不断提升技能和知识。职业发展计划为员工提供明确的职业路径和晋升机会,支持他们的长期职业成长,从而提升员工的工作满意度和忠诚度。

通过这些系统化的培训策略和文化建设,西南航空公司不仅确保了员工能够提供高水平的服务,还提升了员工的工作能力和公司整体效能。这些措施有效促进了员工的个人成长和公司的长期成功。

（2）外部成长战略的培训策略

外部成长战略虽然能带来快速的市场扩展和资源整合,但也伴随着复杂的人力资源管理挑战。为了应对这些挑战,可以通过 AI 技术优化培训策略,以提高员工适应能力和企业整合效率,参见表 4-11。

表 4-11　外部成长战略下 AI 驱动的培训策略

培 训 策 略	目　　标	措　　施
文化整合培训	促进员工的文化适应性和企业文化认同感,减少文化冲突。	• 开发基于 AI 的文化整合培训课程,结合多媒体和互动模块,帮助员工理解并适应新的企业文化。 • 使用虚拟协作平台,促进员工间的跨文化沟通与合作,增强团队凝聚力。
团队建设与协作培训	提高员工的协作能力和团队沟通效率,以实现更高的工作效率和团队合作。	• 使用 AI 分析团队沟通模式和协作效率,识别沟通障碍和团队协作问题。 • 设计个性化的团队建设培训课程,提升员工的团队合作技能。 • 采用团队协作工具,提高信息共享与任务协作的效率。

培训策略	目 标	措 施
人员重组与再就业培训	帮助被裁员工获得再就业能力,并提升留任员工的技能。	• 利用 AI 技术进行员工技能评估,识别需要再就业培训的技能缺口。 • 提供在线学习平台,帮助留任员工提升专业技能和适应新的岗位要求。
人力资源管理整合培训	提高员工对新企业人力资源管理模式的适应性。	• 使用 AI 技术进行员工反馈分析,了解员工对新管理模式的接受情况。 • 开发支持的管理培训课程,帮助员工理解并适应新的考核标准、报酬结构和福利政策。
心理支持培训	为员工提供心理支持,帮助他们应对兼并过程中的压力和焦虑。	• 采用心理健康评估工具,识别员工在变革过程中的心理压力和情绪状态。 • 提供基于 AI 的心理健康支持计划,利用机器学习算法进行情绪分析,帮助员工缓解压力。 • 建立员工心理健康平台,提供 24/7(每周 7 天,每天 24 小时,无时无刻)的心理咨询和情绪管理支持。
变革管理培训	提高员工对企业变革的适应能力和管理能力,支持企业顺利过渡。	• 提供变革管理工作坊,帮助员工理解变革的必要性和过程。 • 使用 AI 驱动的反馈工具进行实时反馈与评估,帮助员工快速调整心态和行为以适应变革。

(3)内部成长战略的培训策略

在内部成长战略下,企业通过加强自身的能力建设和资源利用,实现内部的持续发展。这种战略需要提升员工的综合素质,培养创新能力,支持企业在现有市场的扩展和产品创新。内部成长战略下 AI 驱动的培训策略如表 4-12 所示。

表 4-12　内部成长战略下 AI 驱动的培训策略

培训策略	目 标	措 施
创新能力培训	提高员工的创新思维和实践能力,支持产品和服务的创新。	• 使用 AI 分析市场趋势,识别创新机会并定制创新培训计划。 • 提供创新思维和实践的培训课程,结合实际案例与项目练习。 • 组织创新工作坊,促进员工的创意分享与合作。
领导力发展培训	培养潜在领导者,增强企业内部的管理和决策能力。	• 采用 AI 技术进行领导力评估,识别高潜力员工并提供个性化发展计划。 • 提供领导力培训课程,涵盖战略思维、团队管理和决策技巧。 • 进行模拟决策训练,提升管理人员的决策能力和风险意识。

培训策略	目　标	措　施
技能提升与跨职能培训	提升员工的综合技能和跨职能能力,以支持企业内部的灵活用工和资源配置。	• 利用 AI 分析员工技能缺口,制订个性化技能提升计划。 • 提供跨职能培训课程,促进员工在不同领域的能力发展。 • 组织内部轮岗计划,增强员工对不同业务模块的理解与适应能力。
数据分析与决策支持培训	增强员工的数据分析能力,支持企业在决策中的数据驱动。	• 开展数据分析工具的培训,提升员工的数据处理和分析能力。 • 使用 AI 技术进行数据驱动决策模拟,提升员工的决策水平。 • 提供数据可视化技术培训,帮助员工有效传达数据见解。
员工敬业度培训	增强员工的工作积极性和满意度,提高企业的员工保留率和忠诚度。	• 利用 AI 进行员工敬业度调查,识别影响员工满意度的关键因素。 • 开展员工激励计划和激励技巧培训,提升员工的工作热情。 • 实施透明化沟通,确保员工了解公司的愿景与战略目标。

（4）收缩投资战略的培训策略

在收缩投资战略下,企业需要在保持竞争力的同时优化成本,提升效率。这一战略强调资源的高效利用和风险管理能力的提高。收缩投资战略下 AI 驱动的培训策略如表 4-13 所示。

表 4-13　收缩投资战略下 AI 驱动的培训策略

培训策略	目　标	措　施
成本管理培训	提升员工的成本意识和管理能力,支持企业在资源有限条件下的有效运营。	• 开设成本控制和预算管理课程,帮助员工了解成本优化的方法和工具。 • 利用 AI 分析成本结构,提供优化建议。 • 组织成本管理案例分享,增强员工的实战经验。
风险管理培训	增强员工的风险识别和管理能力,以应对市场变化和不确定性。	• 提供风险管理的基础知识和实践培训,涵盖风险识别、评估和应对策略。 • 采用 AI 进行风险模拟和预测,帮助员工制定预防措施。 • 进行突发事件应对演练,提高员工的应急响应能力。
效率提升培训	优化工作流程,提高员工的工作效率和组织生产力。	• 使用 AI 驱动的流程自动化工具,简化重复性任务。 • 开展精益管理培训,提升员工的效率优化和持续改进能力。 • 提供时间管理和任务优先级培训,帮助员工更有效地安排工作。

培 训 策 略	目 标	措 施
员工再就业与转岗培训	提高员工在新岗位的适应能力,支持组织结构的调整和人力资源的优化配置。	• 利用 AI 评估员工技能与新岗位的匹配度,制订个性化转岗培训计划。 • 提供在线学习资源,支持员工自我提升。 • 组织跨部门交流和轮岗机会,增强员工的灵活性和适应性。
心理支持培训	帮助员工应对收缩期的压力与焦虑,保持良好的心理健康和工作态度。	• 开展心理健康讲座和压力管理工作坊,增强员工的心理韧性。 • 利用 AI 进行情感分析,提供个性化的心理支持和辅导。 • 建立员工心理支持网络,提供持续的心理咨询和帮助。

思 考 题

1. 什么是企业战略与战略性培训?
2. AI 时代培训工作者担任哪些角色?
3. 如何利用 AI 制定和优化企业战略?
4. 企业战略有哪些类型? 每种战略下人力资源管理工作的重点分别是什么?
5. 在内部成长战略和外部成长战略下,企业的培训策略有何差异?

即 测 即 练

下篇 实践应用

第五章

培训什么：AI 与培训需求分析

 **案例导入**

西门子员工多级培训体系

西门子公司是德国的一家著名电子产品公司，其业务遍布世界五大洲 190 多个国家和地区，涉及能源、通信、工业、交通、信息、医疗、电子元器件、工业自动化、家用电器等领域，成为当今全球电子电器行业中最大的综合型跨国公司之一。

西门子公司能发展成为世界电气界的一颗璀璨明星，与其对人才的重视有很大关系。西门子公司认为，市场竞争日趋激烈，在革新、颇具灵活性和长期性的商务活动中，知识和技术必须不断更新、换代，才能跟上商业环境以及新兴技术的发展步伐，所以西门子特别重视对人才的培训。公司每年将占利润 1/5 左右的经费用于员工培训，创造了独具特色的培训体系。

西门子完善的培训体系得益于其科学、准确的需求分析。在西门子，培训工作首先要考虑组织的需求，即要从企业的发展战略与目标出发来拟订培训计划。为适应技术进步和管理方式的变化，培训课程内容每年都有 20% 以上的调整，大部分培训项目都是根据公司当前生产、经营和应用技术的需要设置的，其中很大一部分是在工作岗位上完成的。西门子希望员工通过培训与学习，最终达到能够帮助企业解决实际问题，以及提高为企业服务能力的目的。

其次，西门子的培训计划还充分考虑员工的个人发展需求。公司的人力资源管理部门通过"与员工的谈话"来了解员工的愿望，结合公司需要，经过客观分析，认真制定每个员工未来发展领域和方向，并会同员工一起拟订切实可行的培训计划，认真组织实施。培训工作与员工个人发展计划结合起来，能够使员工意识到培训与自己的未来发展息息相关，从而大大提高培训的效果，实现公司和员工的共同发展。

通过培训需求分析，西门子公司将培训内容与培训对象对应起来，因材施教。公司曾经组织过的专项培训需求调查显示：在各种培训需求中，工作技能、销售、商务及对企业中高级管理层的培训是重中之重。正是基于这样充分的培训需求调查分析，西门子形成了针对性的培训计划，其中管理教程培训尤以独特和有效而闻名。

西门子员工管理教程分五个级别，各级培训分别以前一级别培训为基础，从第五级别到第一级别所获技能依次提高，其具体培训内容如下表所示。

级别	教　程	培训对象	培训目的	培训内容	培训日程
5	管理理论教程	具有管理潜能的员工	提高参与者的自我管理能力和团队建设能力	西门子企业文化、自我管理能力、个人发展计划、项目管理、了解及满足客户需求的团队协调技能	与工作同步的一年培训、为期3天的两次研讨会和一次开课讨论会
4	基础管理教程	具有较高潜力的初级管理人员	让参与者准备好初级管理工作	综合项目的完成、质量及生产效率管理、财务管理、流程管理、组织建设及团队行为、有效的交流和网络化	与工作同步的一年培训、为期5天的两次研讨会和为期两天一次开课讨论会
3	高级管理教程	负责核心流程或多项职能的管理人	开发参与者的企业家潜能	公司管理方法,业务拓展及市场发展策略、技术革新管理、西门子全球机构、多元文化间的交流、改革管理、企业家行为及责任感	与工作同步的一年半培训、为期5天的两次研讨会
2	总体管理教程	具备下列条件之一:管理业务或项目并对其业绩全权负责者;负责全球性、地区性的服务者;至少负责两个职能部门者;在某些产品、服务方面是全球性、地区性业务的管理人员	塑造领导能力	企业价值、前景与公司业绩之间的相互关系、高级战略管理技术、知识管理、识别全球趋势、调整公司业务、管理全球性合作	与工作同步的两年培训、为期6天的两次研讨会
1	西门子执行教程	已经或者有可能担任重要职位的管理人员	提高领导能力	根据西门子公司业务的需要而制定,不断更新	根据需要灵活制定

　　西门子公司有效运用培训需求分析,从而制订实用性和针对性的培训计划,设置完备的培训课程体系,取得了预期的培训效果。受训人员从这些课程中学到管理知识,获得参加管理实践的机会,提高了管理自己和他人的能力,达到了开发员工管理潜能、培养公司管理人才的目的。

一、培训需求分析的功能

　　培训需求分析是指通过收集组织及其成员的相关信息,确定现有绩效与理想绩效之间的差距,从而进一步找出组织及其成员在知识、技术和能力方面的不足,据此制定培训方案的过程。培训需求分析是培训活动开展的首要环节,其主要功能如下:

（一）提出针对性的解决方案

组织及其成员绩效不佳的原因是多方面的，并非所有问题都可以通过培训来解决。培训需求分析通过对所出现的问题进行诊断，分析问题的成因，判断是否可以依靠培训来解决。若是，则将其列入培训需求清单并设计针对性的培训方案；若否，则通过其他途径来解决。

（二）推动组织的变革与创新

任何组织都处在一个动态的环境之中，这也迫使企业不断地变革与创新。因此，培训部门不仅要考虑现在的需要，还要充分考虑组织未来的需要并为之提前做好准备，尽管这些需要同现在的需要可能完全不同。只有这样，才能提前储备人才，从而适应动态变化的市场环境，增强组织的创新力和竞争力。

（三）衡量培训的成本与收益

企业培训要考虑经济效益。在进行培训需求分析时，不仅要分析培训对组织及其成员带来的收益，也要分析培训的成本。通过成本与收益的比较，计算培训的净收益，据此考虑是否开展该培训项目。当收益大于成本时，说明培训可行。

（四）争取组织对培训活动的支持

组织支持贯穿于培训过程的始终。如果没有组织支持，任何培训活动都不可能顺利进行，更不可能获得成功。培训需求分析可以使组织中的相关人员认识到组织存在的问题，发现组织成员在知识、技术和能力上的不足，了解培训的成本与收益，从而获得组织对培训的支持。

二、培训需求分析的层次

培训需求分析包括三个层次，分别是组织分析、任务分析和人员分析。

组织分析侧重从组织的战略、目标、人力资源状况、财务状况等方面，全面分析组织整体的培训需求。通过了解组织的宏观环境和长远发展规划，确定哪些培训项目可以支持组织的战略目标和发展方向。

任务分析从岗位的角度出发，具体分析各个岗位的任务和职责，明确员工胜任这些任务所需的知识、技能和素质。通过详细了解岗位需求，可以设计出更加精准的培训方案，帮助员工提高工作绩效。

人员分析关注培训对象，分析组织中哪些人员需要培训，以及他们具体需要哪些方面的培训。通过评估员工的现有能力和表现，识别技能差距和发展需求，确保培训资源能够有效分配到最需要的地方。

（一）组织分析

1. 组织分析的流程

组织分析是根据企业的经营战略，收集与组织战略目标相关的信息，结合组织的人力资源状况和财务状况，分析组织培训需求的过程。具体分析流程如下：

（1）分析组织的战略

组织战略是表明组织如何达到目标、完成使命的整体谋划。它反映了管理者对于行动、环境和业绩之间关键联系的理解，确保使命、愿景和价值观的实现。通过战略的制定，管理者可以明确企业发展的方向和路径，指导各项业务活动协调一致地进行，从而实现组织的长期目标。进行组织分析时需要思考的组织战略问题见表 5-1。

表 5-1　进行组织分析时需要思考的组织战略问题[①]

- 组织所属的行业是处在上升期还是稳定期？主要的竞争对手是谁？竞争对手的发展态势如何？
- 为什么组织能在过去取得辉煌的业绩？
- 组织准备引进什么新技术？如果在这方面已经有所规划，那么新技术将在什么时候正式投入使用？
- 可以预见的将在未来出现的变革与创新将如何改变行业竞争的格局？
- 组织将在何时建构起什么样的新型管理理念或者采取什么新的管理措施？
- 不论从过去、当前还是未来来看，是否存在影响组织战略规划的任何政府管制问题？
- 为了实现组织的总体战略，组织内不同的单位或部门将采取什么样的具体策略？他们将如何进行规划？

利用 AI 分析组织战略，可以显著提升分析的效率和精准度，确保战略决策的科学性和前瞻性。AI 能够整合企业内部数据（如销售数据、运营数据）和外部数据（如市场趋势、行业报告），通过大数据分析工具，全面了解市场环境、竞争对手动向及行业发展现状。利用机器学习算法，AI 可以对市场趋势进行预测分析，预测未来市场需求变化、技术革新速度以及行业竞争格局的演变。此外，AI 的自然语言处理技术可以分析大量的文本数据，如行业报告、政府政策和新闻文章，提取对企业战略有重要影响的信息，为企业战略制定或调整提供重要参考。

组织战略为培训提供指引，直接影响培训项目的开发与设计，培训的侧重点因企业经营战略的不同而存在较大差异（见表 5-2）。因此，在进行培训需求分析时，必须深刻理解组织战略，把握业务发展方向和重点，确保培训活动能够支持组织的长期战略目标。

（2）分析组织的目标

组织目标是组织希望通过努力实现的未来状态。组织目标是多重的，包括总体目标和具体目标，长期目标和中、短期目标，以及团队目标和个人目标。组织目标不仅为组织的前进指明了方向，也为组织的活动确定了发展路线。培训项目的设计、课程的开发等工作，必须紧紧围绕着组织目标的实现来进行。

---

① 　徐芳. 培训与开发理论及技术[M]. 上海：复旦大学出版社，2005：116.

表 5-2　与企业经营战略相对应的培训需求[①]

企业经营战略	问　　题	培 训 需 求
稳定发展	丧失快速发展机会,管理僵化	风险意识、学习风气、开放型思维
单一产品或服务	由于顾客偏好转移、技术变革、政府政策变化等造成产品市场需求下降	质量观念、地域市场开拓能力、竞争观念、营销观念、客户技巧
同心多样化	企业发展至一定规模时管理不力	协作精神、产品管理技术、柔性工作技能
纵向一体化	规模化成本高,行业退出成本高,管理复杂,新产品、新技术开发受牵制,生产过程各阶段生产能力不平衡	全局观念、协作精神、交易费用概念、专业技能、技术管理技能
复合多样化	企业规模膨胀造成管理复杂化	协作精神、开放型思维、学习风气、信息管理技术、柔性工作技能
抽资转向	沟通不力造成员工士气下降	全局意识、革新精神、风险意识、柔性工作技能
调整	人员、财务等方面的大幅度调整措施引起流言、恐慌	团队精神、风险意识、节支意识和方法、积极态度和乐观精神

　　AI 为组织目标分析和培训项目设计提供了重要支撑。通过收集和分析行业及企业的相关数据,AI 帮助企业设定具体且可实现的目标。例如,利用预测分析市场需求变化,AI 可以识别影响市场份额的关键因素,从而协助企业制定增加市场份额的目标。根据这些组织目标,AI 能够设计个性化的培训方案,确保培训效果的最大化。例如,针对增加市场份额的目标,AI 可以从产品(提升研发水平、加强产品质量管理)、客户(开发新客户、留住老客户、提升客户满意度)以及市场(市场营销策略、拓展销售渠道)等角度设计培训课程。

　　(3) 分析组织的人力资源状况

　　组织中人力资源的整体素质直接决定了培训的整体需求。需要根据组织面临的市场环境、发展方向和经营管理等方面的要求,对员工的工作态度、知识结构、技能水平等进行分析,找出差距,从而确定培训需求。进行组织分析时需要思考的人力资源问题见表 5-3。

　　可以借助 AI 全面分析组织的人力资源状况。AI 能够高效整合人力资源数据,如员工绩效评估、培训记录和工作满意度调查等。通过对这些数据的综合分析,AI 能够深入识别员工在工作态度、知识结构和技能水平等方面的不足。例如,AI 可以分析绩效数据,识别哪些部门或岗位的绩效偏低,并将这些数据与员工的技能水平和知识结构进行对比,从而揭示存在的差距。

　　这种分析不仅可以帮助发现员工现有的能力短板,还能预测未来可能的能力需求,指导制定更加精准的培训方案。此外,AI 还能够通过自动化工具对员工的技能、经验和

---

　　①　于苗,孔燕.企业战略与培训需求[J].华东经济管理,2001,15(3).

职业发展路径进行全面盘点，为培训和发展计划提供有力的数据支持，从而有效提升组织整体的人力资源素质。

表 5-3　进行组织分析时需要思考的人力资源问题①

- 本组织员工目前的优势和劣势有哪些？
- 在工作流程、组织文化和员工的技能水平上必须实现哪些改变？
- 组织总体战略的实施是否会造成裁员和员工跳槽现象？预期对哪些人产生影响？
- 从组织的战略规划出发，需要重新修改哪些人力资源管理政策？
- 组织的总体发展战略对人力资源培训与开发工作意味着什么？培训与开发工作将如何为组织战略目标的实现做出贡献？
- 组织需要实施哪些具体的培训和人力资源开发工作？组织自身是否有能力实施必要的人力资源开发项目？有没有外界的专家可以帮助我们？这些专家是谁？
- 员工和管理层如何看待培训和人力资源开发工作？他们对人力资源开发项目、培训师和其他人力资源开发人员的信任程度如何？
- 对每一个项目而言，投入—产出比最大且最可行的实施方案应该如何制定？
- 当前采用的是什么样的培训效果评估方法？它能提供有关投资回报率的信息吗？如果不能的话，这样的评估方法对组织的战略管理有帮助吗？
- 有无正式的工作程序可以确保目前的培训与开发活动与组织新的发展战略是一致的，或者说，有无这样的工作程序可以发现新战略规划对培训的需求？
- 除人力资源培训与开发工作以外，是否还需要考察其他人力资源管理职能？是否有必要进行重新设计？

（4）分析组织的财务状况

培训是一项投资行为，需要投入成本。如果培训投入超出组织的经济承受能力，培训费用无法保障，培训计划和实施将难以实现。因此，在进行组织层面的培训需求分析时，必须分析组织的财务状况，确定可用于培训的预算额度，并在此额度范围内规划培训活动。

AI 可以有效地支持这一过程。首先，AI 通过整合和分析财务数据（如预算、支出和收入），提供实时的财务视图。其次，利用机器学习算法，AI 能够预测未来的财务状况，帮助确定可用于培训的预算额度，确保培训计划在组织经济承受范围内。此外，AI 还可以进行成本效益分析，评估不同培训方案的经济回报，帮助选择最具成本效益的培训计划，从而确保培训活动的可行性和有效实施。

2. 组织分析的信息来源

分析组织层面的培训需求，需要从战略规划部、人力资源部、财务部等多部门获取相关信息，具体的信息来源及其对培训需求分析的作用见表 5-4。

---

① 徐芳. 培训与开发理论及技术［M］. 上海：复旦大学出版社，2005：116.

表 5-4　组织层面培训需求分析的信息来源及作用①

组织层面的信息来源	对培训需求分析的作用
组织目标和预算	评价实际绩效和组织目标的差距,确定培训重点、培训方向及经费预算。
人力资源储备库	弥补因退休、离职等引起的人力资源储备不足,确定培训需求的大致范围。
技能储备库	根据每一技能群体包含的员工数量、知识和技能水平,估算出培训与开发的特定需求量,有助于培训项目的成本收益分析。
组织氛围指数(包括不满情绪、缺勤率、离职率、生产率、态度调查、顾客投诉等)	有助于发现与培训有关的问题,也有助于管理者分析实际绩效和理想绩效之间的差距,从而设计出有效的培训方案。
效率指数分析(包括劳动力成本、物料成本、产品质量、设备利用率、运输成本等)	这些指标在一定程度上可以代表实际绩效与理想绩效之间的差距。
管理层的要求或指示	这是最常用的分析培训需求的指标之一。
离职面谈	一些从其他途径无法得到的信息常常可以从离职面谈中取得,尤其是可以从中发现组织在哪些方面出现了问题,以及需要开展哪些培训。
述职报告	获得绩效总结、潜力评价等方面的信息,分析绩效问题和成因。

（二）任务分析

任务分析是指通过目标分解、调查、观察等方法,对构成岗位职责的各项任务进行分析和归纳,使之清晰化、系统化和模块化的过程。通过任务分析,可以确定每个岗位的具体工作任务,并分析完成这些任务所需的知识、技能和态度等素质要求。任务分析的步骤如下:

1. 选择工作岗位

任务分析的第一步是正确地选择待培训的岗位。考虑到企业培训资金有限,为了确保有限的投资能够获得最大的回报,可以根据培训需求的重要性和紧急性两个维度,利用重要/紧急矩阵(见图 5-1)②来确定培训的优先次序。

图 5-1　重要/紧急矩阵

① 徐芳.培训与开发理论及技术[M].上海:复旦大学出版社,2005:117.
② Kaye Thorne & Alex Machray. World Class Training[M]. Kogan Page:London,2000.

　　重要且紧急的培训需求直接影响企业的运营安全和效率，应将其放在优先培训的位置。例如，当企业引入新技术或产品时，需要紧急培训员工，以确保他们能够迅速掌握新技能并有效地应用于工作中。举例来说，一家制造业公司在引入新的自动化生产线时，必须立即对操作员工进行培训，确保他们了解新设备的操作和维护方法，从而保证生产线的顺利运行和生产效率的提高。

　　重要但不紧急的培训需求对于企业的长远发展和员工的职业发展至关重要，但不需要立即投入大量资源。例如，领导力发展培训是一种重要的培训需求，因为它有助于培养未来的管理人才并推动公司的战略目标。虽然这种培训对公司的长远成功至关重要，但它可以根据公司的战略规划逐步进行，而不需要急于推行。

　　紧急但不重要的培训需求需要迅速处理，尽管它们对公司核心业务的影响较小。例如，某些部门可能需要紧急更新其操作流程，虽然这对员工的日常工作流程有所影响，但对整体公司战略的贡献有限。在这种情况下，紧急的操作流程更新培训可以迅速开展，以确保各部门在工作中遵循最新的操作标准，但不需要大规模资源投入。

　　既不重要也不紧急的培训需求通常可以推迟或者不予以考虑，因为它们对公司运营和员工发展的贡献有限。例如，个人兴趣类培训或一般的生活技能培训，虽然对员工个人的发展和健康有益，但它们不会直接促进公司的核心业务或战略目标的实现。因此，企业在制订培训计划时通常不会将这些培训需求列为重点。

2. 确定岗位的具体任务

　　任务是员工在特定工作岗位上执行的各项活动的具体表述。培训需求任务分析的主要信息来源包括工作说明书、员工绩效数据、员工反馈及其他相关文档。通过观察、访谈、抽样等方法，可以了解实际工作情况，分析任务执行中的问题，从而获取培训需求信息。

　　AI 在任务分析和任务清单列出方面发挥着关键作用。AI 可以整合工作说明书、绩效数据和员工反馈等信息，通过自然语言处理技术自动提取和归纳岗位的具体任务。AI 还能够分析任务的执行频率和所需时间，利用数据分析工具识别出高频任务和耗时任务，从而优先考虑这些关键任务。通过这些功能，AI 帮助确保所收集的任务信息可靠且有效，为制订针对性的培训计划提供数据支持。

　　表 5-5 是 AI 以"软件工程师"岗位为例自动生成的任务清单。

表 5-5　"软件工程师"任务清单

任　　务	描　　述	频　　率	时　　间	难度
需求分析	与项目经理和客户沟通，了解并定义软件需求。	每个项目阶段开始时	通常 1～2 周	中等
系统设计	制定软件架构和系统设计文档。	项目初期	2～4 周	高
编码实现	编写、测试和调试代码，完成软件开发。	持续进行	根据功能模块	高
单元测试	对开发的代码进行单元测试，确保其正确性。	每个开发周期	每个模块 1～2 天	中等
文档编写	撰写技术文档和用户手册。	项目开发的后期	1～2 周	中等
维护与支持	处理用户反馈，修复软件问题，进行版本更新。	持续进行	根据问题的紧急程度	中等

3. 分析任务的素质要求

根据工作岗位的任务清单,分析员工胜任这些任务的素质要求,包括知识、技能、态度和其他要素,即 KSAO:K(knowledge),知识;S(skill),技能;A(attitude),态度;O(others),其他。在组织中,这些要求对于不同层次、不同部门的人员而言,侧重点和深度会有所不同。表 5-6 列出了招聘专员和培训专员这两个岗位的主要任务及素质要求。

扩展阅读 5.1 KSAO 模型

表 5-6　招聘专员和培训专员的主要任务及素质要求

岗　位	主 要 任 务	素 质 要 求
招聘专员	• 受理、登记、呈报各部门的用工申请 • 协助拟订公司招聘计划 • 发布招聘信息 • 建立、维护招聘渠道网络 • 协助制定面试程序及应聘者考核方法与标准 • 建立人才储备库 • 组织心理测验、面试等素质测评活动	• 知识:人力资源管理知识、劳动力市场知识、行业知识 • 技能:洞察力、搜集信息能力、分析判断能力、沟通协调能力、适应能力、时间管理能力、学习能力、创新能力、抗压能力 • 态度:团队合作精神、进取精神、敬业精神 • 其他:亲和力、责任心、能经常出差
培训专员	• 组织开展培训需求调查 • 协助拟订培训计划 • 组织新员工参加入职培训 • 评估培训效果,撰写评估报告 • 管理员工培训档案等	• 知识:人力资源管理知识、教育与培训知识、行业知识 • 技能:组织规划能力、数据分析能力、沟通协调能力、项目管理能力、创新能力、抗压能力 • 态度:团队合作精神、进取精神、敬业精神 • 其他:亲和力、责任心、耐心、文字功底

(三) 人员分析

1. 人员分析的内涵

人员分析是指从培训对象的角度,分析组织中哪些人员需要培训,以及需要哪些培训。进行人员分析时,主要考虑员工的绩效和胜任力。绩效指员工的工作成果及对组织的实际贡献,而胜任力则是个体在某一工作领域内成功表现的深层次特质。这些特质包括动机、特质、自我形象、态度或价值观、专业知识、认知和技能等。

绩效主要关注员工当前的贡献,是一种定量的业绩评估;而胜任力则更侧重于个体的潜力和发展空间,是一种定性的素质评估。胜任力与工作绩效之间存在因果关系,因为员工的胜任力水平能在一定程度上预测其未来的工作绩效表现。因此,绩效和胜任力这两个指标,实现了当前与未来、定量与定性、原因与结果的平衡,是进行人员分析时较为有效的指标。

利用 AI 进行人员分析可以显著提高准确性和效率。通过机器学习算法,AI 能够定量分析员工的绩效数据,识别高绩效和低绩效员工,从而帮助确定当前的培训需求。此外,AI 可以利用预测分析模型对员工的未来绩效进行预测,评估其潜力。在分析胜任力方面,AI通过自然语言处理技术分析员工的自我评价、上级评价和同行评价,提取动机、特质、态度、专业知识和技能等深层次特质。这种综合分析方法确保了培训资源的有效分配,提升了培训效果。

2. 培训内容的确定

基于员工的绩效和胜任力两个维度,可以将员工分类为核心型、发展型、潜力型、淘汰型四类,并根据不同类型制定相应的培训内容和重点。见图 5-2①。

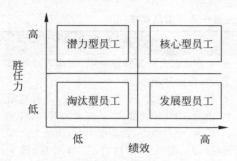

图 5-2　员工区域四分图

核心型员工,绩效和胜任力均较高,是企业不可或缺的关键人才,对其培训策略如下:①个性化培训。企业根据员工的个性化需要,针对性地设计培训课程,灵活地组织培训活动。②工作激励。核心型员工具有较高的实现自我价值的需求,非常看重工作本身带给他们的成就感。因此,可采取工作丰富化、工作扩大化、工作轮换等方式,增强工作的挑战性和成就感。③培养领导力。邀请核心型员工参加公司的重大会议,与公司高层共同商议战略规划、部门重组、人事调整等重大决策,激发核心型员工的使命感和责任感,培养其战略思维、组织能力和决策能力。

发展型员工,绩效较高,但胜任力不足。虽然胜任力有所欠缺,但若员工具有很强的上进心,愿意学习,那么,经过培训也会有较大的发展空间。具体措施有:①根据职业规划设计培训方案。了解员工的职业成长需求,结合组织的需要,与员工共同设计个性化的职业成长路径和培训计划。②技能和素养培训。兼顾企业效益与个人发展两方面的需要,开展时间管理、人际交往、团队合作以及项目管理等方面的技能培训,以及价值观、心理素质等职业素养的培训。③轮岗培训。通过轮岗丰富员工的知识和技能,开阔思维和视野,拓展职业发展通道,通过"干中学""学中干",提升职业胜任力。

潜力型员工,员工胜任力较高,但是潜能并未转化为现实生产力,因此实际工作业绩并不突出。原因主要有:工作动力不足,组织认同度不高,对组织不满意等。对于这些员工,培训的重点在于调动他们学习的积极性与工作的主动性,增强组织认同感与归属感。主要措施有:①企业文化培训。通过企业发展史、企业英雄人物事迹、企业价值观等方面的培训,强化组织认同,调动潜力型员工的内在积极性。②目标管理培训。通过座谈会或单独沟通的方式,了解员工的职业发展规划,将个人发展与企业目标相结合,为潜力型员工设置明确的、具体的工作目标,从而激发和强化他们的责任感和紧迫感,使其主动做出更多、更大的贡献。

扩展阅读 5.2　基于绩效和胜任力的员工价值评估与激励

淘汰型员工,员工的绩效和胜任力均低。对于这类员工,企业尽可能提升其素质,必要时淘汰出局。具体措施有:①激发竞争意识。通过沟通使他们认识到市场竞争的激烈性和优胜劣汰的必要性,培养和激发他们不断学习、努力工作的行为动机。

---

① 周红云.基于绩效和胜任力的员工价值评估与激励[J].中国人力资源开发,2010(5).

②转岗或培训,对于转岗或培训之后仍不能胜任工作的员工,予以辞退。

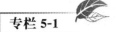 **专栏 5-1**

案例 5.1 某汽车销售
公司年度培训需求分析

Goldstein 三层次培训需求分析模型

　　Goldstein 提出的三层次培训需求分析模型将培训需求分析视为一个系统,旨在从组织、任务和人员三个层面综合评估,明确培训需求的根本原因或"压力点",如图 5-3 所示①。

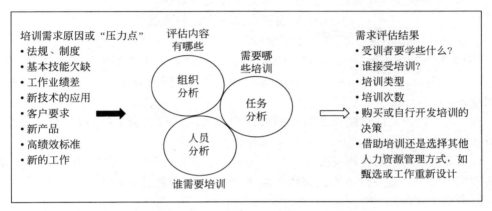

图 5-3　三层次培训需求分析模型

　　组织分析的目的是确定组织所需的培训领域。通过对组织战略规划的分析,预测未来可能的变化,评估员工需提前掌握的知识和技能,确保培训计划与组织战略目标一致,并获得管理层的支持。

　　任务分析的目的是明确培训内容。基于工作说明书,分析完成岗位任务所需的知识、技能和态度,进而确定相关的培训内容,以确保员工具备执行岗位任务所需的素质。

　　人员分析的目的是识别需要培训的员工以及他们所需的培训内容。通过分析员工的实际状况与理想任务要求之间的差距,即"目标差",为培训目标和内容提供依据,确保培训的有效性和针对性。

三、培训需求分析的方法

　　培训需求分析的方法主要有问卷调查法、访谈法、绩效分析法、胜任力分析法、观察法、焦点小组讨论、关键事件法和经验预计法等。

（一）问卷调查法

1. 问卷调查法的内涵

　　问卷调查法是收集培训需求数据的常用且有效的方法。通常,培训部门会设计一系

---

　　①　诺伊.雇员培训与开发[M].徐芳,译.北京:中国人民大学出版社,2001:43.

列有关培训需求的问题,并以标准化问卷的形式发放给培训对象。填写完毕后,问卷被回收并进行分析,以获取培训需求的信息。

2. 问卷调查法的注意事项

在设计培训需求调查问卷时,应注意以下几点:①确保表达简洁,使用简单且规范的术语,以避免产生歧义;②问题应尽量简单,不应要求作答者进行计算或复杂的逻辑推理;③问卷应包括封闭式和开放式问题的适当组合,以便获得全面的信息;④在问题设计上,应保持客观中立,避免引导性或偏向性问题的出现;⑤在正式调查之前,应对问卷进行试测,并根据试测结果进行修订,以提高问卷的有效性。

模板 5.1　某公司员工培训需求分析调查问卷

3. 问卷调查法的优点和缺点

问卷调查法的优点:

(1) 成本较低。问卷调查法不需要大量的人工和时间投入,尤其是通过在线平台进行问卷分发和收集时,可以显著降低成本。

(2) 高效便捷。问卷能够在较短的时间内覆盖广泛的受众,快速收集到大量数据。这对于需要在大规模组织中进行培训需求分析尤其有用。

(3) 量化分析。问卷调查法通过结构化的问题设计,便于对收集到的数据进行量化分析和统计处理。这有助于识别整体趋势和共性需求,为制订培训计划提供数据支持。

问卷调查法的缺点:

(1) 信息深度有限。由于问卷设计的结构化和标准化,受访者只能在预设选项中作答,难以提供详细的背景信息和深入的见解。这使得问卷调查法在收集深层次信息方面存在局限。

(2) 响应率问题。受访者可能因各种原因(如时间紧张、兴趣不足)而不愿意参与问卷调查,导致响应率低。低响应率可能影响数据的代表性和可靠性。

(3) 缺乏互动。问卷调查是一种单向的信息收集方式,缺乏互动和交流机会。无法在受访者回答过程中进行进一步的追问和探讨,难以灵活调整问题以获取更丰富的信息。

4. AI 在问卷调查中的应用

在进行培训需求的问卷调查时,AI 可以在以下几个方面发挥重要作用:

(1) 自动化问卷设计和分发

AI 利用自然语言处理技术和数据挖掘算法,根据已有的培训需求数据自动生成针对性的问卷问题。AI 可以根据不同的培训对象(如不同部门或职务)自动调整问卷内容,确保问题的相关性和适用性。这种自动化的设计不仅提高了问卷的准确性,还节省了设计和分发问卷所需的时间和人力资源。专栏 5-2,就是 AI 以某新能源汽车公司研发人员为调查对象,自动生成的培训需求调查问卷。

(2) 实时跟踪和反馈

AI 通过数据分析工具实时跟踪问卷的完成进度,并及时发现数据收集中的问题。AI 能够对实时数据进行分析,识别回答趋势和异常,迅速调整调查策略以优化问卷设计。这种实时反馈机制确保了数据收集过程的顺畅,减少了数据质量问题。

（3）深度数据分析

在数据收集后，AI应用机器学习和数据分析算法对问卷结果进行深度分析。AI能够识别数据中的分布和趋势，自动分类和总结反馈信息，提取关键的培训需求。这些深入分析结果有助于揭示潜在的培训重点和关键需求，从而提供更具针对性的培训建议。

专栏 5-2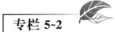

某新能源汽车公司研发人员培训需求调查问卷

为了提升研发团队的能力并支持公司创新发展，我们正在进行研发人员培训需求调查。请您认真填写以下问卷，以帮助我们更好地了解您的培训需求，并制订适合的培训计划。您的回答将被保密处理。感谢您的支持与配合！

一、基本信息

姓名：_____　部门：_____　职位：_____　工作年限：_____

二、培训需求

1. 您希望在哪些方面获得培训？（可多选）
- 新能源汽车核心技术（如电池技术、电动驱动系统）
- 研发项目管理
- 数据分析与建模
- 软件开发与编程
- 创新思维与解决问题能力
- 设备使用与维护
- 其他（请说明）：_____

2. 您在研发过程中遇到的主要技术挑战是什么？（可多选）
- 技术难题解决
- 数据处理与分析
- 新技术的应用
- 实验和测试的设计
- 其他（请说明）：_____

3. 您对培训的形式有哪些偏好？（可多选）
- 在线培训
- 面对面培训
- 实验室培训
- 研讨会和技术讲座
- 技术交流会
- 自学材料（如技术文档、视频教程）
- 其他（请说明）：_____

4. 您对培训的时间安排有何偏好？（可多选）
- 上班时间

- 下班后
- 周末
- 集中脱产培训
- 其他（请说明）：＿＿＿＿＿＿＿＿＿＿＿＿

5. 您认为合适的培训频率是？
- 每月一次
- 每季度一次
- 每半年一次
- 不定期
- 其他（请说明）：＿＿＿＿＿＿＿＿＿＿＿＿

6. 您对培训师的要求有哪些？
- 公司内部专家
- 外部行业专家
- 大学教授或研究人员
- 培训机构专业讲师
- 其他（请说明）：＿＿＿＿＿＿＿＿＿＿＿＿

7. 您对培训课程的评估方式有哪些建议？
- 课程结束后的反馈问卷
- 培训期间的实时反馈
- 培训后的实践考核
- 其他（请说明）：＿＿＿＿＿＿＿＿＿＿＿＿

8. 您的职业发展规划：
- 近期目标＿＿＿＿＿＿＿＿＿＿＿＿
- 中期目标＿＿＿＿＿＿＿＿＿＿＿＿
- 远期目标＿＿＿＿＿＿＿＿＿＿＿＿

9. 您认为公司在研发人员培训方面可以做哪些改进？（请简要描述）：

＿＿＿＿＿＿＿＿＿＿＿＿＿＿＿＿＿＿＿＿＿＿＿＿＿＿＿＿＿＿＿＿＿＿＿＿

10. 其他您认为重要的培训需求或建议：

＿＿＿＿＿＿＿＿＿＿＿＿＿＿＿＿＿＿＿＿＿＿＿＿＿＿＿＿＿＿＿＿＿＿＿＿

感谢您的参与和宝贵意见！

（二）访谈法

1. 访谈法的内涵

访谈法是一种通过与受访人进行面对面的交流，获取培训需求信息的方法。访谈对象通常包括企业高管、部门主管以及受训者本人。对组织中不同级别的人员进行访谈，有助于全方位了解组织的期望、岗位要求和员工的自身培训需求。

2. 访谈法的优点和缺点

访谈法的优点：

（1）深入沟通。通过面对面的交流，访谈能够深入了解受访者的观点和需求，获取全面准确的培训需求信息。这种直接互动可以揭示受访者的真实想法和潜在需求。

（2）灵活性强。访谈过程中可以根据受访者的回答及时调整问题，探索更深入的信息，发现隐藏的需求和问题。

（3）信息全面。访谈法能够收集到受访者的感受、态度和具体的例子，提供丰富的背景信息和见解。这种详细的数据有助于理解培训需求的复杂性，支持更有针对性的培训计划制订。

（4）信任度高。面对面的访谈有助于建立信任和良好的沟通关系，使受访者更加开放和诚实地分享他们的需求和想法，增强了信息的真实性和可靠性。

访谈法的缺点：

（1）耗时较长。每次访谈通常需要较长时间，尤其是当需要访谈多个受访者时。与问卷调查相比，访谈法在大规模数据收集上效率较低。

（2）成本较高。安排访谈需要投入大量的人力和时间资源，尤其是对高管和主管人员的访谈可能涉及更多的协调工作。

（3）难以量化。访谈获取的信息通常是定性的，难以进行量化分析和统计处理。需要对访谈内容进行详细的整理和分析，才能提炼出有用的结论和建议。

（4）主观偏见。访谈结果可能受到访谈者和受访者的主观偏见影响，导致信息的准确性和客观性受到限制。访谈者的提问方式和态度也可能影响受访者的回答。

3. 访谈法的实施步骤

（1）拟订访谈计划

在进行访谈前，首先要明确访谈的目标和预期结果，确定需要获取的信息。设计详细的访谈提纲，涵盖关键问题和主题，并确保提纲具有灵活性，允许根据受访者的反应调整问题。选择访谈对象时，要确保涵盖不同层级和职能的人员，以获取全面的信息。安排访谈的时间和地点时，选择合适的时间和一个安静的环境，确保双方有充足的时间进行访谈。

公司各层次人员的访谈提纲见专栏 5-3。

专栏 5-3

公司各层次人员的访谈提纲

1. 针对总经理的访谈提纲

① 公司的战略重点是什么？未来面临的主要机遇和挑战是什么？

② 员工的素质存在哪些不足？员工培训对公司未来发展有多大的影响？

③ 公司有无培训制度？有无培训计划？

④ 是否有稳定的培训经费？是否有培训师资？

⑤ 你认为各级员工的培训需要增加吗？在哪些方面增加？

2. 针对部门经理的访谈提纲

① 你所在部门的具体职能是什么？

② 根据公司的发展目标,你认为本部门员工未来应具备哪些素质?

③ 本部门员工的绩效怎么样?员工在工作中存在哪些问题?

④ 你认为本部门的员工需要哪些培训?培训的重点是哪些?采用什么样的培训方式较好?培训时间多长比较合适?

⑤ 本部门的员工有无反映希望参加培训的需要?对以前的培训效果满意度如何?需要从哪些方面着手进行改善?

3. 针对普通员工的访谈提纲

① 你的主要工作职责是什么?

② 你的工作绩效如何?你在工作中遇到哪些问题?请列举几个例子说明。

③ 对于绩效优异的同事,你认为他们具备哪些素质?

④ 你认为自己需要哪些培训?愿意参加哪些形式的培训?若培训占用你的非工作时间,你是否愿意参加?

⑤ 你参加过哪些培训?你对这些培训是否满意?有哪些改进的建议?

(2) 开始正式访谈

在正式访谈开始时,访谈人员应首先简要介绍自己和访谈的目的,营造一种融洽且信任的氛围,使受访者感到舒适和放松,为访谈奠定积极的基础。接下来,访谈人员按照事先拟订的访谈提纲自然地进行访谈,确保结构和流程清晰。

访谈人员需要具备良好的沟通能力,以有效地把握问题的关键,控制谈话进程,并根据受访者的回答灵活调整问题,深入探索信息。访谈技巧如表 5-7 所示。

表 5-7　访谈技巧

访 谈 要 点	说　　明
建立信任	访谈开始前,简要介绍访谈的目的和流程,消除受访者的顾虑,营造轻松信任的氛围。
保持中立	避免主观引导和偏见,确保访谈问题和语言中立,以获取受访者真实、客观的反馈。
开放式问题	使用开放式问题,如"请描述……",鼓励受访者详细阐述他们的观点和需求。
积极倾听	关注受访者的回答,通过点头、眼神接触等非语言信号表达理解和关注,避免打断受访者的陈述。
灵活调整	根据受访者的回答,灵活调整问题和话题,深入探讨关键信息,避免严格拘泥于访谈提纲。
鼓励深入	使用追问技术,如"能否详细说明一下?""这对你的工作有何影响?"鼓励受访者提供更多细节。
控制节奏	合理控制访谈的节奏和时间,避免话题过度发散,确保访谈在预定时间内完成主要问题的探讨。
记录要点	实时记录访谈的关键信息和观点,确保信息的准确性和完整性,避免遗漏重要内容。
总结确认	在访谈结束前,总结访谈的主要内容,并请受访者确认,确保对关键问题的理解和记录一致。
表达感谢	访谈结束时,感谢受访者的参与和分享,增强他们对访谈过程的认可和满意度。

在访谈过程中,应尽可能详细和准确地记录,确保真实反映受访者的意见,避免加入个人主观判断。如遇未能及时记录的问题,应做好标记,以便后续跟进。

（3）结束访谈

当访谈进入尾声时,访谈人员应对访谈内容进行简要总结,并请受访者确认,以确保没有遗漏重要信息。随后,向受访者表达感谢,重视他们的参与和贡献。如果需要进一步调查,可以与受访者约定下一次访谈的时间和地点,并简要说明再次访谈的主要内容,以便受访者提前准备。

（4）总结与反馈

在访谈结束后,首先将访谈记录整理成文本,确保信息的清晰和完整。接着,对内容进行分类和编码,以提取出关键信息和主题。通过综合分析各受访者的回答,识别出共性需求和差异,从中提炼出有用的结论和建议。根据分析结果编写访谈报告,详细描述访谈中发现的培训需求和建议,并将报告反馈给相关决策者和利益相关者。通过对分析结果和培训建议的讨论,进一步完善培训计划和方案,确保培训需求得到有效满足。

4．AI 在访谈中的应用

（1）访谈计划的智能化制订

AI 能够通过分析组织内历史培训数据和员工反馈,帮助确定访谈的关键主题和问题。自然语言处理技术可以从大量文本数据中提取高频问题和培训需求,从而生成高效的访谈提纲。此外,AI 还可以推荐合适的访谈对象,并优化访谈时间和地点安排,确保访谈的高效性和有效性。

（2）实时辅助与数据记录

在访谈过程中,AI 提供实时辅助功能。AI 驱动的录音和转录工具能够即时将访谈内容转录为文本,并进行语音识别,减少人工记录的工作量。AI 工具还可进行实时情感分析,帮助访谈人员了解受访者的情感状态和态度变化,从而调整访谈策略以获取更多有价值的信息。此外,AI 系统可以自动标记和分类访谈中的关键点,便于后续分析和整理。

（3）数据分析与需求识别

访谈结束后,AI 通过机器学习算法对访谈记录进行深度数据分析,自动生成关于受访者培训需求的详细报告。这些报告包括关键需求、常见问题和潜在改进领域。AI 的分析不仅提高了数据处理的效率,还帮助识别了不同群体的培训需求差异。例如,AI 可以发现员工对特定培训内容的普遍需求、识别常见的培训挑战,并揭示培训需求在不同部门或职位之间的差异。此外,AI 还能够检测反馈中反复出现的关键问题和改进点,从而支持更精准的培训计划制订。

（4）持续调整与优化

AI 还可在访谈后的反馈阶段提供支持。通过对访谈结果的持续跟踪和分析,AI 能够识别培训需求变化的趋势,帮助组织及时调整培训策略。此外,AI 可以分析受访者对培训计划实施后的反馈,评估培训效果,并提出改进建议,确保培训需求得到有效响应和满足。

（三）绩效分析法

1. 绩效分析法的内涵

绩效分析法是一种通过分析员工的绩效数据来识别培训需求的方法。其核心理念是，通过评估员工在工作中的实际表现，找出绩效不足的领域，从而确定需要改进和提升的知识和技能。

2. 绩效分析的流程

绩效分析的一般流程①如图 5-4 所示。

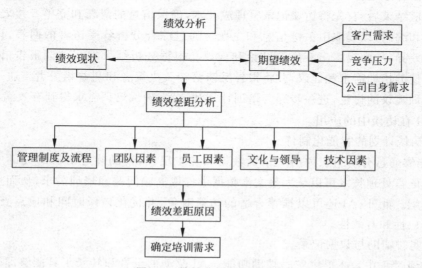

图 5-4　绩效分析的一般流程

（1）明确期望绩效

期望绩效是指组织所期望的绩效水平，是员工需要达成的绩效目标值，通常根据客户需求、竞争压力和公司自身需求等综合因素而定。期望绩效不应由组织单方面制定和强制推行，而应与员工充分沟通，达成共识，确保目标的合理性和可行性。这一步的关键在于，为员工设定一个清晰而实际的目标，帮助他们了解期望达到的绩效标准。

（2）分析绩效差距

比较员工的绩效现状与期望绩效，分析绩效差距。在进行绩效差距分析时，主要考虑以下内容：①管理制度及流程，如组织的绩效考核制度是否合理、激励机制是否完善、运营流程是否规范等；②团队因素，如团队目标是否明确、成员间关系是否融洽等；③员工因素，如员工是否胜任岗位要求，还存在哪些不足；④文化与领导，如组织文化是否有效，沟通渠道是否顺畅，领导是否关心和指导下属等；⑤技术因素，如组织是否缺少先进设备、工具和其他必要的生产条件等。

---

① 石金涛. 培训与开发[M]. 北京：中国人民大学出版社，2003：52.

（3）诊断绩效差距原因

在找出绩效差距之后，要进一步诊断这些差距的原因。并非所有的绩效差距都可以通过培训来消除。只有当员工在知识、技能和态度等方面存在不足时，培训才是必要的。在这一步中，分析导致绩效差距的具体原因，确定哪些因素可以通过培训改善，哪些需要通过其他方式解决。例如，有些问题可能源于管理制度的不完善或技术设备的不足，而这些问题可能需要通过组织结构调整或设备升级来解决。

（4）确定培训需求

基于绩效差距分析和原因诊断的结果，按照"缺什么、补什么"的原则，设计培训内容，提升员工的知识和技能，改善员工的工作态度，从而提升绩效水平。比如，对于销售团队成员的产品知识不足问题，可以设计产品知识培训课程，详细介绍产品的功能、特点和应用场景，提高销售人员的产品理解能力；针对客服团队成员解决问题效率低的问题，可以设计客服技巧培训，教导员工如何快速识别客户问题并提供有效解决方案；对于公司内部沟通不畅的问题，可以设计团队建设和沟通技巧培训，提升员工的沟通能力和团队合作精神。

3. AI 在绩效分析中的应用

（1）数据收集与分析

AI 在绩效数据的收集与分析中发挥了显著作用，提升了效率和精确度。通过整合多种数据源，如企业资源规划系统、客户关系管理系统、项目管理工具等，AI 能够全面收集与员工绩效相关的数据。此外，AI 利用物联网设备和传感器实时监控设备运行状态和生产线效率，获取详细的操作数据。自然语言处理技术则从绩效评估表、员工反馈和客户评价等非结构化文本中提取关键信息。

（2）绩效预测与目标设定

首先，AI 通过数据清洗和预处理，确保数据的质量和一致性。接着，AI 利用描述性分析生成基本统计信息和趋势图表，使管理者能够直观地了解员工绩效。其机器学习算法进一步识别绩效模式和趋势，如高绩效员工的共同特征及低绩效员工的常见问题，帮助组织深入理解员工绩效并发现改进机会，从而制定精准的培训和管理策略。

AI 还可以预测未来的绩效趋势并设定合理的绩效目标。通过分析历史数据，AI 识别出影响员工绩效的关键因素，并预测在不同条件下的绩效表现。这使组织能够科学设定期望绩效，例如，AI 可以预测在特定市场条件下销售团队可能达到的销售目标，从而设定既具挑战性又可实现的目标值。

（3）绩效差距分析与原因诊断

AI 能够自动识别员工绩效与期望绩效之间的差距，并深入分析其原因。通过对比实际绩效数据与预设目标，AI 迅速揭示哪些员工未达标，并确定其薄弱环节。例如，AI 可分析客服团队的响应时间和客户满意度，识别表现低于标准的客服人员，并定位具体改进点。

此外，AI 应用自然语言处理术，从员工反馈、绩效评估表及其他文本数据中提取关键信息，挖掘导致绩效差距的潜在原因。AI 能够识别常见问题，如工作流程不合理、培训不足或设备缺乏，并提出相应的解决方案。这种深入的分析有助于组织准确定位问题,并制定针对性的改进措施。

(4) 定制化培训计划

基于绩效差距诊断与原因分析的结果,AI可以帮助设计定制化的培训计划,并提供实时反馈与持续优化。AI根据每个员工的具体需求,推荐合适的培训课程和学习资源。例如,若发现销售人员缺乏产品知识,AI可以推荐相关的在线课程和培训资料。

同时,AI还通过智能绩效管理系统跟踪和分析员工的学习进度及工作表现,实时评估培训效果,并根据最新的数据分析结果动态调整培训内容和绩效目标。这种实时反馈和调整机制确保培训计划能够灵活应对员工的学习进展和需求变化,从而提升培训的有效性和针对性,帮助员工持续改进绩效。

(四) 胜任力分析法

1. 胜任力的内涵

"胜任力"概念最早由哈佛大学教授戴维·麦克利兰(David McClelland,1973)提出。胜任力指的是那些能够将卓越成就者与普通者区分开来的深层次个人特征,包括动机、特质、自我形象、态度或价值观、某领域知识、认知或行为技能等任何可以被可靠测量或计数的,并且能显著区分优秀与一般绩效的个体特征。

麦克利兰提炼形成了21项胜任特征要素,并将其概括为6个基本胜任特征族,构成了胜任力辞典(competency dictionary)。具体内容如表5-8所示:[①]

表 5-8　基本胜任特征

基本胜任特征族	特 征 要 素
成就与行动	成就动机、重视品质、次序和精确、主动性、信息搜集意识和能力
帮助与服务	人际理解能力、客户服务导向
冲击和影响	影响力、关系建立能力、组织认知能力
管理	培养他人意识与能力、团队合作精神、团队领导能力、命令/果断性
认知	分析式思考、概念式思考、专业知识
个人效能	自我控制、自信心、弹性、组织承诺

基于胜任力的培训需求分析,主要通过组织环境变化的判断,识别出企业的核心胜任力,并在此基础上确定企业关键岗位的胜任特征要素,同时对比员工的能力水平现状,找出培训需求所在。

2. 基于胜任力的培训需求分析步骤

基于胜任力的培训需求分析仍以三层次模型为基础,具体可以分为以下几个步骤:

第一,组织分析,确定组织胜任力。组织胜任力即组织的胜任特征要素,是从组织层面提炼出的围绕组织外部的国际国内形势、行业状况和组织内部的战略,包括使命、愿景、价值观等方面,确定的组织中所有员工应该具备的素质。

第二,任务分析,确定岗位胜任力。岗位胜任力即岗位的胜任特征要素,是员工胜任

---

① 宋培林.企业员工战略性培训与开发——基于胜任力提升的视角[M].厦门:厦门大学出版社,2011:46.

具体岗位所需具备的知识、技能和特质。此过程需要定义岗位的绩效标准、确定标杆样本、收集资料、确认工作任务特征和岗位的具体胜任力要求。

第三，人员分析，确定绩效差距和培训内容。依据关键岗位胜任特征模型，编制能力评价问卷，对现有人员的胜任能力进行360度评估，得出能力差距，并通过了解员工的技能、知识和态度来决定员工是否需要培训以及培训的具体内容。

案例5-1，以T医院科室主任为例，描述了胜任力构建与培训需求分析的过程。

 案例 5-1

T医院科室主任的胜任力构建与培训需求分析

第一步：组织分析——确定组织胜任力

1. 组织外部分析

T医院是中国领先的三甲医院之一，面对快速变化的医疗行业环境和激烈的竞争，需要在以下几个方面保持卓越表现：

- 国际国内形势：全球医疗技术的飞速发展，国内医疗改革政策的不断推进，以及对医疗服务质量的高要求。
- 行业状况：医疗行业的数字化转型、精准医疗的普及、患者对医疗服务的高期望以及人才竞争的激烈。

2. 组织内部分析

- 使命：提供高质量的医疗服务，推进医学科学研究，培养优秀的医学人才。
- 愿景：成为国际一流的综合性医院，为社会提供最优质的医疗服务。
- 价值观：诚信为本，患者至上，追求卓越，团队合作。

基于以上分析，T医院的组织胜任力包括：诚信、责任感、沟通与协调能力、创新能力、团队领导力，如下表所示：

组织胜任特征要素	描　　述
诚信	所有员工应具备诚实守信的品质，遵守职业道德和医院规章制度。
责任感	员工应具有强烈的责任感，能够主动承担工作职责，关爱患者，保障医疗安全。
沟通与协调能力	能够与同事、患者及其家属进行有效沟通，促进团队合作和患者满意度。
创新能力	鼓励员工积极参与医学研究和创新，不断提升医疗技术水平。
团队领导力	特别是科室主任，需要具备领导团队的能力，能够协调资源，优化工作流程，提高科室的整体绩效。

第二步：任务分析——确定岗位胜任力

作为科室主任，其主要职责包括：

- 管理科室日常事务，确保科室运作高效。
- 领导科室团队，制定和执行科室发展规划。

- 提供高水平的医疗服务，参与临床诊断和治疗。
- 推动科室科研项目，促进医学技术进步。
- 培养和指导下属医务人员，提升团队整体素质。

基于此，构建 T 医院科室主任岗位胜任力模型，包括：专业知识和技能、管理能力、领导能力、沟通能力、科研能力，如下表所示：

岗位胜任特征要素	描　述
专业知识和技能	扎实的医学理论基础和丰富的临床经验。
管理能力	有效管理科室资源，制定和实施科室发展策略。
领导能力	激励和引导团队成员，促进团队协作和发展。
沟通能力	能够与患者、家属、团队成员和其他科室进行有效沟通。
科研能力	推动科室的科研工作，参与学术交流和项目申报。

第三步：人员分析——确定绩效差距和培训内容

1. 编制能力评价问卷

对现有科室主任的胜任能力进行全面评估。问卷内容包括专业知识、管理能力、领导能力、沟通能力和科研能力等各个方面。

2. 进行 360 度评估

通过上级、同事、下属评价和自评的方式，对科室主任的胜任能力进行全方位评估，获取多维度的评价结果。

3. 确定能力差距

将评估结果与岗位胜任力要求进行对比，识别出科室主任的能力短板。例如，某科室主任在科研能力方面可能较为薄弱，需要提升在医学研究项目中的参与度和领导能力。

4. 决定培训内容

根据能力差距，制订针对性的培训计划。

- 专业知识和技能培训：安排参加国内外的专业医学培训和学术会议，提升医学知识和技能。
- 管理能力培训：组织管理培训课程，提升科室主任的管理和领导能力。
- 科研能力培训：提供科研方法培训和项目申请指导，鼓励参与科研项目和发表学术论文。
- 沟通能力培训：开展沟通技巧培训，增强与患者、家属和团队成员的沟通能力。

3. AI 在胜任力分析中的应用

（1）数据挖掘与分析

在胜任力分析中，组织的数据挖掘与分析是至关重要的环节，AI 技术在这一过程中发挥了关键作用。通过应用先进的机器学习和数据挖掘算法，AI 能够对组织内部的大量数据（如绩效记录、上级评价和客户评论）进行深度分析。同时，AI 还可以实时监控组织外部环境的变化，例如市场动态和行业趋势，并预测未来对特定胜任力的需求。这使得组织能够在制定长期战略和调整培训方案时，做出更为科学的决策。

（2）智能岗位分析

传统的岗位分析方法通常依赖于人工调研和分析，过程烦琐且容易带有主观偏差。AI技术通过自动化分析岗位描述和绩效数据，能够迅速且准确地生成岗位胜任力模型。AI算法可以从大量的职位描述中提取关键信息，分析岗位职责和要求，识别出岗位所需的核心胜任力要素。此外，AI还能够关联分析岗位的绩效数据，建立与岗位绩效相关的胜任力模型，并根据行业标准和组织需求优化这些模型，以确保其准确性和适用性。

（3）自动化能力评估

AI通过360度评估问卷和自然语言处理技术，能够全面评估员工的能力，包括自评、同事评价和上级反馈。AI系统能够自动生成详细的能力评估报告，并通过分析这些评估结果，识别出员工在关键胜任力方面的差距。进一步地，AI还可以提供个性化的培训建议，包括推荐适合的培训课程和发展计划，以帮助员工弥补能力差距，从而提升整体的组织效能。

（五）观察法

1. 观察法的内涵

观察法是一种通过直接观察员工在工作中的行为、操作和表现来收集培训需求信息的方法。观察法的目的是了解员工实际工作中的优点和不足，识别出哪些技能或知识的缺乏影响了他们的工作绩效。观察法可以是参与式的，即观察者直接参与到工作过程中，也可以是非参与式的，即观察者在不干扰工作正常进行的情况下进行观察。

2. 观察法的适用范围

观察法适用于需要直接了解和评估员工实际工作行为和操作技能的岗位，具体适用的岗位如下：

（1）操作性岗位。这些岗位涉及具体的操作和技能，如制造业中的设备操作员、装配工和生产线工人。观察法能够评估员工在实际操作中的技能水平、工作效率以及对操作规范的遵守情况，识别技能差距并提供针对性的培训。

（2）服务岗位。例如餐饮、酒店和零售等服务行业的员工。观察法可以评估员工在客户服务中的表现、互动技巧及处理客户问题的能力，从而识别培训需求，提升服务质量和客户满意度。

（3）安全关键岗位。如化工厂操作员、建筑工人等，这些岗位对安全规程的遵守至关重要。通过观察法，可以评估员工在实际工作中对安全规范的遵守情况，并识别潜在的安全隐患，确保工作环境的安全性。

（4）技术或流程改进岗位。例如实施新技术或优化工作流程的岗位。观察现有员工在新流程或技术引入中的表现，有助于识别培训需求，确保技术或流程变更的顺利进行和有效实施。

3. AI在观察法中的应用

（1）实时监控与自动记录

AI技术，尤其是视觉识别系统，能够实现自动化的实时监控和记录，显著降低了人工观察的负担。例如，在生产线中，AI通过摄像头和图像处理技术实时跟踪操作员的工作状态,自动识别操作规范的遵守情况以及潜在的操作错误。这种实时监控为评估员工技能和操作效率提供了客观的数据支持,提升了观察的准确性和效率。

（2）互动分析与沟通评估

AI的自然语言处理技术可以自动分析员工在服务岗位上的互动情况。通过处理和分析与客户的对话记录,AI能够评估员工的沟通技巧、服务态度和问题解决能力。这种自动化分析不仅提高了数据收集的速度,还能精确识别培训需求,如沟通技巧不足或服务质量问题,进而帮助制订有效的培训计划。

（3）数据分析与培训需求识别

AI能够整合多种数据源,如实时监控数据、绩效评估结果,并通过机器学习算法进行深入分析。AI识别员工在特定任务中的表现模式和常见问题,提供精准的培训需求洞察。例如,在技术或流程改进岗位,AI能够分析员工对新技术或流程的适应情况,自动发现培训需求并提出改进建议,从而帮助组织制定针对性的培训方案。

（六）焦点小组讨论

焦点小组讨论是一种结构化的交流方法,由训练有素的主持人引导,邀请相关人员(通常为 6～12 人)就特定主题进行深入交流和讨论,以收集关于培训需求的信息和见解。

在培训需求分析中,焦点小组讨论的注意事项如下:

（1）设定明确的议题。提前制定讨论议题,确保议题具体且明确,以便引导讨论集中在与培训需求相关的关键问题上。这有助于保持讨论的聚焦,避免偏离主题,并确保能够深入探讨培训需求的核心问题。

（2）选择合适的参与者。挑选具有相关经验的人员参与焦点小组,确保他们的背景与讨论主题密切相关。来自不同部门或岗位的人员可以提供多样化的视角,增加讨论的深度和广度,以获得全面的培训需求信息。

（3）创造开放和互动的讨论环境。鼓励参与者积极发言,使用开放性问题引导讨论。这可以帮助参与者深入思考,充分挖掘他们的见解和建议,从而收集到丰富的意见和信息。

（4）保持讨论的中立性。主持人需保持中立,避免个人主观意见影响讨论结果。应鼓励多样化的观点,确保每位参与者都有平等的发言机会。处理讨论中的意见分歧或冲突时,主持人需要有效调解,尊重不同观点,并努力达成共识或有效整合不同意见。

（5）合理控制讨论时间。设定每个议题的时间限制,以提高讨论效率。这样可以确保所有重要议题都能得到充分讨论,同时保持讨论的活跃性和针对性。

（6）及时将讨论结果汇总并反馈给参与者。讨论结束后,将讨论结果进行汇总,并将其反馈给参与者。这不仅增加了讨论的透明度,还让参与者了解到他们的意见如何影响后续的培训需求分析,提高参与感。

AI在焦点小组讨论中的应用可以显著提升讨论的效果。利用语音识别技术,AI能够实时转录讨论内容,并通过文本分析工具提取关键词、主题和情感。这样可以快速汇总讨论的核心观点和信息,减少人工记录的工作量,并提高信息整理的准确性。此外,AI在讨论结束后能够迅速生成讨论结果的摘要和分析报告,并及时反馈给参与者和相关人员。

（七）关键事件法

关键事件是指那些对组织目标和绩效起关键性作用的事件,用以考察生产、服务过程和经营状况,并揭示其中的问题,从而发现潜在的培训需求。常见的关键事件包括系统故障、客户投诉和重大事故等。这些事件的分析有助于识别影响组织绩效的主要因素。

关键事件法要求管理人员通过工作日志、主管笔记等方式,详细记录员工工作过程中的关键事件,并定期进行分析。通过这些记录,可以明确员工在知识或能力方面的缺陷,从而确定培训需求。例如,频繁的系统故障可能表明操作人员需要更多的技术培训,而客户投诉可能反映出服务技能的不足。

AI在关键事件法中发挥了重要作用。利用物联网设备和传感器,AI能够实时监测生产和服务过程中的关键事件。通过传感器数据,AI自动记录系统故障、设备异常和安全事故等事件,并即时生成详细记录。这种自动化监测提高了数据准确性,减少了人工记录的工作量,确保关键事件得到迅速关注和处理。

此外,AI的自然语言处理技术可以分析管理人员的工作日志、主管笔记和员工反馈等文本数据,从中提取与关键事件相关的信息,并对这些信息进行分类和整理,及时向相关员工和管理人员提供具体的解决措施和培训方案。

关键事件记录表的示例见表5-9。

表 5-9　关键事件记录表示例

日　期	关键事件描述	涉及的部门	影响范围	原因分析	解决措施	培训需求
1月15日	生产线设备故障引发火灾	生产部门	高	设备维护不到位,操作规程不清晰	更新安全操作规程,实施设备定期检查	操作安全培训、紧急应对措施培训
2月20日	公司电脑系统崩溃,导致数据丢失	IT部门	高	数据备份策略不完善,系统维护不到位	改进数据备份方案,强化系统维护	系统维护与备份培训、数据管理培训
3月5日	产品交付延迟导致客户取消订单	销售部门	中	供应链管理不善,项目进度控制不足	优化交付流程,改进项目管理策略	项目管理培训、供应链管理培训
4月10日	批量产品检测出严重缺陷	质量控制部门	高	质量检测流程不严格,生产标准未更新	加强质量检测流程,修订生产标准	质量控制培训、生产标准培训
5月22日	关键生产设备故障导致生产线停产	设备维护部门	高	设备维护频次不足,备件管理不完善	增加设备维护频次,引入设备备件管理系统	设备操作与维护培训、备件管理培训

（八）经验预计法

经验预计法是一种基于专家经验和历史数据的培训需求分析方法。这种方法通过系统地收集和分析组织内外的专家经验、历史记录、行业趋势等信息，预测和识别未来的培训需求。

一般而言，当出现以下情况时，需要进行培训：

（1）新员工的录用。新员工入职时，需要进行系统的入职培训，以便他们迅速熟悉公司文化、组织架构、工作流程以及岗位职责。这种培训通常包括企业文化、规章制度、安全操作规程以及工作技能的培训，帮助新员工尽快适应工作环境。

（2）工作调动或晋升。员工调动到新岗位或获得晋升时，其工作职责和要求会发生变化。这种情况下，必须通过培训补充新岗位所需的知识和技能，帮助员工顺利过渡到新角色，确保他们能够履行新的工作职责并达到预期的工作标准。

（3）新技术或新设备的引进。当企业引入新技术或新设备时，员工需要学习如何操作这些新工具。培训内容通常包括设备操作流程、故障排除、维护保养以及新技术的应用。这种培训确保员工能够有效地使用新设备，减少操作错误，提高生产效率。

（4）重组或变革。企业在经历重组、并购或管理变革时，会面临组织结构调整、文化融合和业务流程再造等挑战。针对这些变革，培训帮助员工理解新管理体系，适应新的工作流程和公司文化，减少变革带来的不适应和抵触情绪，推动企业顺利实施变革。

（5）法规和合规要求的变更。法律法规和行业标准的更新可能影响企业的运营，为了确保员工遵守新的法规和合规要求，需要进行相关的培训，使员工了解最新的法律要求和操作规范，防止因不合规操作带来的法律风险。

传统的经验预计法依赖于管理者和专家的主观判断，AI 则可以基于历史数据和经验构建预测模型，实现量化和标准化，为企业的培训需求分析提供更科学、更精准的依据。例如，当企业引入新技术或新设备时，AI 可以预测哪些岗位和哪些员工会受到影响，提前确定他们需要的培训内容和方式。

思 考 题

1. 为什么要进行培训需求分析？
2. 从哪些层面开展培训需求分析？
3. 简述 AI 在问卷调查培训需求中的应用和优势。
4. 访谈法在培训需求分析中如何应用？
5. 简述绩效分析法和胜任力分析法的区别，并说明如何利用 AI 分析培训需求。
6. 如何利用焦点小组讨论和关键事件法分析培训需求？

即 测 即 练

第六章

如何培训：AI 与培训方法设计

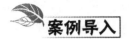 **案例导入**

IBM：利用 AI 创新企业培训[①]

IBM（国际商用机器公司，International Business Machines Corporation）作为全球领先的科技公司，以其在人工智能（AI）领域的创新应用而闻名。近年来，IBM 致力于将 AI 技术应用于企业培训，旨在提升员工技能，增强企业竞争力。这不仅为企业节省了大量成本，还显著提升了员工的学习效果和满意度。

IBM 的 AI 培训平台——Watson Talent，是公司将 AI 引入培训领域的核心工具。Watson Talent 结合了自然语言处理、机器学习和数据分析等先进技术，为企业提供了一整套智能化培训解决方案。

个性化学习路径。传统的培训方法通常是一刀切的模式，难以满足不同员工的个性化需求。而 Watson Talent 通过分析员工的历史数据、兴趣和技能水平，自动生成个性化的学习路径。例如，针对新入职的软件工程师，系统会推荐从基础编程语言到高级算法的逐步学习计划；而对于有经验的项目经理，系统则会推荐高级管理课程和最新的行业趋势分析。

智能问答系统。在培训过程中，员工难免会遇到各种问题。IBM 的 Watson Talent 配备了强大的智能问答系统，能够通过自然语言处理技术实时解答员工的疑问，这一功能极大地提高了学习效率。例如，在编程课程中，若学员询问某段代码的用法，系统会立即提供详细的解释和代码示例。这种即时反馈不仅节省了查找资料的时间，还增强了学习的连贯性。

多媒体与互动体验。Watson Talent 并不仅限于传统的文字和视频讲解，它还整合了虚拟现实（VR）和增强现实（AR）技术，为员工提供沉浸式的学习体验。以客户服务培训为例，通过 VR 技术，员工可以在虚拟环境中模拟处理各种客户投诉的场景。这种互动式的学习方法不仅提高了培训的趣味性，还有效增强了员工的实际操作能力。

实时反馈与调整。AI 的一个重要优势在于其实时数据分析能力。Watson Talent 在培训过程中会不断监测员工的学习进度和表现，提供实时反馈。例如，系统会记录员工在每个模块的学习时间、测试成绩和参与度，并对这些数据进行分析。如果发现某位

---

① IBM Watson Talent. https://www.ibm.com/watson/products/talent-management/.

员工在某个知识点上反复出错，系统会及时推送相关的补充材料或调整学习计划，以帮助员工克服学习障碍。

在推出 Watson Talent 这套系统后，IBM 显著提高了员工培训的效率和效果。数据显示，使用 Watson Talent 进行培训的员工，其学习成果提升了 30% 以上，培训时间缩短了 40%。此外，员工的满意度也大幅提升，许多员工表示这种智能化的培训方式更加符合他们的学习习惯和需求。随着 AI 技术的不断进步，IBM 计划进一步拓展 Watson Talent 的功能。例如，引入更多的智能分析工具，帮助企业预判员工未来的培训需求；开发更加丰富的多媒体内容，提升培训的互动性和沉浸感；利用区块链技术确保员工学习数据的安全性和透明度。

IBM 通过 Watson Talent 将 AI 技术成功应用于企业培训，显著提升了培训的个性化和高效性。这一创新案例不仅展示了 AI 在培训领域的巨大潜力，也为其他企业提供了有价值的借鉴。随着 AI 技术的不断发展，未来的企业培训将变得更加智能，帮助企业和员工共同成长。

一、传授指导式培训法

（一）讲授法

讲授法是适用程度最高、使用范围最广的培训方法之一。培训师通过口头语言及其他辅助性教具向受训者呈现教学内容，阐明知识结构和内在逻辑，从而促进受训者理解知识和发展技能。常见的讲授法包括课堂教学法、大会报告和专题讲座等。

1. 讲授法的优点和缺点

讲授法作为一种培训方法，具有多方面的优点。首先，它通常具有结构化教学的特点，有明确的教学大纲和内容安排，使得培训过程有序进行，易于管理和控制。其次，讲授法信息量大，有利于受训者在短时间内系统地接受新知识，提高授课效果。此外，讲授法经济有效，能够同时对多人进行培训，节省培训成本和时间。最重要的是，讲授法通用灵活，适用于各种类型的培训，包括知识讲解和技能训练等。

然而，讲授法也存在一些明显的缺点。首先，它本质上是单向的思想交流或信息传输，交互性和参与感较弱，难以激发受训者的自主学习动机。其次，讲授法往往采用统一的教学要求和标准，忽视了受训者个体差异，不能因人而异、因材施教。最后，学习效果容易受到培训师的知识结构和讲授水平的影响，质量可能因此参差不齐。

2. 讲授法的实施要点

（1）选择合适的培训师。培训师是讲授法成功的关键。他们应具备丰富的理论知识和实践经验，熟练掌握培训技巧，能够清晰地传达思想并激发学员的积极性。良好的语言表达能力、生动的讲解方式以及对学员参与的有效调动能力都是选择培训师时需要考量的重要因素。

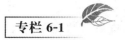

专栏 6-1

培训师授课技巧[①]

- 明确目标：培训师必须清楚地知道培训的目的和目标，这样才能更好地设计课程和教学方法。

- 合理的教学计划：预先制订的教学计划能够帮助培训师更有效地传达信息和知识。

- 适应性教学：根据学员的学习反馈和理解程度，灵活调整教学方法和内容，以满足不同学员的学习需求。

- 增强学员参与度：通过提问、讨论、小组活动等方式，可以增加课堂的互动，激发学员的学习兴趣。

- 灵活使用实例和案例：培训师将理论知识与实际例子结合，可以帮助学员更好地理解和掌握知识。

- 及时提供反馈：对学员的学习情况给予及时、准确、建设性的反馈，有助于他们了解自己的进步和需要改进的地方。

- 充分利用多媒体教学工具：利用 PPT、视频、图表等，增强课程的趣味性，帮助学员更好地理解和记忆知识。

- 保持积极、热情的教学态度：培训师的态度与学员的学习积极性直接相关。

- 尊重学员：理解并尊重学员的差异，每个人的学习方式和接受能力可能不同，培训师需要有足够的耐心。

- 创新教学方法：不断寻找和尝试新的教学方法，以增加课堂的趣味性和吸引力，提高学员的学习兴趣。

- 自我反思：经常对自己的教学进行反思，找出哪些地方做得好，哪些地方需要改进，以此不断提升自己的教学技巧。

（2）合理安排授课内容。在授课前，应充分了解受训者的背景和学习需求，以便针对性地设计课程内容。课程安排应条理清晰、重点突出，适当考虑到不同学员之间的差异，确保所有学员能够理解和掌握授课内容。

（3）运用启发式教学方法。与灌输式教学不同，启发式教学通过提问、讨论等方式激发学员的思考和参与，从而使学员由被动听课转变为主动学习。这种方法能够提高学员的参与度，增强教学的互动性和实效性。

（4）优化培训场所的环境与设施。应选择隔音效果好、远离干扰源的场所，确保学习过程不受外界影响。同时，教室应配备必要的教学设备，如投影仪、音响设备等，以支持教学过程的有序进行。

（5）准备辅助性材料。根据课程需要，提前准备好各种辅助材料，如阅读材料、视觉材料、听觉材料和感觉材料等。这些材料能够丰富课堂内容，帮助学员更好地理解和消

---

① 泰瑞·莱文. 培训师原则［M］. 北京：中华工商联合出版社，2021：99.

化所学知识,提升学习的深度和广度。

(6)有效调动课堂气氛。培训师应当富有激情和具备互动能力,能够积极地调动学员的参与度和学习积极性。通过讲故事、举例子、提问等方式,培训师可以活跃课堂气氛,使学员在轻松和积极的氛围中学习和交流。

3. AI 辅助的讲授

在现代培训中,人工智能(AI)正迅速成为一种不可或缺的工具,通过 AI 的辅助,讲授法变得更加高效,为学员提供了更好的学习体验,极大地提升了培训效果。

(1)不断更新教学内容

传统培训模式下,培训师的教学内容更新主要依赖于个人学习,而 AI 可以实时收集和分析大量的学术前沿、行业动态和市场需求等信息。通过数据挖掘和文本分析,AI 能够从各种来源提取有价值的信息,并识别出最新的趋势和重要的知识点。这样,培训师可以及时获取最新的行业发展动态和学术研究成果,并将其整合到教学内容中,使课程内容具有前瞻性。此外,AI 可以自动生成教学大纲、课件、习题和测验等材料,为培训师节省大量的时间,使其将更多的精力投入到教学研究和学员辅导中。

(2)多媒体与互动体验

AI 支持的讲授不仅局限于文字和语音,还可以采用图像、音频、视频、动画等多种媒体形式,通过多感官刺激,增强学员的注意力和理解力,提升信息的传递效率和记忆效果。此外,将 VR 和 AR 技术融入讲授之中,可以创建沉浸式的学习环境,提供虚拟现实的实践体验。例如,医学培训中通过 VR 模拟手术过程,让学员在虚拟环境中进行操作练习;工程培训中通过 AR 技术展示机械设备的内部结构和运行原理,帮助学员更好地理解和掌握技术知识。

(3)智能问答和解答

传统的讲授法通常依赖于培训师的知识面和授课能力来解答学员的问题,而 AI 系统连接庞大的知识库和搜索引擎,通过利用自然语言处理技术,理解学员提出的问题并即时给出答案或解决方案,成为培训师的得力助手。例如,在客服培训中,学员询问如何处理客户投诉,AI 可以从知识库中搜索相关方法并提供具体案例和应对方法。AI 还能通过学员的反馈,不断优化自身的回答质量和准确性,通过这种方式,学员在遇到问题时可以得到及时、有效的帮助,从而提高学习效率。

(4)实时反馈和调整

通过在线测试、互动问答、行为追踪等手段,AI 能够实时收集学员的学习数据并进行数据分析,如回答问题的正确率、完成任务的时间、操作技能的掌握程度等。基于这些实时反馈的数据,培训师可以识别哪些教学环节存在问题,了解学员的学习进展和难点,并据此调整教学策略,例如加快或放慢讲课速度,增加练习或互动环节等,从而不断提升教学质量。

(5)个性化学习指导

基于学员的学习历史、答题情况、在线互动等数据,AI 能够深入了解每位学员的学习风格、能力水平和知识差距,为学员量身定制个性化学习路径和进行精准化的内容推荐,使每位学员的学习过程更加高效。例如,学员在某一主题表现较好时,AI 会推荐更高一级的内容；在某一方面表现较弱，则提供更多针对性的练习和课程资源来帮助其提高。此外，学员可以在留言板或在线讨论区表达自己对课程的想法和感受，AI能够识别学员的情绪或困难，提醒培训师注意该学员的情况，培训师可及时与学员沟通，提供鼓励和帮助。

（二）研讨法

研讨法是培训师以团体方式组织受训者就特定专题或工作问题进行互动交流，旨在启发学员独立思考、分析判断，提高沟通表达能力，从而使他们掌握相关知识和技能的一种有效培训方法。研讨法形式多样，适用范围广，使用频率较高。在研讨培训时，学员间相互启发、取长补短，有利于开拓思路、加深对知识的理解，促进能力的提高。

1. 研讨法的形式

（1）小组讨论式。小组讨论是指将受训者分成若干小组，每个小组的成员集中在一起就某个话题展开讨论，提出解决问题的方案。小组讨论的形式包括两种：一种是竞争性的，即不同小组讨论同一题目；另一种是补充性的，即不同的小组讨论不同的题目。具体采用哪种形式应视研讨的目的和要求而定。

（2）沙龙式。沙龙式研讨，类似小组讨论，但是话题较为自由，属于非正式研讨。没有听众，也没有主持人，但有一个召集人。沙龙式研讨并不指望解决问题，但可以彼此交流信息，互相启发。

（3）集体讨论式。在一个训练有素的主持人的带领下，受训者就某一感兴趣的话题进行专门探讨，自由发表意见、分享经验和观点，以促进知识的共享和深入理解。参与者的人数可以灵活安排，一般5~20人，这样可以保证讨论的广泛性和深度，并且每个人都有充分的机会参与讨论，从而达到共同学习和协作的目的。

（4）委员会研讨式。这是一种结构化且有组织的讨论形式，通常由一组专家或具有特定知识和经验的人员组成委员会，围绕特定主题或问题进行深入讨论和分析，旨在借助专家的意见和建议，达成共识或提出解决方案。委员会研讨法广泛应用于政策制定、战略规划和问题解决等领域。

（5）辩论讨论式。通过将受训者分成正反两方，围绕特定主题进行辩论。每方需要提出论据并反驳对方观点，从而加深对主题的理解和思考。培训师在这个过程中通常扮演裁判或指导者的角色，评估受训者的表现，并在必要时提供指导。

2. 研讨法的实施要点

（1）培训师在培训前应制订详细的研讨计划，准备好相关资料，深入研究研讨内容，明确研讨要解决的问题，并提供多种可能的解决方案，确保研讨有序进行并促进深入讨论。

（2）培训师在研讨过程中应有效掌控全场，推进讨论进程，并积极调动学员的积极性，确保每位学员都有表达机会。

（3）研讨内容应紧密联系实际，反映现实问题，具有启发性和代表性，对学员未来的工作有指导价值。

3. AI支持的研讨

研讨法是一种广泛应用于培训的互动教学方法。通过组织学员围绕特定主题进行讨论，研讨法可以促进知识的分享和观点的碰撞，帮助学员深化理解和掌握相关内容。然而，传统的研讨法也面临一些挑战，如准备工作烦琐、讨论过程难以管理、学员参与度不均等。AI为研讨法提供了全新的辅助手段，能够有效克服这些挑战，提升研讨的成效。

（1）智能推荐研讨内容

在准备研讨会时，AI可以根据学员的背景信息、兴趣爱好和学习需求，智能地推荐相关的文献、案例和视频资源。这些推荐能帮助学员提前了解研讨主题，激发他们的思考和灵感。例如，在领导力研讨中，AI可以推荐有关领导力理论的文献、成功领导者的案例以及相关的视频和音频，帮助学员提前了解领导力的不同方面，从而在研讨时提出有深度的观点。

（2）实时记录与分析

在研讨过程中，AI可以通过语音识别技术实时记录讨论内容，提取出关键观点、共识和分歧点，在研讨结束后生成一份讨论记录，方便学员复盘和后续学习。同时，AI还可以根据讨论的进展情况，提出实时改进建议，如提醒主持人适时引导讨论，确保每位学员都有机会发言。

（3）提供个性化反馈

研讨结束后，AI通过分析发言内容、互动频率以及提出的问题等，评估每位学员在讨论中的表现，并提供个性化的反馈和建议。例如，对于表达不太清晰的学员，AI可以推荐相关的沟通训练资源或提供针对性的表达技巧指导；对于参与度较低的学员，AI可以指导他们如何更积极地参与讨论，并推荐专门的课外阅读材料。此外，AI还可以与学员进行模拟训练，指出他们的优点和不足，并通过实时跟踪和反馈，帮助学员不断进步。

二、实践参与式培训法

（一）导师制

导师制是指在组织中，由资深的专业人士（导师）对经验较少的学员（徒弟）进行系统的指导和培训的制度。"导师制"与"师傅带徒弟""学徒工制度"类似，但在现代企业培训中更加结构化和系统化。这种方法强调导师在指导过程中扮演顾问、教练和榜样等多重角色，其指导不仅涵盖专业技能的传授，还包括职业发展、个人成长和心理支持等方面。

 案例 6-1

华为公司的"全员导师制"[①]

华为公司推行"全员导师制"，通过经验丰富的老员工对新员工进行指导，促进员工之间相互学习与成长。其运行模式如下：

---

① 吴晓波.激活组织：华为奋进的密码[M].北京：中信出版社，2021：98.

第一，实行导师轮流制。每位导师通常任期一年，表现优异的导师将获得优先晋升机会。这一制度涵盖销售、客服、行政、后勤等所有部门，确保所有员工都有机会担任导师。

第二，从优秀员工中选拔导师。每位导师必须具备出色的业绩和高度认同华为文化。导师最多带两名新员工，确保有足够的时间和精力进行指导。这种严格的遴选标准确保了导师的质量和指导效果，同时只看能力，不论资历，新员工表现出众可以破格提拔，甚至成为工龄更长的老员工的导师。

第三，导师以"一对一"的方式对新员工进行针对性和实战性指导。不仅要在业务上发扬"传帮带"的传统，在思想和生活上对新员工也有指导和照顾的义务。这有点像过去国有企业的师徒制度，但又更加灵活。导师对徒弟负有连带责任，如果徒弟犯了错误，导师也会被连带追责，甚至降职。

第四，物质激励与晋升挂钩。华为对每一位导师发放导师补助，并且定期评选优秀导师进行奖励。是否担任导师与员工的升职挂钩，没有担任过导师的员工不能被提拔，不愿继续担任导师者将丧失晋升资格。

华为的全员导师制不仅限于新员工培训，更是各个岗位接班人的培养制度。不仅加快了新员工融入公司的速度，还让老员工通过担任导师树立更强的责任感与使命感，起到模范带头作用，为公司的持续发展和竞争力提升提供了强有力的支持。

1. 导师制的实施程序

第一，确定导师。导师应具备过硬的技术或管理能力，较强的表达、监督和指导能力。导师需胸怀宽广，乐于助人，严格要求自己和他人，善于"传帮带"，乐于分享知识和经验，帮助他人成长。

第二，制订培训计划。根据受训者的岗位需求，明确培训目标，如掌握必要的工作技能和熟悉工作流程等。根据培训目标，制定详细的培训内容和时间表，包括理论教学、实操练习等，对每阶段的开始和结束时间进行具体规划。

第三，实施培训。导师根据培训计划对受训者进行一对一指导，通过讲解和演示等方式进行培训，不同岗位的培训方法有所不同。在实操技能的培训中，通常包括示范、协同、观察、纠正和强化五个阶段。示范阶段，导师展示操作并详细讲解；协同阶段，导师与学员共同完成工作，帮助学员理解和掌握技能；观察阶段，导师观察学员独立操作，并提供反馈记录；纠正阶段，导师指出并纠正学员的错误，耐心讲解并示范；强化阶段，导师鼓励学员持续练习，并设立严格的考核标准。

第四，跟踪反馈。导师定期与受训者沟通，了解学习进度和问题，评估他们对培训内容的理解和接受程度，不断调整优化培训进程。

第五，评估和调整。评估培训效果，如未达目标，调整培训计划，增加训练时间或调整教学方法。当达到培训目标后，结束正式培训，但导师需继续关注受训者的工作表现，提供必要的指导和帮助。

2. 导师制的优点和缺点

导师制具有以下优点：第一，通过一对一的指导，让新员工能够直接从经验丰富的导师那里学习技能和知识,避免盲目摸索,快速掌握工作要领,提升工作效率;第二,导师能够根据学员的具体情况,提供个性化的培训和反馈,满足学员的个性化需求,提升培训效果;第三,新员工在导师的指导下工作,能够快速适应岗位要求,必要时及时填补岗位空缺,确保工作不受影响;第四,促进了新老员工之间的互动和交流,增强了团队的凝聚力和协作精神,有助于建立良好的工作关系。

导师制的缺点在于:第一,培训内容往往集中在导师的专业领域,学员可能只接受某一方面的培训,不利于其全面发展;第二,导师的水平和指导能力参差不齐,可能会影响学员的培训效果,如果导师存在不良工作习惯,可能会对学员产生负面影响;第三,导师需要投入大量时间和精力进行指导,这可能会影响他们的日常工作和个人发展,增加其工作负担;第四,学员可能会过度依赖导师,缺乏自主学习和独立解决问题的能力,不利于其长远发展。

3. 如何激励导师

导师制在实践中可能存在"教会徒弟,饿死师傅"的问题。导师担心教会徒弟所有技能后,徒弟会成为竞争对手,甚至取代自己,导致自身失去职位或利益。因此,一些导师可能会有意无意地保留部分知识和经验,不愿意全心全意地指导徒弟,影响培训效果和团队整体发展。针对该问题,企业需要建立有效的激励机制,确保导师尽心尽力指导徒弟,促进知识和技能的无保留传授。

(1)企业应进行文化建设,倡导"共同成长,共同成功"的文化。强调知识传承和技能分享的重要性,营造良好的培训和学习氛围,使导师愿意分享自己的经验和技能。还要营造尊师重教的氛围,通过公司内部宣传、团队活动等方式,让导师感受到自己在公司中的重要性和价值。此外,可以通过举行拜师仪式,增强导师的荣誉感和责任感,使其更愿意投入指导工作。

(2)将导师职责与绩效考核挂钩。设定与导师职责相关的绩效指标,如徒弟的进步情况、工作绩效、学员反馈等,将这些指标纳入导师的绩效考核体系中,定期评估培训效果。

扩展阅读6.1 避免"师徒"之间利益冲突的方法

(3)提供物质和精神奖励。将担任导师作为员工职业发展的一个重要环节,规定只有担任过导师且表现优异的员工才有资格晋升为更高级别的职位。定期评选和表彰优秀导师,对表现突出的导师进行物质奖励,如奖金或利润分享等。

此外,授予荣誉称号,如"最佳导师""优秀指导员"等,并在公司年会、表彰大会等重要场合公开表彰,提升导师的荣誉感和成就感。

案例 6-2

海底捞:以师徒制培养店长

海底捞的迅速扩张离不开其独特的师徒制培养模式。这种模式通过利益绑定和系统的选拔培养体系,确保了店长的快速成长和门店的稳定发展。

1. 师徒制的利益绑定机制

海底捞采用师徒制培养新店长,店长的薪酬包括基本薪资和餐厅一定百分比的利润,这使得店长的收入与门店的盈利能力直接挂钩。海底捞为店长设计了两种激励机制:一是直接利润分享机制,店长从自己管理的门店利润中提取2.8%;二是多层次利润分享机制,店长自己仅从管理门店中提取0.4%,但通过培养新店长,可以从徒弟管理的门店利润中获取3.1%,并从徒孙管理的门店利润中获取1.5%的收益。这种多层次利润分享机制不仅激励店长努力管理好自己的门店,还提供了培养徒弟的动力,确保海底捞能够迅速培养出大量的新店长,满足公司快速扩张的需求。

2. 系统的店长选拔和培养体系

海底捞在其师徒制基础上,建立了一套系统的店长选拔和培养程序,以克服传统师徒制存在的培养速度慢、难以规范等问题。

第一步,选拔好苗子进入人才库。师傅可以提名优秀徒弟入人才库,被推荐的徒弟需接受额外的餐馆管理、服务提供及内部政策培训。

第二步,晋升为大堂经理。徒弟通过考试,在餐厅任职并胜任相关职务后,由店长推荐参加海底捞大学的培训课程。通过评估后,才有资格晋升为大堂经理。

第三步,晋升为店长。大堂经理由店长提名为店长候选人,参加海底捞大学的培训课程,接受15～30天的讲座和实践培训,并在课程结束时接受评估。通过评估后,候选人方有资格成为店长。当有新餐厅开业时,他们将被提拔为店长。

3. 奖罚分明的推荐制

海底捞的师徒制不仅仅是简单的传帮带,而是奖罚分明的推荐制。店长在提名候选人时,必须对其负责,确保推荐的是有能力的苗子。如果候选人在课程结束时未通过评估,店长及其被提名人需共同承担培训费用。此外,如果被提名的店长未能通过绩效评估并失去推荐资格,则其师傅及师爷将面临财务惩罚。

海底捞为每家餐厅进行A、B、C三级的评级,只有A级店长可优先开店,其徒弟在成为新店长方面也有优先权。店长成功推荐徒弟后,可以选择将自己管理门店的提成比例降至0.4%,同时将徒弟门店和徒孙门店的提成比例分别增至3.1%和1.5%。通过这种调整,店长能够获得更高的整体收益。如果师傅有两次被评为C级,其所有徒子徒孙的利益关系将被全部斩断。

4. AI增强的导师制

在现代企业中,导师制作为一种培养人才的有效方式,正逐渐被越来越多的公司采纳。随着人工智能(AI)技术的发展,AI在导师制中的应用变得日益普遍,显著提升了培训的效果。

(1) 虚拟导师:打破时间与空间限制

AI可以突破时间和空间的限制,通过虚拟导师随时随地对员工提供支持和指导。虚拟导师不仅能回答员工的常见问题,还能提供技术支持和进行模拟培训。例如,员工在操作某项软件时遇到问题,可以立即向虚拟导师寻求帮助,而无须等待人类导师的回复。这种即时反馈机制不仅提高了培训效率,还减少了人类导师的负担,使他们能够将更多精力集中在高难度和个性化的指导上。

此外,虚拟导师不受地理位置的限制,能够为全球各地的员工提供一致且高质量的培训服务。在跨国公司中,这一优势尤为明显。无论员工身处何地,只要有网络连接,就能随时随地获得虚拟导师的支持。这不仅有助于员工快速胜任岗位要求,还能促进企业培训标准化,确保所有员工都能获得同等水平的指导。

（2）智能匹配：有效匹配导师与学员

传统的导师匹配通常依赖于人为判断,难免会有主观偏差,而 AI 通过大数据分析和机器学习算法,可以实现精准匹配。智能匹配系统可以综合分析员工的技能、性格、工作表现和发展目标,匹配最适合的导师。例如,对于一个具有技术背景但缺乏管理经验的新员工,智能匹配系统可以推荐一位在技术管理方面有丰富经验的导师。这不仅提高了导师与学员的契合度,还能有效提升培训效果和员工满意度。

（3）智能评估：精准评价指导的效果

AI 可以收集和分析导师的指导效果,评估其培训质量和学员的进步情况。通过客观的数据分析,AI 能够对导师的表现进行全面而精准的评估,避免人为偏见。例如,AI可以追踪学员在培训期间的知识掌握情况、技能提升速度以及实际工作表现,并将这些数据与导师的指导方法进行关联分析,提出后续指导的优化方案。

（二）工作轮换法

工作轮换又称为轮岗,是一种组织内部有组织、有计划、定期进行的人员职位调整策略。通过让员工在不同的工作岗位之间轮流工作,企业旨在提高员工的技能多样性和岗位适应性。这种管理策略不仅有助于员工个人的职业发展,还能为企业带来多方面的效益,提升整体运营效率和灵活性。

1. 工作轮换的作用

（1）多技能培养与人才储备。工作轮换通过让员工在多个岗位上积累经验,帮助他们掌握多种技能,提升综合素质。这不仅促进了员工的职业发展,还为企业储备了拥有多样技能的复合型人才,使企业在人力资源调配上更加灵活和高效。

（2）提升工作满意度与预防职业倦怠。工作轮换增加了员工的工作挑战性和成就感,使他们感到工作更有价值,从而提高工作满意度和企业忠诚度。定期轮岗让员工不断接触新的工作内容和环境,保持新鲜感和工作热情,避免长期处于同一岗位而产生职业倦怠。例如,客服人员通过轮岗到市场部,能够接触到新的工作内容,激发新的兴趣,从而保持高昂的工作热情和积极性。

（3）促进内部沟通与协作。通过轮岗,员工不再只考虑本部门的利益,而是从组织全局考虑问题。这有助于防止本位主义,减少内耗和矛盾,增强员工的整体观念和责任感,加强部门和团队合作,提高组织整体运行效能。

（4）激发创新与问题解决能力。不同岗位的工作经验有助于开阔员工的视野,帮助他们在面对新问题时提供多种解决思路,激发创新能力。例如,生产线工人在参与研发部门的工作后,可能会提出更符合实际操作的改进建议,推动技术和流程的创新。通过轮岗,员工在不同岗位上积累的多样化经验,可以相互借鉴和融合,促进跨领域的创新和问题解决。

案例 6.1　阿里巴巴"杯酒释兵权"

2. 工作轮换注意事项

（1）制订轮岗计划。在轮岗开始前，制订一个详细且明确的轮岗计划是至关重要的。首先，设定清晰的轮岗目标，例如培养多技能员工、促进跨部门沟通等。明确的目标有助于确保轮岗计划的有效实施。其次，在岗位选择上，应仔细评估哪些岗位适合轮岗。一般来说，通用型技能的岗位适合轮岗，而一些高度专业化或涉及敏感信息的岗位可能不适合轮岗。例如，高级管理层、核心技术研发岗位、涉及机密信息的岗位，以及需要长时间积累经验的专业岗位（如医疗、金融分析师等），由于其独特性和复杂性，轮岗可能会影响工作连续性和效率。最后，轮岗周期应合理，过于频繁的轮岗可能导致员工无法深入掌握某一岗位的技能，而过长的轮岗周期则可能达不到预期的效果。企业应根据实际情况，灵活调整轮岗周期，确保员工有足够的时间适应和熟悉新岗位的工作。

（2）提供培训与支持。员工在适应新岗位的过程中，可能会面临新的工作挑战和技能要求。企业应与员工进行深入沟通，了解其困难和需求，并提供针对性的培训和支持。同时，可以安排有经验的导师或同事对轮岗员工进行指导。通过这种方式，员工可以更快地掌握新岗位的工作内容和技能，顺利融入新团队。

（3）评估与调整。轮岗结束后，企业应对员工的表现进行系统评估。通过收集和分析数据，了解员工在轮岗期间的知识掌握情况、技能提升速度以及实际工作表现，全面评估轮岗的效果，发现成功之处和需要改进的方面。对于表现优秀的员

案例6.2 农夫山泉的员工培训

工，可以给予奖励和进一步的职业发展机会，以激励他们持续提升自己。对于需要改进的地方，企业应调整轮岗计划和支持措施，帮助员工更好地适应新岗位。这种持续的评估与调整机制能够确保轮岗制度的有效性和可持续性，提高整体人力资源管理水平。

3. AI 优化的工作轮换

（1）精准匹配员工与岗位

AI 通过大数据分析和机器学习算法，为员工精确匹配轮岗岗位，避免传统人为方法中的主观偏差。AI 系统整合员工的硬性数据（如教育背景、专业技能、工作经验、绩效记录）和软性数据（如自我评估、上级和同事反馈、工作习惯），形成多维度的匹配模型，全面了解每位员工的能力和潜力，从而精准地匹配适合的轮岗岗位。例如，通过分析员工的过往工作经历和学习记录，AI 系统可以识别出员工的优势领域和需要提升的技能，从而推荐最合适的轮岗路径。

（2）动态调整轮岗计划

传统的轮岗计划往往是静态的，难以根据实际情况进行动态调整。而 AI 技术能够实时监测和分析员工的工作表现、适应情况和反馈，及时调整轮岗计划，确保其灵活性和有效性。例如，AI 系统可以根据员工在新岗位上的适应情况和绩效表现，决定是否延长或缩短轮岗周期，或调整轮岗岗位。同时，AI 还能根据企业内部的人员需求和业务变化，灵活调整轮岗计划，确保业务的连续性和稳定性。在企业扩展新业务或面对市场变化时，AI 可以迅速识别并调配具备相关技能的员工。

（3）评估与优化轮岗方案

AI 可以对轮岗效果进行全面评估，提供详细的反馈和改进建议。通过分析员工在

轮岗期间的工作表现、技能提升、学习进度及反馈意见，AI能识别轮岗过程中存在的问题和成功之处，并提出优化方案。例如，AI可以分析员工在不同岗位上的绩效数据，找出最佳的轮岗路径和周期，优化轮岗流程，提高整体效果。此外，AI还可以通过数据分析，识别良好的轮岗实践和模式，并推广到整个组织。

（三）案例研究法

1. 案例研究法的内涵

案例研究法是指围绕特定的培训目标，提供一个描绘组织经营过程中实际或潜在问题和情景的案例，让受训者通过独立分析或相互讨论的方式来分析和评价该案例，从而提高其分析和解决问题能力的培训方法。

案例研究法包括案例分析法和事件处理法。案例分析法，又称个案分析法，它围绕一定的培训目的，对真实场景进行典型化处理，形成供员工思考、分析和决策的案例，通过独立研究和相互讨论的方式，提高学员的分析和解决问题能力。事件处理法则鼓励员工自行

扩展阅读6.2 案例研究法的分类

收集亲身经历的事件，将这些事件作为个案，进行分析和讨论，员工可以参考讨论结果来处理日常工作中可能出现的问题。[①]

案例 6-3

麦肯锡的案例培训[②]

麦肯锡的案例培训方法是其标志性的培训方式之一，也被广泛应用到商学院和其他咨询公司的培训中。其核心思想是通过对真实商业案例的研究和分析，培养参训者的商业洞察力、解决问题的能力和决策能力。以下是麦肯锡案例培训的几个关键步骤：

首先，案例介绍。培训开始时，教练会向参训者介绍一个真实的商业问题。这些问题通常来自麦肯锡过去的咨询项目或实际遇到的具体问题。这一过程帮助参训者了解问题背景和行业情境，激发他们的兴趣和思考。

其次，数据分析。在案例介绍之后，参训者需要深入分析案例中的数据，识别问题的关键因素，形成自己的假设，并开发出解决问题的策略和方案。这一过程不仅锻炼了参训者的分析能力，还培养了他们在面对复杂数据时的敏锐洞察力。

再次，策略展示。参训者需要将自己的策略向教练和其他参训者展示，并接受他们的质疑和挑战。这种互动式的展示和讨论，有助于提升参训者的沟通技巧和应变能力。

最后，反馈和学习。在策略展示之后，教练会给出详细的反馈，评估参训者的策略优劣，并提供改进建议。这一反馈过程不仅帮助参训者发现自身不足，还从中锻炼了他们的商业洞察力和学习能力。通过不断的反馈和改进，参训者逐步提升自己的分析和决策水平。

通过以上步骤，麦肯锡的案例培训方法不仅教授参训者商业知识和分析技巧，还通

---

① 谷力群，黄兴元.企业员工培训管理实务［M］.北京：清华大学出版社，2022：8.

② 改编自麦肯锡官网：麦肯锡全球研究院 www.mckinsey.com.cn/category/insights/mckinsey-global-institute/.

过实际操作和互动式学习,锻炼了他们的思维方式和解决问题的能力。这种方法注重实践与理论的结合,确保参训者在真实的商业环境中能够灵活应对各种挑战。

2. 案例研究法的基本要求

(1)案例应尽可能真实。培训师在准备或选择案例时,应基于真实的场景和数据,反映组织经营中的实际问题和挑战。这种真实性能够增加案例的实用价值,使学员能够从中学习到有效的管理知识和解决问题的技能。

(2)案例应以问题为导向。好的案例应包含管理问题或挑战,以便引导学员进行深入的分析和讨论。提供充足的背景信息可以帮助学员全面理解问题的复杂性和背景,从而能够更好地提出有效的解决方案。这种问题导向的设计有助于培养学员的分析思维和解决实际问题的能力。

(3)学员需要充分准备。在正式的案例研究培训之前,培训师应给予学员足够的时间和资源来研读案例。这种充分准备有助于学员形成"身临其境"的感觉,使他们能够更深入地思考和讨论案例中的问题,提出切实可行的解决方案。

(4)积极讨论和互动。培训师应鼓励学员积极参与讨论,分享自己的见解和经验。通过组织有效的讨论环节,学员可以在案例描述的特定环境中,共同探讨问题、辩论观点,并从中相互学习。这种互动学习不仅能够加深对案例的理解,还能提升学员的沟通能力和团队合作精神。

3. 案例研究法的实施步骤

从学员学习的角度看,案例研究法的实施包括以下四个步骤:

第一步,学员准备。这个步骤至关重要,如果准备不充分,会直接影响案例的培训效果。通常在正式开始集中讨论前 1～2 周将案例材料发给学员。学员应阅读案例材料,查阅指定资料和读物,搜集必要的信息,积极思考,初步形成关于案例中问题的原因分析和解决方案。培训师可以在此阶段列出一些思考题,让学员有针对性地开展准备工作。

第二步,小组讨论准备。培训师根据学员的年龄、学历、工作经历、职位等因素,将学员分组。小组成员要多样化,这样在讨论时更有可能表达不同的意见,使学员对案例的理解更加深入。各个小组的讨论地点应相互独立,以便让他们能够按照各自有效的方式组织活动。

第三步,小组集中讨论。各个小组派出代表,发表本小组对于案例的分析和处理意见。发言完毕后,接受其他小组成员的提问并做出解释。发言和讨论的目的是扩展和深化学员对案例的理解程度。在小组讨论过程中,培训师可以提出几个意见比较集中的问题和处理方式,组织各个小组进行重点讨论。

第四步,总结阶段。在小组集中讨论完成后,培训师应留出一定的时间让学员自己进行思考和总结。总结可以是规律和经验的总结,也可以是获取知识和经验的方式。培训师还可让学员以书面的形式做出总结,这样学员的体会更深,对案例以及案例所反映出来的问题有更深入的认识。

4. 案例研究法的优点和缺点

案例研究法的优点主要有:能够有效调动学员的参与积极性,将被动接受知识转变为主动参与;通过实际案例的分析,可以提高学员解决问题的能力;在讨论案例时,学员需要交流观点，辩论意见，这有助于培养他们的沟通技巧和决策能力，也有助于团队合作能力的提升。

但是，这种方法也有不足之处：首先，案例准备需要较长时间，且对培训师和学员的要求都比较高，培训师需花费大量精力搜集和编写案例材料。其次，每个案例都是为特定的教学目的服务，缺乏普遍适用性，可能无法与实际培训目标很好地契合。此外，对案例质量的要求较高，找到合适且有效的案例往往具有挑战性。最后，案例所提供的情景并非真实场景，学员无法体验当事人所面临的真实压力，这可能导致决策过程中的失真，影响学员对实际问题的理解和应对能力。

5. AI 支持的案例研究

（1）数据收集与案例筛选

传统案例准备往往需要耗费大量时间，培训师需要手动查找、整理和评估信息。利用自然语言处理和数据挖掘技术，AI 可以快速从海量的文献、行业报告和数据库中提取相关信息。AI 算法能够识别与培训目标高度相关的案例，从而确保选取的案例具备较高的现实意义和应用价值。这不仅节省了时间，也提高了案例的质量，使得培训内容更加贴近实际应用场景。

（2）动态学习监测与反馈

通过对讨论内容进行语义分析，AI 能够实时监测学员在案例讨论过程中的参与情况，识别学员的理解程度和情感状态，帮助培训师了解哪些问题最受关注，哪些内容存在困惑。这种动态反馈机制使培训师能够及时调整教学策略，优化教学方法，从而更有效地激发学员的参与度。此外，AI 还可以为每位学员提供个性化的反馈，帮助他们识别自己的学习盲点，促进深层次的理解和掌握，从而在案例研究中实现更好的学习成果。

（3）案例效果评估与优化

AI 通过收集学员的反馈数据和学习成果，在案例研究结束后进行效果评估，分析哪些案例最具启发性，哪些方法最有效。这种定量与定性相结合的综合评估，不仅能够帮助企业识别最佳实践，还能为未来的案例开发提供优化建议。此外，AI 还可以生成详尽的评估报告，提出针对性的改进建议，持续提升案例研究法的培训效果，使培训更具针对性和实用性。

（4）促进企业知识共享

AI 支持的案例研究不仅限于单一培训班，还能有效促进跨部门的协作与知识共享。通过构建企业内部案例库，AI 可以整合各部门的案例研究成果，使不同部门能够相互学习和借鉴。AI 平台根据特定业务需求和项目目标，智能推荐相关案例给需要的团队，促进知识流动与跨部门合作。这种方式不仅提高了资源的利用效率，还能加速最佳实践的传播，推动构建学习型组织，提高整体的创新能力和解决问题的效率。

三、体验式培训法

体验式培训，是指个人通过充分参与某些活动获得个人体验，并在培训师的指导下，与团队成员共同交流，分享个人体验，提升认识的培训方式。体验式培训强调"从体验中学习"。

具体来说,体验式培训是这样一个过程:学习者通过在真实或模拟环境中的具体活动,获得亲身体验和感受,并通过与团队成员之间的交流实现共享,然后通过反思、总结提升为理论或成果,最后将理论或成果应用到实践中,培训师在培训过程中起着指导作用。[1]体验式培训由既独立又密切关联的五个环节组成,这五个环节依次是:体验、分享、交流、整合与应用(图6-1)。

(1)体验。这是体验过程的开端。参与者通过观察、表达和行动的形式投入到一项活动中,获得直接的经验和感受。

(2)分享。体验结束后,参与者与其他人分享他们的感受或观察结果,通过交流不同的看法和经历,丰富对活动的理解。

(3)交流。在分享的基础上,参与者进行深入的讨论和互动,探讨彼此的感受和见解,综合不同观点,达成更全面的理解。

图6-1 体验式培训的五个环节

(4)整合。从经历中总结出规律或精华,并进行系统化的整合。这一环节帮助参与者进一步定义和认清体验的结果,提升其理论理解和应用能力。

(5)应用。将这些体验应用于工作和生活中,在实践中产生新的体验,从而开始新一轮的体验循环。通过不断的应用和反思,参与者在这个循环往复的过程中不断进步。

体验式培训法主要包括角色扮演法、游戏法、公文筐训练法、企业教练技术、头脑风暴法、拓展训练法等类型。

(一)角色扮演法

角色扮演法是一种通过让参与者在模拟现实情境中扮演特定角色,以获得学习和训练机会的培训方法。这种方法旨在通过实践和体验,使参与者深入理解和掌握所学习的内容,提升其沟通、决策、解决问题以及团队合作的能力。

1. 角色扮演法的实施步骤

第一,介绍角色扮演的意义和内容。在开始角色扮演之前,培训师需要清晰地向受训者阐明活动的目的和内容,激发其参与积极性和学习意愿。

第二,说明角色情境、特点和限制条件。在正式开始之前,培训师详细说明每个角色的情境背景、角色特点以及必须遵循的条件和限制,确保参与者充分理解和准备。

第三,观察和记录角色扮演表现。培训师安排受训者按照设定的情境开始角色扮演,认真观察和记录参与者的行为表现,以客观和详细的方式记录每个角色的表现。

第四,动态评估和总结。依据预先设定的标准,对参与者的表现进行客观评价。培训师可以组织参与者和观察者讨论表现中的有效行为和策略,并总结不足和提出改进建议,从而提高参与者的学习效果。

---

① 刘伟民,钟丽.人力资源管理及创新研究[M].延吉:延边大学出版社,2023:57.

2. 角色扮演法的优点和缺点

角色扮演法的优点：

（1）能够充分调动学员的参与积极性。通过模拟真实情境，学员更能投入其中，积极思考和讨论，从而提升培训效果。此外，可以根据培训目标和学员需求，设计不同的情境和角色，增强学习的趣味性和效果，使学员在愉快的氛围中掌握知识和技能。

（2）提升解决问题能力。在模拟情境中，学员扮演不同角色，面对各种复杂问题。通过认真思考和各抒己见，学员能够提出多种解决问题的方法和建议，这一过程不仅提升了他们的分析能力和决策能力，还提高了应对实际问题的能力。

（3）广泛获取经验。通过扮演和观察其他成员的行为，学员可以广泛地获取多种工作和生活经验，锻炼自己的能力。相互学习对方的优点，识别自身的不足之处，从而在培训中不断进步。

（4）培养综合素质。角色扮演法不仅关注知识传授，更注重学员综合素质的培养。通过模拟实际工作场景，学员在沟通能力、团队合作、情绪管理等方面得到全方位锻炼，提升了他们的职业素养和综合能力。

角色扮演法也存在一些缺点：

（1）角色扮演法需要耗费较多的时间和资源来准备和实施。设计复杂的角色和情境需要精心策划，培训过程中也需要较多的时间来进行讨论和反思，这可能会增加培训成本。

（2）对培训师的依赖性。角色扮演法对培训师的专业能力要求较高，培训师需要具备较强的策划能力和组织能力。如果培训师缺乏精湛的角色设计能力，可能会导致设计出的角色过于简单化或虚假化，或所设计的场景不符合培训目的。此外，培训师需要具备良好的观察能力和反馈技巧，以确保学员在角色扮演过程中能够得到及时和有效的指导。如果培训师的能力不足，会导致培训效果不佳。

（3）角色扮演的效果容易受到学员自身特点和态度的影响。例如，一些学员可能过度羞怯或参与意识不强，无法很好地进入角色，这会影响他们的表现，无法取得较好的培训效果。

（4）角色扮演中的问题分析可能局限于某一个小的领域或范围，缺乏普遍性。这会限制学员在不同情境中应用所学知识和技能的能力，影响培训的全面性和实际应用效果。

3. AI 增强的角色扮演

（1）虚拟角色的生成与模拟

AI 在角色扮演培训中最显著的应用之一是生成和模拟虚拟角色与场景。通过使用自然语言处理和机器学习技术，AI 可以创建高度逼真的虚拟角色，这些角色能够进行复杂的对话和互动，模拟现实工作中的各种情境和挑战。例如，在客户服务培训中，AI 可以模拟各种类型的客户，如友好型的、苛刻型的等，使学员能够练习应对不同类型客户的技能。专栏 6-2，就是 AI 生成的角色扮演剧本。此外，虚拟角色的行为可以根据学员的表现进行动态调整，提供更个性化和针对性的训练。

（2）情感分析与反馈

AI的情感分析技术在角色扮演培训中具有独特的优势。通过情感识别，AI能够实时监测和分析学员的情绪反应，如紧张、困惑或愤怒等。使用面部表情识别、语音分析和生物反馈等技术，AI可以捕捉学员在模拟情境中的心理状态，并提供实时反馈。例如，当学员在模拟团队冲突情境中表现出压力时，AI可以记录这些情绪变化并提示培训师进行干预或提供指导。这种情感分析不仅有助于培训师更好地了解学员的心理状态，进行有针对性的辅导，还能帮助学员提高情感管理和应对压力的能力，从而在真实工作中更有效地处理复杂人际关系和压力情境。

（3）自动脚本生成与情境设计

基于培训目标和学员需求，AI能够创建丰富且多样的角色扮演脚本，这些脚本包含不同的情境和对话。例如，AI可以生成涉及客户投诉处理、内部团队冲突解决或危机管理等情境的脚本，使得每次培训都具有新颖性和挑战性。通过自动生成脚本，培训师可以节省大量时间和精力，同时确保每个培训情境都具有高度相关性和现实意义。这种方法不仅提高了培训的效果，还增强了角色扮演的互动性和趣味性，使学员能够在多样化的情境中不断提升技能。

（4）数据驱动的决策支持与优化

通过收集和分析大量培训数据，AI能够提供深刻的洞察和优化建议，帮助企业制定更科学的培训策略。例如，AI可以分析学员在不同情境中的表现，评估哪些角色扮演方案最有效，并识别出学员的共性问题和薄弱环节。这些数据可以用于优化未来的培训计划，确保资源的最佳利用。

专栏 6-2

智能网联汽车公司客服经理角色扮演剧本

1. 角色介绍

- 客服经理：王经理

- 友好型客户：李先生

- 苛刻型客户：张女士

- 犹豫不决型客户：陈先生

- 急躁型客户：刘先生

- 对抗型客户：赵先生

2. 场景设定

一家知名智能网联汽车公司最近在武汉市投放了一批无人驾驶汽车。这些车辆在运行过程中，收到了一些客户的投诉。为提高客服经理的应对能力，公司决定进行角色扮演培训。

3. 具体情景

（1）友好型客户（李先生）

情景：李先生对无人驾驶汽车感兴趣，并希望了解更多细节。他的态度友好且有建设性。

对话：

- 李先生："您好,我是李先生。最近看到咱们公司的无人驾驶车在路上跑,感觉挺有意思的。能跟我说说它们是怎么工作的,安全吗?"
- 王经理："李先生,您好! 非常感谢您对我们无人驾驶汽车的关注。这些车辆配备了最新的传感器和 AI 技术,能够实时检测和分析周围环境,确保行车安全。我们也会持续优化系统,保证每一位乘客的安全。"

(2) 苛刻型客户(张女士)

情景：张女士对无人驾驶汽车的某些功能不满意,并提出了一些尖锐的问题。

对话：

- 张女士："王经理,你好。我觉得你们的无人驾驶车在某些路口停的时间太长了,有时候让人很不方便。"
- 王经理："张女士,您好。非常感谢您的反馈。我们理解您的不便。无人驾驶汽车严格遵循交通法规,以确保每一位行人和乘客的安全。我们会继续优化系统,提高行车效率。"

(3) 犹豫不决型客户(陈先生)

情景：陈先生对无人驾驶汽车持观望态度,犹豫是否要使用。

对话：

- 陈先生："你好,我是陈先生。我听说你们的无人驾驶车挺先进的,但我还是有点担心,不知道要不要尝试。"
- 王经理："陈先生,您好。您的担心我们完全理解。我们的无人驾驶汽车经过多次测试,并在实际道路上进行了严格的试运行。我们有信心为您提供一个安全舒适的出行体验。如果您有任何问题或需要做进一步的了解,我们都很乐意为您解答。"

(4) 急躁型客户(刘先生)

情景：刘先生对无人驾驶汽车表现出极大的不满,认为它们影响了交通效率。

对话：

- 刘先生："王经理,你们的无人驾驶车简直就是'苕萝卜'! 右转时一直等行人,弄得后面的车都动不了,真是气死人!"
- 王经理："刘先生,您好。非常抱歉给您带来不便。无人驾驶汽车目前是严格按照交通法规行驶,以确保所有道路使用者的安全。我们正在积极改进,希望能够在确保安全的前提下,提高车辆的运行效率。您的反馈对我们非常重要,我们会持续改进。"

(5) 对抗型客户(赵先生)

情景：赵先生对无人驾驶汽车的存在非常反感,并表现出强烈的对抗情绪。

对话：

- 赵先生："我就是不明白,为什么要搞这种无人驾驶的车? 你们这是让人失业!"
- 王经理："赵先生,您好。我们理解您的担忧。无人驾驶技术的发展是为了提高交通安全和效率,并不是要取代所有司机的工作。事实上,我们正在开发新的岗位,比如远程监控和维护,这些都是未来的就业机会。我们愿意和您一起讨论更多可能的合作与发展。"

4. 客服经理角色扮演的注意事项

- 保持冷静和专业:面对不同类型的客户,始终保持冷静和专业的态度,展现出解决问题的诚意和能力。

- 积极倾听:认真倾听客户的意见和反馈,确保客户感受到他们的声音被重视。

- 清晰沟通:用简洁明了的语言解释公司的立场、政策和技术细节,避免使用过于专业或复杂的术语。

- 适应性:根据客户的情绪和态度灵活调整沟通方式,展现出对客户情绪的理解和共情。

- 及时跟进:记录客户的反馈和建议,确保在后续跟进中能够给予客户满意的答复和解决方案。

(二)游戏法

1. 游戏法的内涵

游戏法是一种通过模拟游戏场景、规则和互动来实现培训目标的方法。这种方法利用游戏的娱乐性和参与性来激发学习者的兴趣,并通过游戏中的任务和挑战来增强其知识和技能。游戏法强调从实践中学习,鼓励学员在虚拟环境中尝试,从而提高他们在现实工作中解决问题和决策的能力。

 案例 6-4

百度新员工"游戏化"培训[①]

百度是全球最大的中文搜索引擎,每年会有大量新员工加入,培训新员工是百度学院的重要任务。经过调研,"90 后"的新员工更青睐具有情感共鸣、新奇性、个性化、冒险、自由、参与感、趣味性的培训方式。因此,百度公司打破了部门藩篱,整合 HR、行政、财务、IT 等部门的所有资源,选择以网页端严肃游戏的形式,即通过开发以教授知识技巧、提供专业训练和模拟为主要内容的游戏,将培训内容传递给新人。

1. 搭建内容框架

搭建框架是开发严肃游戏过程中最难的一个环节,需要了解每一位新人在最初 6 个月中的每个阶段最需要什么样的知识输入。新兵项目组 HR 采用影子人行为观察法,在关键节点跟踪新人入职后的第一天、第一周、第一个月、第一个季度,最后梳理出了 89 个所需的知识点。随后,他们又采用"相互独立,完全穷尽"(mutually exclusive collectively exhaustive,MECE)的原则,保证传递的学习内容面面俱到,最终严肃游戏以员工成长时间周期为维度入手,划分为 5 个篇章,内容框架如下表所示。

---

① 徐芳. 培训开发理论及技术[M]. 上海:复旦大学出版社,2019:159-161.

新员工严肃游戏的五个篇章

时　　期	篇　　章	内　　容
第一天	入职篇	常用电话本、行政支持、百度移动办公室 APP、IT 特别提醒、撰写个人介绍信。
第一周	学习篇	目标设定、新人学习资源池、导师辅导。
第一个月	工作篇	办公室利器介绍、百度常用地址、财务报销等。
第一季度	关怀篇	各类员工关怀活动、社团组织、健身医疗介绍。
半年	成长篇	转正指南、参加新人中期回顾会。

2. 严肃游戏的多样化主题

严肃游戏的形式敲定后，HR 去百度贴吧寻找"90 后"最喜欢的页游。在"90 后页游吧"，百度 HR 决定仿照"冒险岛"的形式开发游戏。游戏主人公根据百度工程师的形象设计，取名为"百小度"。百小度游走在游戏地图中就仿佛进入了自己的学习地图。

（1）入学篇之游乐场

场景寓意：百度舒适的办公环境，公司绿化面积达到 50% 以上。百小度由此迈出他在百度的第一步。首先，他经过一个大牌坊，上面写着 IT、行政和 HR 服务热线及网址，对面会走来一名助理，对小度说："有任何行政问题可以随时找我，咱们公司 100 名员工就配备一名助理。"接着往前走，路上会弹出各类二维码，提示安装内部移动办公 APP，这样员工就可以在任意地点和时间轻松办公；前方不远处还有一台电视机，电视里播放着各类常用办公软件的使用方法，转了一圈后坐回工位，提示员工撰写一封入职邮件让大家认识你，信息大爆炸的第一天结束。

（2）学习篇之海底隧道

场景寓意：海底隧道里源源不断输送着各种知识。进入学习篇之后，百小度需要面见双导师。与业务导师一对一交谈，到企业资源计划（enterprise resource planning, ERP）系统设定试用期工作目标；与文化导师谈如何理解公司文化，以期快速融入。踏着轻快的脚步去参加新兵训练营和职业化培训，结识新友新人不孤单。在此过程中，E-learning 线上学习链接及学习咨询邮箱一并附上。

（3）工作篇之阳光海滩

场景寓意：公司给最自由的空间——在百度没有上下班打卡制度，员工们可以穿着舒适的拖鞋、T 恤来上班。"蜜月期"上手工作不再难，百小度迅速投入忘我的工作状态。你知道百度内部常用平台吗？你知道公司常用缩写吗？有创意后你知道去哪儿提交吗？你了解百度上百种产品吗？你知道财务差错如何处理吗？员工可以跟随百小度一起到工作篇去寻找，工作所需基本信息在此可被一网打尽。

（4）关怀篇之热带雨林

场景寓意：百度对于员工的关怀就像物资丰富的热带雨林。百度关怀太丰富，其中最值得一提的是百度最高奖 100 万美元。百度最高奖主要针对公司总监级别以下的对公司做出卓越贡献的基层员工，奖励对象为 10 人以下的小团队，鼓励"小团队做出大事业"的互联网基本精神。而高达百万美元的股票奖励，也是迄今为止国内互联网企业中给予普通员工的最高奖励。20 多个社团期待你的加入，街舞社、单身社、女子社、音乐社、摄影社、滑轮社、网球社、手工社、台球社、动漫社、电影社等应有尽有。还有节假日福利，坐久了可以去健身房，生小病也不用急，百度开设健康空间可供员工直接问医。

（5）成长篇之天宫仙境

场景寓意：百度会给你最大的平台，让优秀员工脱颖而出，这也是百度人才观的主题词。百小度来到仙宫，认真参看转正指南，了解转正流程，与经理确认是否完成试用期KPI；参加百度学院为新员工开设的新人中期回顾沙龙，由高管面对面亲授成功经验，资深员工出面答疑解惑。游戏的尾声是观看百度CEO给新人讲话的视频。经过6个月的相伴，这款新人成长严肃游戏至此通关。

在这款培训游戏的设计和研发全过程中，HR、前端开发人员、产品经理三类人参与其中：HR做内容框架的设计，手绘所有场景人物的画面；前端开发人员编写前端代码；产品经理把控整体流程的进展。通过严肃而类型多样的游戏培训，员工在不知不觉中就掌握了岗位所需的知识技能。

2. 游戏法的实施要求

（1）制定完善的游戏规则。制定明确的游戏规则是确保游戏法有效实施的关键。规则为游戏参与者提供了清晰的指导和限制，确保游戏有序进行，并能够评估个人表现。游戏规则涵盖参与者的行为规范、游戏流程和胜负判定标准，从而保证游戏的公正性和有效性。

（2）结果导向的游戏设计。游戏结束后需要有明确的结果。通过游戏活动的结果，参与者能够加深对所学知识的理解。竞争性游戏通常会产生胜负结果，这不仅能激励胜者，也能鼓励未获胜者改进。结果的宣布和分析有助于受训者反思，并促进其深入思考和持续学习。

（3）培养竞争意识。竞争可以激发参与者的积极性和创造力，促使他们在游戏过程中充分发挥自己的潜力。通过竞争，参与者不仅能提高自身能力，还能学习如何在团队中协作，从而达到更好的培训效果。

（4）实时反馈与评估。在游戏过程中提供实时反馈和评估，帮助参与者及时了解自己的表现，并进行相应调整。即时反馈能够促进学习者的积极参与，并帮助他们快速纠正错误，从而提高学习效果。

3. 游戏法的优点和缺点

游戏法的优点：

（1）参与性强。游戏的趣味性和互动性，极大地激发了学员的兴趣和参与度。通过参与游戏，学员不再是被动接受知识，而是积极参与其中，亲身体验和实践，这种参与感大大增强了他们的学习动力。

（2）有助于记忆和理解。通过实际操作和参与，学员能够在游戏中体验和实践所学知识，加深对理论的理解，并且在实践中强化记忆。游戏中的任务和挑战可以帮助学员更好地理解复杂的概念，并在实际应用中巩固这些知识。

（3）促进团队合作。游戏通常设计为团队活动，学员在游戏中需要与他人合作、沟通、协调,这不仅提高了团队合作能力,还增强了学员之间的关系。在团队合作中,学员学会了如何分工、协作,以及如何处理团队内部的冲突,从而提高了团队的整体效率和凝聚力。

游戏法的缺点:

(1)设计和准备成本高。游戏需要投入大量的时间和资源来设计和准备,包括制定详细的规则、情境设置、道具准备以及设备的购买或租借。此外,培训师还需要具备高水平的设计能力和教学技能,确保游戏的设计和实施能达到预期的效果,缺乏经验或能力的培训师会影响培训的质量。

(2)学员适应性差异及潜在参与压力。学员的学习风格和兴趣各不相同,有些学员可能对游戏不感兴趣或难以适应,导致参与度和效果不理想。另外,游戏中的竞争性和公开展示的环节可能让一些学员感到压力,影响他们的表现。

(3)评估效果困难。游戏法的培训效果难以量化评估,虽然可以通过观察学员的表现和收集反馈来进行评估,但这些方式往往主观性较强,难以全面反映学员在实际工作中的能力和应用效果。为了更准确地评估培训效果,企业需要开发专门的评估工具和标准,这也增加了培训的复杂性和成本。

(4)可能忽视理论学习。游戏法强调实践和体验,有时可能会忽略理论知识的讲解和学习。这可能导致学员在面对复杂问题时缺乏必要的理论支持,影响他们解决问题的能力和决策能力。因此,培训师需要在游戏中巧妙地融入理论知识,使学员在实践中能学以致用。

4. AI 驱动的游戏法

(1)智能设计与开发

AI 技术在游戏法培训中可以显著提升设计和开发的效率与质量。通过机器学习和数据分析,AI 能够从大量的培训数据中提取成功案例,帮助培训师设计更具吸引力和实效性的培训游戏。AI 自动生成的游戏情境、任务和规则可以使培训内容更为丰富多样,并更接近真实工作场景。此外,AI 可以根据学员的反馈和表现,持续优化游戏设计,确保培训的实时性和适用性。

(2)个性化培训体验

AI 能够根据学员的个人表现和偏好,动态调整游戏的内容和难度,从而提供个性化的培训体验。对于表现优异的学员,AI 可以增加任务的挑战性,而对于需要更多帮助的学员,AI 可以提供额外的指导和提示。这种个性化调整不仅提高了学员的参与度和积极性,还能确保每个学员都能在最适合自己的节奏中进行学习。

(3)及时反馈与优化

在游戏过程中,AI 可以实时监控学员的表现,记录他们的决策和互动情况,并提供即时反馈。这种即时反馈帮助学员了解自己的优点和不足,及时调整学习策略。AI 生成的详细报告也可以帮助培训师评估培训效果,识别学员的进步和需要改进的方面。通过分析学员的游戏数据,AI 能够识别出哪些游戏机制和情境最能促进学习效果,从而优化游戏设计,使培训更加高效和有针对性。

（三）公文筐训练法

1. 公文筐训练法的内涵

公文筐训练法，是指培训对象在规定的时间内，对给定的各类公文材料进行处理，形成处理报告的一种培训方法。该方法通常设置一个情景和角色，让学员坐在堆满备忘录、报告和电话记录等日常文件的办公桌前，快速应对这些文件和事务。

公文筐训练法通过高度仿真的情境模拟，让受训者面对类似真实工作环境中的决策和管理问题。这种方法有效地将理论与实践结合，使受训者在逼真的环境中锻炼计划、组织、分析、判断、决策和书面沟通能力，特别适用于中高层管理人员的培训，且常与其他培训方法结合使用，以提升整体效果。

2. 公文筐训练法的注意事项

（1）精心准备公文筐资料。设计情境和文件时，应尽量贴近实际工作，提高实用性和参与度。情境应涵盖紧急事务、日常任务和长期规划等多种类型的问题。文件类型应多样化，如报告、邮件、备忘录和政策文件等，以模拟真实的办公环境。

（2）控制培训节奏。设定合理的时间限制，既要给予受训者足够的时间全面分析和处理文件，又要保持时间紧迫性以模拟真实工作环境中的时间压力。同时，根据实际情况动态调整培训节奏，如适当延长时间或增加讨论环节，以确保受训者充分参与和学习。

（3）评估与反馈。对受训者的文件处理情况进行多维度评估，包括决策合理性、问题分析深度和时间管理效率等。根据评估结果，提供具体且有建设性的反馈，帮助受训者了解自己的优点和不足，制订个人改进计划，明确下一步的学习和实践重点。提供后续支持，如辅导和培训，帮助受训者在实际工作中应用所学知识和技能，确保培训效果的持续性。

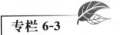

专栏 6-3

公文筐训练实例

【情境】

某公司是一家主营建筑材料的大型企业，集科研、生产、营销和工程建造于一体。经过近 20 年的发展，公司已拥有 200 亿元净资产，员工共 2500 人，在全国设立了多家分支机构及 5 个生产基地。公司实行董事会领导下的总经理负责制，下设生产副总、营销副总和人事总监三个高级职位，分别分管相关职能部门，财务部和办公室则直属总经理领导。

你是该公司刚上任的人事总监王晓东。前任人事总监张旭华于 11 月 20 日突然辞职，你于 11 月 22 日被确定接任，你的直接上级是总经理汤利华。此前你是社会事务部主管经理。人事总监分管人力资源部和社会事务部，并兼任人力资源部部长。人力资源部下设招聘、培训、绩效、薪酬和劳动关系 5 位主管，共有 12 名工作人员。由于交接工作繁忙，你直至今天(11 月 25 日)才开始处理积压的公文。你上午 8 点到达办公室，发现办公桌上堆满了书面请示、便函、电话录音和电子邮件等需要回复,而上午11点你需参加一个公司高层会议,处理公文的时间仅有3小时。

【任务】

在接下来的3小时中,请你查阅文件筐中的各种信函、电话录音以及电子邮件等,并用如下回复表作为样例,给出你对每个文件的处理意见。

具体答题要求:

(1) 确定你所选择的回复方式,并在相应选项前的"□"里画"√";

(2) 请给出你的处理意见,并详细地写出你将要采取的措施及意图;

(3) 在处理文件的过程中,请注意文件之间的相互联系。

【回复示例】

回复方式:(请在相应选项前的"□"里画"√")

□ 信件/便函　　□ 电子邮件　　□ 电话

□ 面谈　　　□ 不予处理

□ 其他处理方式,请注明:_____

回复内容:_____

【文件1】

> 类　　别:电话录音
>
> 来电人:王亮,综合办公室主任
>
> 接受人:张旭华,人事总监
>
> 日　　期:11月20日
>
> 张总监:
>
> 　　您好!我是办公室老王,给您反映的老田那件事又拖一段时间了,您一直没有答复我。老田从上次机构调整之后来办公室当副主任,我必须承认他确实是一个非常能吃苦的人。前段时间我因公出差,总经理将一项大型会议准备接待工作交给了他,他接到任务后,四处奔波,从联系开会地点、车辆、食宿到回程车票等,工作非常辛苦,但还是因为开会地点安排不当,使会议推迟了半天开幕。这类事情已经发生多次了,部门内部很多下属对他的工作能力都很有看法,希望您能和汤总沟通一下,对综合办公室的人事安排重新做出调整,否则综合办公室的工作会受很大影响。能否安排一个时间我们好好谈谈?
>
> 　　　　　　　　　　　　　　　　　　　　　　　　　　　　　　　王亮

【文件2】

> 类　　别:电话录音
>
> 来电人:张青,××培训公司销售主管
>
> 接受人:张旭华,人事总监
>
> 日　　期:11月22日

张总监：

　　您好！我是××培训公司的张青。我们为贵公司员工设计了一套团队合作训练的拓展培训方案，总共三期，目前第一期培训已完成。按照协议，完成第一期后应支付当期的全部费用，但贵公司的培训主管李小红以员工满意度未达到90％为由，拒绝支付剩余款项。尽管合同对培训满意度和费用支付有详细规定，但满意度调查是由贵公司单方面进行的，我们对此结果存有疑问。希望能尽快与您见面，解决费用支付问题，否则我们将按合同中止后两期培训，并按规定不再返还合同签订时支付的保证金。

张青

【文件3】

　　类　　别：书面请示

　　发件人：刘小波，劳动关系主管

　　接受人：王晓东，人事总监

　　日　　期：11月23日

王总监：

　　您好！最近，我在医疗管理上遇到一件麻烦事，不知怎么处理。我们在徐州的生产基地最近频频出现工伤事故，事故数量占今年集团工伤事故总数的68％。多数事故为十级伤残，且大多数受伤员工来自同一个职业中介机构，很多人还是同乡。事故多发生在正式合同签订后的2～3个月内。事故发生后，我们按规定为受伤员工支付了全部医疗费用，但多数员工伤愈后立刻提出解除劳动合同，并要求单位支付一次性工伤医疗补助金和伤残就业补助金。从我的角度看，这一系列事故可能不单纯是工伤事故问题，您看我该如何处理这个问题？

刘小波

【文件4】

　　类　　别：电子邮件

　　发件人：胡文强，社会事务部经理

　　接受人：王晓东，人事总监

　　日　　期：11月24日

老王：

　　您好！首先祝贺你的高升。有件事要麻烦你，你在社会事务部工作多年，部里事情多，人手少，大家经常像消防员一样。你在时我们就有招聘计划，但张总监一直以我们部门人员定额已满为由，拖延招聘进程。你调走后工作更加繁忙，问题也更加严重。现在你是总监了，能否找时间聊一下这个问题？

你的老下级：文强

【文件 5】

> 　　类　　别：便函
> 　　发件人：刘文福,财务部经理
> 　　接受人：王晓东,人事总监
> 　　日　　期：11 月 23 日
>
> 王总监:
>
> 　　您好! 关于人力资源部的费用使用情况,需要和您通报一下。下半年划拨的费用近 20 万元,但尚未到年底,费用已超支 2 万余元。一些报销项目未列入年初预算,还有部分项目花费超出预算,但报销单上都有张总监的签字。我知道您刚上任,事务繁忙,但请关注此事。由于人力资源部费用已超过预警线,按照规定,财务部将暂停人力资源部的报销申请,请您与汤总协商此事。未经总经理许可,财务部将无法接受人力资源部的报销申请,请见谅。
>
> 　　　　　　　　　　　　　　　　　　　　　　　　　　　　　　　　刘文福

【文件 6】

> 　　类　　别：公函
> 　　发件人：王居文,某高校毕业生分配办公室主任
> 　　接受人：张旭华,人事总监
> 　　日　　期：11 月 20 日
>
> 张总监:
>
> 　　您好! 感谢您一直以来对我校毕业生分配工作的支持。上次在人力资源管理论坛上听了您有关大学生社会适应能力的发言,深受启发。一周前,我曾邀请您为我校"大学生职业生涯发展"主题讨论写一个 300 字的简要评述,从企业需求角度提出一些建议。我们马上要印制材料,希望您能在明天下班前将稿件传给我。另外,我们定于 12 月 9 日举办用人单位与学生见面会,希望您能亲自到场介绍贵公司,以增进学生对贵公司的了解。
>
> 　　　　　　　　　　　　　　　　　　　　　　　　　　　　　　　　王居文

【文件 7】

> 　　类　　别：电子邮件
> 　　发件人：李小红,培训主管
> 　　接受人：王晓东,人事总监
> 　　日　　期：11 月 24 日
>
> 王总监:
>
> 　　您好! 最近我的工作压力很大。9 月份我刚休完产假,回到公司后发现精力和体力难以应对工作要求。10 月上旬我们去各分公司集中培训营销人员时,我几乎每天

都休息不好。此外,我的小孩还不到半岁,自从重回岗位,孩子的身体状况就不太好,我觉得目前很难兼顾工作和家庭。我的两个直接下属在这一年中进步很快,对业务已比较熟悉,可以独当一面。因此,我想向您提出辞职申请,不知可否?

李小红

【文件8】

类　别:便函
发件人:汤利华,总经理
接受人:王晓东,人事总监
日　期:11 月 25 日

晓东:

技术开发部最近提出了明年的部门人力资源规划。该部门经理赵昭辉刚从国外归来,对技术趋势把握能力很强,在行业内也有一定的影响。赵经理在部门的人力资源规划方案中提出,目前公司总体技术能力不强,与技术开发部员工的素质不高有很大关系,该部门计划裁减三分之二的员工,然后再面向国内外招聘高素质的技术人员。由于这一决定事关重大,请提出你的意见。

汤利华

【文件9】

类　别:书面请示
发件人:蒋伊凡,绩效主管
接受人:王晓东,人事总监
日　期:11 月 24 日

王总监:

最近我对公司总体的绩效考核进行了分析,发现营销部和其他部门的考核结果有很大差异,主要问题在于员工的业绩考核结果和行为考核结果的相关性很低,很多业绩排名靠前的员工,其行为考核结果都处于部门靠后的位置,而行为考核结果优秀的员工,业绩表现却很一般。营销部今年以 360 度评估替代原来的上级考评方式,我在思考这种新的方式是否适合营销部的员工。我已将分析报告整理完毕,请您过目。如有时间,我想和您讨论一下 360 度评估这种考核方式是否还应继续在营销部实施。

蒋伊凡

【文件10】

类　别:电子邮件
发件人:陈进,市场策划部经理
接受人:王晓东,人事总监
日　期:11 月 24 日

王总监：

您好！有一个问题需要向您反映。最近我们部门的员工工作积极性突然明显下降。据我私下了解，最近公司内部流传一份薪资表，表格上同级别营销部员工的薪水远高于我们部门。很多员工都看到了这份表格，无论其真实性如何，已明显影响了本部门员工的工作积极性，有的核心骨干甚至已经考虑辞职。为了防止事态进一步发展，希望人事部门尽快做出澄清。

谢谢！

陈进

【文件 11】

类　别：电话录音
发件人：刘增，国际事业部经理
接受人：王晓东，人事总监
日　期：11 月 23 日

王总监：

您好！我是国际事业部的刘增。去年 10 月中旬，人力资源部曾要求各部门上报新年度的大学生招聘计划。由于我部业务的特殊性，不仅要求较高的英语水平，而且需要一定的专业知识，这类人员采用校园招聘的难度很大。此外，我们公司的薪酬水平较低，即使能招来也很容易流失，过去几年的流失率高达 74%。为此，我们国际事业部多次召开会议，并初步达成共识：公司需要制定中长期的人才规划以吸引并留住优秀人才。

目前，我们尚无具体方案。刚才我和总经理通过电话，他建议我直接与您沟通，不知您对此有何意见和建议，请尽快告知。

谢谢！

刘增

【文件 12】

类　别：紧急通知
发件人：刘小波，劳动关系主管
接受人：王晓东，人事总监
日　期：11 月 25 日

王总监：

我是刘小波，有件事情非常紧急。今早 7 点，我接到郑州交通管理局的电话，6 点 10 分在高速上发生重大交通事故，我公司销售部的刘向东驾车与一辆货车相撞，刘向东当场死亡，对方司机重伤，目前正在医院抢救，与刘向东同车的还有公司的销售员人员蔡庆华、隋东和王小亮，三人都不同程度受伤，但无生命危险。目前事故责任还不能确定,我准备立刻前往郑州处理相关事务,希望您能尽快和我联系,商量一下应对措施。谢谢!

刘小波

【文件 13】

类　　别：电子邮件
发件人：赵海涛,工程部经理
接受人：王晓东,人事总监
日　　期：11 月 24 日

王总监:

　　您好!公司在南非首次承接的工程项目已顺利开工,工程部计划派遣 6 名高级技术人员前往南非提供技术支持。然而,这 6 名技术人员的外语水平较低,尽管已经进行了为期半年的在岗外语培训,但效果不理想。因此,工程部计划临时安排他们参加为期两个月的封闭式培训,每人费用为 10 000 元。该计划已上报人力资源部。

　　然而,昨日财务部来电称不同意支付培训费用,理由是该培训未列入预算,资金周转困难。这几名员工原定于明年 3 月份赴南非,工程部担心若不能按期派人,可能会影响合同执行和公司声誉。工程部对此事非常焦急,请求您出面协调解决。

　　敬请尽快回复,谢谢!

赵海涛

【文件 14】

类　　别：便函
发件人：汤利华,总经理
接受人：张旭华,人事总监
日　　期：11 月 19 日

旭华:

　　21 号下午你是否有空?我刚刚看过上半年的绩效考评结果,综合过去两年来各部门的运行情况,我觉得有必要对公司的中层干部进行调整。此外,公司明年计划上一些新项目,需要有针对性地补充一些管理人员。我想听听你的意见,请准备相关资料,并与我联系。

汤利华

【文件 15】

类　　别：书面请示
发件人：常进,研发部经理
接受人：王晓东,人事总监
日　　期：11 月 24 日

王总监：

　　您好！我是研发部的经理常进。10月中旬，我与薪酬主管王杰讨论了研发部的奖金分配方案。由于研发工作通常需要通过项目小组协作完成，员工之间的合作需求较高。目前，公司奖金分配方案与个人业绩紧密挂钩，我认为这种方式不太适合我们部门。

　　在与王杰的讨论中，我们设想采取基于团队的奖励计划，但尚未制定具体方案。鉴于公司要求各部门在年底前完成奖金分配方案的制定，我希望能听听您对我们采用团队奖励计划的看法。

　　敬请回复。谢谢！

常进

3. AI辅助的公文筐训练

随着人工智能技术的不断发展，AI在公文筐训练法中的应用正变得越来越普遍。这种结合传统方法与现代科技的培训方式不仅能提高工作效率，还能大幅提升学员的各项能力。

（1）智能文档分类与优先级排序

AI利用自然语言处理技术，能够自动分析和分类大量公文材料，如书面请示、便函、电话录音和电子邮件等。通过评估文件的类型、内容和紧急程度，AI可以快速识别并进行分类，同时提供初步的处理建议。这种智能化的分类过程不仅减少了学员的工作量和时间消耗，还显著提高了任务处理的效率。

具体而言，AI系统能够将文件分为紧急类或常规类，并根据其重要性和紧急程度自动设置优先级。这一机制帮助学员迅速定位需要优先处理的文档，从而优化工作流程，确保关键任务得到及时关注和落实。

（2）内容提取与摘要生成

AI能够对每份公文进行深入分析，提取文件中的请求、建议和问题等关键点，并生成简明扼要的摘要。这种精准分析不仅有助于学员快速了解文件的主要内容，还能确保他们掌握核心信息，提高判断和决策能力。

具体而言，AI利用自然语言处理技术，识别文档中的重要元素，自动过滤掉冗余信息，提炼出最具价值的内容。这一过程显著节省了学员的时间，使他们能够在繁忙的工作中迅速获取所需信息。同时，生成的摘要格式清晰，易于阅读和理解，为学员提供了明确的决策依据。通过这样的自动化内容提取与摘要生成，学员可以更加高效地应对大量文档，提高工作效率和质量。

（3）自动回复与任务分配

在处理常规和标准化的问题时，AI能够根据预设的标准和情境生成自动回复。这种方式不仅提高了处理效率，还显著减少了学员在日常事务上的时间投入。此外，AI可以分析内容，自动将任务分配给相关部门或人员。这一过程包括识别任务的性质和需求，确保任务指派给最合适的团队成员。AI系统还能实时跟踪任务的执行进度，并提供更新和提醒,以确保每个任务都能高效完成。

（4）实时协作与沟通

在公文筐训练过程中,AI辅助系统可以整合即时通信工具(如 Slack 或 Microsoft Teams),促进团队成员之间的即时交流,确保信息传递的及时性与准确性。此外,AI能够在紧急情况下快速通知相关人员,并提供具体的应对措施,提升团队的应急处理能力。通过这种方式,团队在面对突发问题时能够更灵活地应对,提高整体反应速度。

同时,使用云端共享文档平台(如 Google Drive 或 OneDrive)使团队成员能够方便地上传、编辑和评论公文。这样一来,所有相关人员都能实时访问最新版本,有效减少版本混乱与信息滞后。这种集成的协作模式确保团队在处理公文时能够高效、顺畅地合作,促进整体工作质量的提升。

（四）企业教练技术

1. 企业教练技术的内涵

企业教练源于体育教练的理念。1975 年,添·高威(Timothy Gallwey)在其著作《网球的内心游戏》中展示了独特的体验式教学,帮助人们在短时间内学会打网球。这种有效的教学方法引起了一些前瞻性管理者的关注,他们将其应用于企业培训中,形成了企业教练技术。

尽管"教练"的具体含义尚未达成一致,但核心定义普遍围绕"学习""发展"和"绩效"这三个概念。企业教练是一种一对一、持续进行的有针对性的互动干预过程。教练通过关注、倾听等技巧,及时反馈并帮助被教练者识别问题,开发潜能,从而促使其自觉优化意识、态度和行为。这一过程旨在弥补现实状态与理想状态之间的差距,最终实现绩效提升和个人发展。

2. 企业教练的必备技能

（1）倾听。教练必须全身心地认真倾听被教练者的发言,从中了解其背后的真实情况。有效的倾听要求教练全神贯注,避免掺杂个人主观想法和判断,而是纯粹关注对方的本意、感受与情绪。

（2）发问。教练通过发问来挖掘被教练者的心态,搜集资料,理清事实真相。发问有助于帮助对方识别自我盲点,明确目标与障碍,并选择合适的行动路径。提问时应保持中立、有方向性和建设性。同时,教练必须根据被教练者的理解能力来设计问题,避免提出超出其理解范围的问题,以免偏离目标。

（3）区分。在倾听与对话中,教练需要进行清理和分类,准确区分真情与假象,理解对方的动机与态度,帮助其还原真实的自我。例如,教练要评估被教练者设定的目标是否合理。只有准确区分,才能促使被教练者更深入地理解其目标及其背后的原因,而不仅仅是目标本身。

（4）回应。教练应给予及时的回应。在了解被教练者的真实态度和动机后,教练应反馈其真实状态,使对方清晰认识自己的长处与短板。回应应负责任、明确且及时,以帮助被教练者实现更好的自我认知和成长。

3. 企业教练技术的实施步骤

（1）厘清目标。目标是教练的核心基础。教练的首要任务是帮助被教练者明确和实现自身目标，而非将个人目标强加于他人。教练应充分挖掘被教练者的内在需求，激励其将这些需求转化为可追求的奋斗目标。

（2）反映真相。教练充当被教练者的一面镜子，真实地反映其行为、心态和情绪。通过这种方式，被教练者能够识别自身的盲点，发现问题，并认识到现状与目标之间的差距。教练需要保持客观和中立的态度，与被教练者建立平等、互信的关系，以确保所反映真相的有效性。

（3）调适心态。教练应引导被教练者采取正确的行为来实现既定目标，首先要从调整其信念和态度入手。心态的积极调整将直接影响行为，进而取得令人满意的效果。

（4）行动计划。行动计划是被教练者为实现目标而制定的具体行动方案，是达成成果的保障。一份有效的计划应包含"目标、行动、成果"三个基本要素。目标指明方向，成为行动的指南针；行动是实现目标的具体步骤，是目标与成果之间的桥梁；成果则是行动的结果，标志着目标的达成。

专栏 6-4

企业教练技术与传统培训的比较

1. 培训方式
- 传统培训：采用顾问式的方法，为具体问题提供咨询和解决方案，扮演问题解决者的角色。
- 企业教练技术培训：采取教练式的方法，从拓宽信念入手，侧重于激发潜能。教练不直接解决问题，而是利用技术帮助学员反映心态，洞悉自我，理清状态和情绪，调整心态，以最佳状态追求成果。教练关注未来发展，而非过去的局限，强调对人而非对事的关注。

2. 培训方法
- 传统培训：采用填鸭式的教育方法，以传授知识为主。
- 企业教练技术培训：关注于"教练指导"，旨在让被指导者真正掌握和运用技能，而非仅仅"知道"。教练创造一个探索的环境，帮助被指导者加工和处理自身经验，从而在复杂的现实环境中灵活应用所学的知识和技能。

3. 培训师与学员关系
- 传统培训：通常为老师或咨询人员与学员的单向关系。
- 企业教练技术培训：强调合作伙伴关系。在信任和合作的基础上，教练通过一系列技巧帮助学员识别自身的思维和行为模式，理解其对成果的影响。教练不提供具体解决方案，也不代替学员完成任务。

4. 适应性与灵活性
- 传统培训：往往采用固定课程，缺乏针对性和灵活性，难以满足个体需求。
- 企业教练技术培训：高度灵活，能根据被教练者的特定需求和发展阶段调整内容,提供个性化的支持,适应不断变化的环境和挑战。

5.培训成效

- 传统培训:通常聚焦短期成果,缺乏持续跟进。
- 企业教练技术培训:注重长远发展,致力于培养持续学习和自我发展的能力,形成良性的反馈循环,帮助被教练者在未来面对挑战时保持自信和适应力。

4. AI 支持的企业教练技术

AI 技术的引入正在革新企业教练的实践,使其更加高效和个性化,显著提升培训的成效。

（1）个性化教练方案

AI 可以分析员工的背景、技能水平和职业发展目标,提供个性化的教练方案。通过对员工的历史数据和当前表现进行分析,AI 能够识别出每个员工的优势和需要改进的领域,从而制订有针对性的培训计划。个性化的教练方案可以确保每个员工都能获得最适合他们的指导,提高培训的效果。

（2）自动化管理和报告

AI 可以自动化许多管理和报告任务,减轻教练的工作负担。例如,AI 可以自动生成培训进展报告,记录员工的学习成果,并提醒教练和员工完成待办事项。这种自动化功能可以提高教练的工作效率,让他们有更多时间专注于高价值的培训活动。

（3）行为分析与预测

AI 能够分析员工的行为模式,预测他们在不同情境下的表现。这种预测功能可以帮助教练提前识别潜在问题,并采取预防措施。例如,AI 可以预测哪些员工可能在高压力下表现不佳,从而提前提供心理支持或压力管理培训。

（五）头脑风暴法

1. 头脑风暴法的内涵

头脑风暴法,又称智力激励法,是由美国创意大师亚历克斯·奥斯本（Alex Osborn）于 20 世纪 40 年代提出的一种集体创意思维的方法。该方法通过小型会议的形式,在自由愉快、畅所欲言的氛围中,鼓励所有参与者自由交换想法或点子,以此激发创意和灵感,使各种设想在相互碰撞中激起创造性"风暴"。

头脑风暴法旨在最大限度地发挥参与者的想象力,利用集体的智慧,通过创造性的思考,分析问题原因,并最终找到解决问题的方法。头脑风暴法培训广泛应用于企业管理、产品开发、市场营销等领域,通过集思广益,提高团队的创造力和问题解决能力。

2. 头脑风暴法的实施步骤

（1）明确问题。清晰地确定讨论的主题或问题,确保所有参与者对问题有一致的理解。主持人需要将问题简明扼要地陈述,避免任何含糊或歧义。

（2）自由发想。鼓励参与者自由地提出各种想法,禁止任何形式的批评或评价。这一阶段的重点是数量而非质量,参与者应尽可能多地提出创意,不受任何约束。所有想法,无论看起来多么不切实际,都应被接受和记录。

（3）记录想法。详细记录所有提出的想法,以便后续讨论和评估。记录应尽可能准确和全面,可以使用白板、便签、电子文档等多种方式,确保所有想法都能被清晰呈现和回顾。

（4）评估筛选。在自由发想阶段结束后,团队对记录的想法进行筛选、整理和评估。首先,对所有想法进行分类,找出相似或重复的内容;其次,根据预设的标准对想法进行评估,如可行性、创新性和潜在影响等;最后,选择出最具潜力和可行性的方案,进行进一步讨论和细化。

（5）后续行动。对筛选出的优质想法进行详细分析和具体化,制定可行的行动计划,并分配任务和责任人。确保团队成员了解各自的职责和时间表,跟踪进展并进行必要的调整和优化。

3. AI 增强的头脑风暴

（1）记录和整理创意

AI 可以实时记录参与者提出的所有想法,并对这些想法进行分类和整理。通过自然语言处理技术,AI 能够理解和归纳创意的核心内容,确保所有意见都被准确记录,避免遗漏或重复。同时,AI 可以对提出的创意进行初步分析,并提供即时反馈,帮助参与者更好地理解和扩展他们的想法。

（2）激发创意

AI 根据讨论主题提供广泛的资料、案例和数据,激发参与者的深入思考。通过分析市场趋势和现有创意,AI 生成新的建议和方向,帮助团队突破传统思维模式和创意瓶颈,促进全员参与和集体智慧发挥。

（3）追踪和回顾

AI 追踪头脑风暴过程中的讨论进展,并在活动结束后提供详细的回顾报告。报告包括所有提出的想法、讨论的重点以及最终选定的方案,帮助团队反思和改进未来的活动。

（4）优化创意筛选

在头脑风暴的后期阶段,AI 协助团队筛选和评估所有创意。利用机器学习算法,AI 根据预设标准和历史数据推荐最有潜力的解决方案,提升筛选过程的效率和准确性。

（六）拓展训练法

拓展训练,是一种通过户外体验式活动,设计精心的程序和任务,让参与者在非常规的环境中进行自我探索和挑战。这种训练利用独特的情境设置和专业的户外项目体验,激发个体潜能,增强团队的活力、创造力和凝聚力。通过这样的活动,参与者能够自我突破,提升个人和团队的综合能力,从而达到提高团队生产力的目标。

1. 拓展训练的特点

扩展阅读 6.3　拓展训练项目实例

（1）活动多样性。拓展训练涵盖广泛的体能、认知、情感和交往活动,要求参与者全身心投入,并有清晰的操作流程。

（2）挑战极限。训练项目设计有一定难度,特别是高空项目,挑战参与者的心理极限,促使他们超越个人能力的边界。

（3）集体与个性并重。拓展训练实行分组活动,强调集体合作,力图使每一名学员竭尽全力为集体争取荣誉,同时从集体中吸取巨大的力量和信心,在集体中展现个人特质。

（4）高峰体验。参与者在克服困难、完成任务后,体验到内心的胜利感和自豪感,获得心理的高峰体验。

（5）自主学习。教练在活动前提供基本指导和安全注意事项,活动中尽量不干预,鼓励参与者自主探索和学习,强调自我教育的效果。

（6）能力提升。拓展训练通过培养参与者欣赏自然、克服困难、提升自信和激发创造力等方式,显著增强他们的多方面能力,包括解决问题的能力和团队协作意识。

2．拓展训练的环节

一次拓展训练活动通常由团队热身、个人项目、团队项目和回顾总结四个环节组成。

（1）团队热身。培训开始前的活动,旨在促进团队成员之间的相互了解和融合,消除紧张情绪,建立良好的团队氛围,为后续活动做好准备。

（2）个人项目。设计以心理挑战为主、体能冒险适度的活动,旨在考验参与者的个人承受力和决策能力。每个项目都有挑战性,鼓励个人克服自身的极限。

（3）团队项目。通过复杂而艰巨的团队活动,培养参与者的合作意识和团队精神。这些项目要求团队成员之间彼此信任,理解,保持默契和高效的协作,以应对各种挑战和任务。

（4）回顾总结。结束阶段的活动,帮助参与者反思和整理他们在训练中的经历和领悟到的教训,通过总结,学员能够将培训中的收获转化为实际工作中的行动。

3．AI 辅助的拓展训练

（1）个性化活动设计

AI 可以根据参与者的背景、能力和兴趣,为每位参与者量身定制个性化的训练项目和挑战。这确保了活动既能够激发参与者的兴趣,又能在心理和体能上有适当的挑战。例如,喜欢冒险和高风险活动的参与者可以获得更具挑战性的任务,如高难度的登山或探险活动;而偏好合作和团队精神的人则可以参与团队协作项目。

（2）虚拟实境体验

利用增强现实技术（AR）或虚拟现实技术（VR）,可以创造高度沉浸和互动的学习环境。参与者可以在仿真的环境中体验各种挑战和场景,如高空攀岩或深海潜水,而无须真实面对高风险和安全隐患。例如,公司可以通过虚拟实境技术为员工设计一个高空攀岩的虚拟训练模拟。参与者穿戴 VR 头盔,仿佛置身于真实的攀岩场景中,通过视觉和触觉反馈感受攀爬过程的挑战与成就感。

（3）实时监测和反馈

AI 利用生物传感技术和情感识别算法,能够实时监测参与者在活动中的表现和状态,例如心率、情绪变化和认知负荷等。基于这些数据,AI 可以提供即时的反馈和建议,帮助参与者调整策略或控制情绪,以最大化学习效果和安全性。例如,在参与者面临高压力任务时,AI 能够识别到其心率和呼吸变化,并提供相应的建议,如呼吸调节或放松技巧,帮助其恢复冷静和集中注意力。

思 考 题

1. AI 如何辅助提高讲授法的培训效果？
2. 如何激励导师无保留地指导徒弟？
3. 如何借助 AI 优化工作轮换？
4. 什么是体验式培训法？具体有哪些方法？
5. AI 如何提升体验式培训的效果？

即 测 即 练

第七章

效果怎样：AI 与培训评估

 **案例导入**

华为公司的培训评估

华为按照柯氏的四级评估模型进行培训评估的探索和实践。

1. 反应层

在反应层方面，华为主要运用满意度问卷进行评估，一种是针对每门课程或每个课程模块的满意度情况，另一种是评估整个班级的满意度。

每个课程模块结束后会紧随一个随堂问卷评估，问卷中的问题主要有四个：第一，学习内容是否对我有实际的帮助？第二，学习的活动是否有助于我理解课程的内容？第三，讲师能否深刻理解并清晰传递培训课程的内容？第四，讲师能否有效地提问答疑并且进行点评？此外，还有两道主观题，分别是：通过这堂课，我的最大收获是什么？对于课程有哪些建议？这个评估结果供讲师和课程模块的开发人员参考，用于分析培训是否需要调整和优化。

在培训结束时，学员填写另一个涵盖客观题和主观题的满意度调查表。客观题主要包括：本次学习对我的工作是否有帮助？整体的教学设计安排怎么样？班级的学习氛围营造是否满意？评分包含从"非常满意"到"很不满意"五个等级。另外有两道主观题，包括：我最大的收获是什么？对于本次学习项目有什么建议？这个满意度调查主要反映学员对于整体培训的安排、学习氛围的营造、组织和后勤满意度的情况。

2. 学习层

在学习层方面，华为大学在每次学习项目的实施前、过程中以及课程结束之后都会进行考试。目的是"以考促训"，通过安排不同阶段的考试，促进学员对学习内容的消化和吸收。不同的学习项目考试的设置时间也是不同的，视项目的不同情况而定。

3. 行为层

在行为层方面，评估学员是否把所学内容应用到实际工作中，促进员工行为的改变以及业务绩效的达成。华为在实际操作中，主要通过到业务部门对学员本人和学员的主管进行访谈，来考察学员是否有所改进。另外，华为也引入了第三方评估公司，由他们对受训学员的行为层进行评估。

除此之外，华为大学对每个学习发展项目都安排了答辩，以评估学员的行为以及思想的改变。答辩委员会的成员包括华为大学学习发展的老师以及业务部门的主管、专家。

每个学习发展项目在集训之后都有在岗实践。大多数情况下，学员进行一线实践时,都会为其安排导师。学员进行若干个月的在岗实践之后,他的导师会向华为大学提供学员的行为表现报告。

4. 结果层

结果层评估培训所产生的经济效益即投资回报率。华为公司认为结果层的评估在实践中较难测量,会有很多不确定因素,所以在这一层上并没有具体的调查问卷进行评估和测量。

华为大学并没有在结果层评估上投入太多的精力,而是把资源主要投入到学习的需求分析和课程的开发中,遵循"训战结合"的指导思想,让项目的规划与设计更贴近实战,使学员在受训之后能够立即到一线的"战场"去打仗。

通过多方的努力,华为大学一系列学习项目得到了业务部门包括公司高层的广泛认可,许多学员会主动申请"回炉"参加第二次甚至第三次培训。华为的培训评估实践为其他企业提供了借鉴和参考。

一、培训评估的内涵与作用

(一)培训评估的内涵

扩展阅读 7.1 国内外关于培训评估内涵的研究

培训评估是指对培训活动的效果和价值进行系统的评价与衡量,以确定培训是否达到了预期的目标,并为未来的培训活动提供改进建议。

根据培训的进度,培训评估可分为培训前评估、培训中评估和培训后评估三个阶段。

培训前评估是对组织的经营战略、岗位的素质要求以及员工的知识技能等进行综合评定,据此制订培训计划,确定培训目标。

培训中评估是通过评价培训实际进展与培训目标的差距,分析导致差距的原因并提出补救措施,从而改进培训过程,保障培训工作有效推进。

培训后评估主要通过比较培训前后员工绩效和组织业绩的变化,来衡量培训的价值和培训目标的达成度。具体包括:员工是否掌握了新的知识和技能,工作积极性是否提高,工作效率是否改善,组织利润的变化,培训的投资回报率,等等。

(二)培训评估的作用

1. 衡量培训效果

培训评估能够系统地衡量培训是否达到了预期目标。通过测试和考核,确定员工是否掌握了培训所传授的知识和技能;通过观察和绩效评估,判断员工是否将所学内容应用于实际工作中,并促进了工作行为和绩效的改进;通过对比培训前后的绩效数据,分析培训对员工生产力和组织绩效的影响,全面衡量培训效果。

2. 支持决策制定

培训评估为企业管理层提供了客观的数据支持,帮助其做出更加科学和有效的决策。首先,基于评估结果,管理层可以合理分配培训资源,确保资源用于最亟需的领域和人员。其次,评估结果为制订和调整培训计划提供依据,确保培训项目与企业战略目标和员工发展需求相一致。最后,将培训评估结果与员工绩效考核和激励机制结合,鼓励员工积极参与培训并在工作中应用所学的知识和技能,从而提升团队的绩效。

3. 不断优化培训

通过对培训评估结果的分析,可以识别培训中存在的问题,并针对性地进行优化。首先,根据授课效果的评估结果,为培训讲师提供反馈和指导,帮助其提升授课水平。如果培训讲师在某些方面存在明显不足,可以安排针对性的培训或选择更合适的讲师。其次,不断优化培训内容,调整课程设置,确保其更贴合实际工作需求和员工的学习需求。最后,优化培训方法,例如引入更多的互动环节、实操练习或案例分析,以提高培训的互动性和实效性。

二、培训评估模型

培训评估模型是用来系统地评估培训项目效果的框架或方法。常用的培训评估模型有柯氏四级评估模型、菲利普斯五级评估模型以及 CIRO 和 CIPP 评估模型。

(一)柯氏四级评估模型

柯氏四级评估模型是由美国学者唐纳德·柯克帕特里克(Donald Kirkpatrick)提出的,用于评估培训项目的效果。这个模型广泛应用于培训和教育领域,帮助组织系统地评估培训的各个方面。柯氏四级评估模型包括反应(reaction)、学习(learning)、行为(behavior)、结果(results)四个层面。

1. 反应层面(他们喜欢吗?)

反应层面的评估是了解学员对培训项目的感受、态度和看法的过程,是柯氏评估模型的第一层次。柯克帕特里克认为,学员对培训项目的积极反应是培训成效的基础。只有当学员对培训课程、培训教师和培训安排等方面感到满意时,他们才会有动力积极参与培训,从而有效地将培训内容转化为实际的知识和技能。如果学员对培训持消极态度,培训内容再有用,也难以转化为有效的实际行动。

通过反应评估,学员可以感受到组织对他们意见的重视,并收集到改进培训的有价值建议,从而增强培训效果。反应评估通常采用培训满意度调查表来收集学员对培训各个方面的反馈(见专栏 7-1 示例),也可以与学员进行一对一或小组讨论,了解其感受和建议。

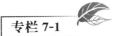

专栏 7-1

新员工入职培训满意度调查表

亲爱的学员:

感谢您参加公司组织的新员工入职培训。为了进一步提升培训质量和效果,请您花几分钟时间填写以下问卷。您的反馈对我们非常重要。

1. 您对本次培训内容的针对性看法如何？

    A. 非常有针对性　　B. 比较有针对性　　C. 基本有针对性　　D. 没有针对性

    E. 完全没有针对性

    原因：_____

2. 您觉得本次培训对自己能力提升的作用如何？

    A. 非常有用　　　　B. 比较有用　　　　C. 基本可以　　　　D. 没作用

    E. 完全没用

    原因：_____

3. 您对此次培训的效果是否满意？

    A. 非常满意　　　　B. 满意　　　　　　C. 基本满意　　　　D. 不满意

    E. 很不满意

    原因：_____

4. 您对本次培训的讲师是否满意？

    A. 非常满意　　　　B. 满意　　　　　　C. 基本满意　　　　D. 不满意

    E. 很不满意

    原因：_____

5. 您对本次培训的形式（讨论、讲解、互动等）是否满意？

    A. 非常满意　　　　B. 满意　　　　　　C. 基本满意　　　　D. 不满意

    E. 很不满意

    原因：_____

6. 您对本次培训的组织（时间安排、课堂纪律等）是否满意？

    A. 非常满意　　　　B. 满意　　　　　　C. 基本满意　　　　D. 不满意

    E. 很不满意

    原因：_____

7. 您还需要哪些方面的培训？

    答：_____

8. 您觉得本次培训还有哪些需要改进的地方？

    答：_____

9. 您觉得我们如何才能更好地为员工提供培训服务？

    答：_____

注：您的所有反馈将严格保密，仅用于培训改进目的。

请将填写好的调查表通过电子邮件发送至 hr@company.com。再次感谢您的反馈与支持！

2. 学习层面（他们学到了什么?）

学习层面的评估是对学员培训后的学习效果进行评价，其核心任务是衡量学员在培训后对原理、规章、技能和技术的掌握程度，确认学员是否从培训中获得了所期望的知识和能力。

在这一层次的评估中,组织通常采用前后比较的方法,即在培训开始前和结束后对学员进行测试,以评估他们的学习进步情况。通常使用口试、笔试、现场操作、角色扮演和工作模拟等多种方式综合评价学员的学习效果。

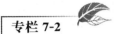

专栏7-2

公司规章制度培训测试题

一、选择题(每题 3 分,共 15 分)

1. 公司员工在工作时间内是否允许使用个人手机?

    A. 允许,但仅限于休息时间   B. 允许,任何时间均可

    C. 不允许,除非紧急情况   D. 允许,仅限于工作相关的电话

2. 公司对员工的着装要求是:

    A. 自由着装,无特别规定   B. 商务休闲

    C. 正式商务装   D. 根据部门要求不同

3. 员工在工作中发现公司资产损坏或丢失时,应采取的措施是:

    A. 立即报告给直接上级   B. 自行处理,修复或更换

    C. 忽略,待其他员工发现   D. 记录损坏情况,等待下次检查

4. 公司提供的休假政策中,带薪年假为多少天?

    A. 5 天   B. 10 天   C. 15 天   D. 20 天

5. 在工作中,员工不得:

    A. 与客户讨论私人事务   B. 在工作时间内进行非工作相关的活动

    C. 公开分享公司内部信息   D. 使用公司资源进行个人项目

二、填空题(每题 5 分,共 25 分)

6. 根据公司规定,所有员工必须在每日_____之前打卡上班。

7. 公司员工在请假时,需至少提前_____天提交请假申请。

8. 在公司内部,所有的机密信息应标记为_____,并严格限制访问权限。

9. 员工不得在工作时间内进行_____活动,包括个人购物、社交媒体浏览等。

10. 若员工因违反公司规章制度而受到处分,应首先由_____部门进行审查。

三、简答题(每题 15 分,共 60 分)

11. 请简述公司对员工工作行为的基本要求,包括但不限于工作态度、职业道德和团队合作等方面。

    答:_____

12. 描述员工在发生工作事故时应遵循的基本步骤。

    答:_____

13. 公司规定的保密协议的主要内容是什么?为什么保密协议对公司如此重要?

    答:_____

14. 公司处理员工投诉的程序是什么?请简要说明。

    答:_____

3. 行为层面（他们会运用所学的知识吗？）

行为层面的评估主要评价学员培训结束回到工作岗位后，他们的实际工作行为发生了多大程度的变化，是否将所学知识和技能应用于实际工作中。行为评估指标包括工作态度、工作积极性、生产率、出勤率、废品率和事故率等。这些信息可以通过对受训者的上级、下属、同事和客户进行问卷调查或访谈等方法获得。

行为评估的特点如下：[①]

第一，学员行为的改变是有一定条件的。如果他们在培训后没有机会应用所学的知识和技能，那么行为的改变就难以体现。

第二，行为变化的时间点难以预测。即使学员有机会应用所学的东西，他们的行为也不会立竿见影地产生变化。根据柯克帕特里克的研究，行为上的变化可能在学员第一次应用所学内容后的任何时间点发生，也可能根本没有行为上的变化。有的学者采用"睡眠效应"（sleep effect）来形容这种从培训到行为转变的时间滞后。培训后评估的时间通常在受训者回到工作岗位的3～6个月后进行。

第三，学员行为的改变往往受到组织内部环境的影响。组织对员工新知识和新技能的认可、鼓励以及物质激励等，都会显著影响员工在实际工作中的表现。如果组织能够积极支持和激励员工应用所学知识，员工在培训后的行为转变将更为明显。

4. 结果层面（培训对组织的影响是什么？）

结果层面的评估主要评价培训项目对组织整体绩效的影响。这一层次的评估关注培训带来的最终成果，包括对企业绩效的提升、生产效率的提高、质量的改善、成本的降低和员工满意度的提升等。结果评估的核心任务是确定培训是否为组织带来了实质性的经济和非经济效益。

在进行结果评估时，组织通常会收集各种关键绩效指标（KPI），如销售额增长、利润率提高、生产周期缩短、产品合格率上升、客户满意度提升等。这些指标能够全面反映培训对组织目标实现的贡献，同时，还可以通过对比培训前后的绩效数据，明确培训对组织发展的具体影响。

结果评估的方法多样，包括财务分析、客户反馈、市场份额变化等。为了确保评估的准确性和全面性，组织可以结合定量和定性分析，既要关注具体数据指标，也要重视来自员工和客户的反馈。

（二）菲利普斯五级评估模型

在柯氏四级评估模型基础上，杰克·菲利普斯（Jack Phillips）提出了五级评估模型（表7-1）。菲利普斯认为，组织在开展培训评估时容易忽略一个关键点——培训的"投资回报率"（return on investment，ROI）。他认为，"投资回报率"的评估是一项非常复杂且需要精心策划的工作。然而，只有在这一层级的评估结束后，整个培训评估过程才算真正完成。"投资回报率"将培训项目的净收益与其成本进行比较，其计算公式为：投资回报率 ＝ 培训的净收益/培训的成本。

---

① 石金涛. 培训与开发［M］. 北京：中国人民大学出版社，2019：164-165.

此外,菲利普斯还对每个层级评估所需注意的问题进行了提示。他指出,在反应层级评估中,学员对培训的积极反应并不一定完全表明学员掌握了新的知识和技能;在学习层级评估中,学习层面的积极结果并不一定保证学员在实际工作中会应用所学的知识和技能;在工作应用层级的评估中,组织应采用客观标准对培训项目进行评价,因为培训项目不一定会对组织产生 100% 的积极影响;在结果层级评估中,需要同时考虑培训项目和培训成本投入的大小对组织业绩的影响。培训项目的效果会对组织业绩产生积极的影响,同时,组织的业绩也会受到培训成本大小的影响,因此,组织要关注培训的投资回报率。

表 7-1　菲利普斯的五级评估模型

评 估 层 次	评 估 内 容
5. 投资回报率	培训项目的成本与货币价值
4. 结果	培训对组织业绩的影响
3. 工作应用	工作行为的变化以及培训内容的应用情况
2. 学习	知识、技能或观念的变化
1. 反应	参训学员对培训的反应

(三) CIRO 和 CIPP 评估模型

柯克帕特里克四级评估模型和菲利普斯五级评估模型主要关注培训的结果,因此被称为"终极性评价"模型。这些模型的共同缺陷是忽视了培训活动本身,缺乏对培训过程的监控和对持续改进的强调。而 CIRO 和 CIPP 评估模型将评估贯穿于整个培训过程中,具有"过程性评价和形成性评价"的特征。

1. CIRO 评估模型

CIRO 评估模型由奥尔(Warr)、伯德(Bird)和莱克汉姆(Rackham)提出。CIRO 由四项评估活动的首字母组成:背景评估(context evaluation)、输入评估(input evaluation)、反应评估(reaction evaluation)及输出评估(output evaluation)。

背景评估指搜集和分析有关培训信息来确定培训需求和培训目标。背景评估的目的是确认培训的必要性。通过组织、团队和个人三个层面的培训需求分析,确定培训的最终目标、中间目标和直接目标。最终目标指通过培训克服或消除组织的薄弱环节;中间目标指通过培训促进员工素质的提高,改善工作行为;直接目标指通过培训使员工获得新的知识、技能,转变工作态度。

输入评估指搜集和汇总可利用的培训资源来确定培训项目的实施战略和方法。培训资源既包括组织的内部资源,也包括组织可利用的外部资源。在所能获取的资源的基础上,组织应选择最优的培训实施战略和方法。输入评估的主旨是确定培训的可行性。

反应评估指搜集和分析学员的反应信息来促进培训过程的改进和完善。反应评估的主旨是提高培训的有效性,强调必须使用客观、系统的方法来搜集学员的反馈信息。

输出评估指搜集、分析和评价培训结果的信息。输出评估的主旨是检验培训的效果,这是评估过程中最重要的部分。通过背景评估环节确定的培训目标(最终目标、中间目标和直接目标)来检验培训结果的有效性,确保培训项目达成预期成果。

2. CIPP 评估模型

CIPP 评估模型由斯塔弗尔比姆(Stufflebeam)提出。CIPP 评估模型包括四个关键要素:背景评估(context evaluation)、输入评估(input evaluation)、过程评估(process evaluation)、成果评估(product evaluation)。

背景评估的任务是通过界定相关环境来确定培训需求和设立培训目标。通过分析组织的环境、资源和受训者的需求,背景评估帮助决策者理解培训项目的必要性和相关性,为制定明确的目标提供依据。

输入评估关注的是用于实现培训目标的计划和资源。此阶段涉及评估培训计划的策略、方法、材料和资源,以确保它们适合项目的需求和目标。输入评估的目的是选择最佳的培训方案和资源配置,确保项目的可行性和有效性。

过程评估是对培训项目实施过程的监控和评估。通过持续收集和分析培训过程中的数据,过程评估帮助发现并解决实施过程中出现的问题,确保培训项目按计划进行。它还提供了对培训活动的反馈,以便及时进行调整和改进。

成果评估旨在评估培训项目的最终效果和影响。这一阶段涉及评估培训目标的达成情况,包括短期和长期成果。通过分析受训者的知识、技能和行为的变化,以及培训项目对组织绩效的影响,成果评估提供了对培训项目整体效果的全面评价。

 **案例 7-1**

梅西百货公司柯氏四级评估

梅西百货公司(Macy's)是美国的著名连锁百货公司,其培训目标是通过提升客户服务,实现实际业务绩效的改善。在培训效果评估的方法选择上,梅西百货公司主要运用了柯氏四级评估模型。

反应层。梅西百货与评估专家一起设计了一项调查问卷,用于收集培训讲师与学员的反应。这项调查能够帮助培训组织者了解学员对学习项目的偏好,并找出培训过程中存在的问题。除了调查数据,课程设计团队每两周都会对讲师团队进行访谈,以深入了解学员在课堂环境中的参与度和反应。

学习层。为了测量学员对培训课程中所要求的知识和技能的掌握情况,梅西百货公司在培训项目结束一个月后进行训后调查,征集学员和直属领导的反馈意见,从而了解学员是否将所学应用于工作中。

行为层。梅西百货公司的人力资源培训项目组在培训课程实施后的 5 个月内,定期进行沟通、监测和记录员工的行为表现。

结果层。除了监控员工的行为指标,梅西百货还收集客户服务反馈数据和公司的业绩数据,以全面分析培训对组织绩效的贡献。

三、培训成果分类[①]

扩展阅读 7.2　培训成果评价的标准

（一）情感成果

情感成果也叫反应成果（reaction outcomes），指受训者对培训项目的感性认识，包括对培训设施、培训者和培训内容的感觉。反应成果通常被认为是"个人舒适度"的一个衡量尺度。反应衡量尺度举例见表 7-2。

表 7-2　反应衡量尺度举例

仔细阅读以下各种表述，根据评分标准表示你同意或不同意的程度。

完全不同意	不同意	无所谓	同意	完全同意
1	2	3	4	5

1. 我已经掌握了学习这门课程所必须具备的知识和技能。
2. 这些设备和设施有助于学习。
3. 课程达到了所有列举的目标和要求。
4. 我清楚地知道课程目标。
5. 传授课程的方法是有助于有效学习的方法。
6. 培训课程中涉及的内容是有用的。
7. 课程内容的安排很有逻辑性。
8. 有足够的时间去学习培训内容。
9. 我能感觉到培训师希望我们好好学习。
10. 向培训师提问时很轻松。
11. 培训师课前准备很充分。
12. 培训师对课程内容非常精通。
13. 我从这个课程中学到了很多。
14. 在课堂中学到的内容对工作有很大帮助。
15. 我获得的关于培训课程的信息是准确的。
16. 总而言之，我对指导者是满意的。
17. 总而言之，我对课程是满意的。

（二）认知成果

认知成果（cognitive outcomes）用来衡量受训者对培训项目中强调的原理、事实、技术、程序或流程的熟悉程度。认知成果一般通过笔试进行评价。

为了提高效率和准确性，可以利用 AI 技术来自动生成试卷，并根据学员的答题情况进行自动评分。这样不仅可以节约培训相关人员的时间，还能提高评分的准确性和一致性。专栏 7-3 就是 AI 自动生成的试题举例。

---

① 雷蒙德·A. 诺伊，徐芳译. 雇员培训与开发[M]. 北京：中国人民大学出版社，2015：210-215.

专栏 7-3

衡量招聘专员招聘合规性的试题举例

某大型零售公司对招聘专员开展了"招聘合规"课程培训,培训内容包括招聘法律法规、面试技巧、职位描述的撰写标准以及候选人隐私保护措施等。以下是招聘合规培训认知成果的试题举例。

1. 撰写职位描述时,招聘专员应确保职位描述包含以下哪一项内容?

a) 候选人的详细家庭背景

b) 候选人的薪资历史

c) 应聘者的健康状况

d) 职位的主要职责和要求

正确答案:d) 职位的主要职责和要求

2. 在面试过程中,招聘专员应避免以下哪种行为?

a) 提供职位的详细信息

b) 向候选人询问家庭计划

c) 了解候选人的工作经验

d) 解释公司的福利政策

正确答案:b) 向候选人询问家庭计划

3. 招聘专员在进行面试时应遵守以下哪项法律?

a) 反就业歧视法律

b) 知识产权法律

c) 反垄断法律

d) 国际贸易法

正确答案:a) 反就业歧视法律

4. 关于候选人隐私保护,以下哪一项措施是正确的?

a) 将候选人信息公开给所有员工

b) 将候选人信息保存超过法律规定的时间

c) 将候选人信息严格保密,仅在必要时与授权人员共享

d) 在未经候选人同意的情况下使用其信息

正确答案:c) 将候选人信息严格保密,仅在必要时与授权人员共享

5. 招聘专员在处理候选人数据时,必须确保遵守哪一项原则?

a) 收集尽可能多的候选人数据

b) 仅收集和处理与工作岗位相关的必要数据

c) 将数据泄露

d) 将候选人数据用于商业目的

正确答案:b) 仅收集和处理与工作岗位相关的必要数据

（三）技能成果

技能成果（skill-based outcomes）用来评价技能的获得与学习（技能学习）以及技能在工作中的应用（技能转换）。技能成果可以通过实际操作测试、观察法、标准化的技能评估工具或测评表等来衡量。

AI可以通过视频分析和数据处理，自动评估受训者的操作行为，提供客观、精准的评价结果。例如，AI可以分析销售人员的沟通技能、应对策略、问题解决能力等。销售人员沟通技能评估举例见专栏7-4。

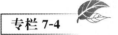
专栏7-4

销售人员沟通技能评估举例

模拟对话：

A：您好！感谢您抽出时间来与我会面。我今天想向您介绍我们公司的最新产品，它将为您的业务带来显著的效益。首先，我会讲述产品的主要功能，然后展示如何解决您的特定需求，最后总结我们产品的优势和客户反馈。您觉得这样安排如何？

B：听起来不错，请继续。

A：我们产品的主要功能包括A、B和C。功能A可以帮助您提高工作效率，功能B能优化资源配置，而功能C则增加了系统的灵活性。我们的客户普遍反映，使用这款产品后，他们在处理业务时效率提升了30％。我们还提供了专业的客户支持和培训服务，确保您能充分利用这些功能。

B：能详细说说如何提高工作效率吗？

A：当然。功能A通过自动化处理日常任务来节省您的时间，您只需关注核心业务。我们有一套完整的案例展示如何利用功能A显著提高工作效率。通过我们提供的培训，您和您的团队可以迅速上手。

B：这听起来不错。不过我有点担心产品的价格问题。

A：了解您的担忧。我们的产品定价是市场上最具竞争力的，并且我们提供灵活的支付方案来适应不同客户的预算需求。总的来说，投资我们的产品将为您的业务带来更高的回报。

评估分析：

可取之处：

① 结论先行与整体把握。销售人员在开头即概述了整个对话的结构，明确了介绍内容的顺序，确保了沟通的整体性。

② 思路清晰与逻辑性强。销售人员按照功能介绍、客户需求对接、总结优势的顺序进行交流，条理清晰，逻辑严谨。

③ 回应客户问题。销售人员能够准确理解并回应客户的具体问题，并提供了相关信息和解决方案。

不足之处及改进建议：

① 细节支持不足。在介绍产品功能时，销售人员可以提供更多具体的案例或数据支持，而不仅仅是一般的描述。例如，提供实际使用者的反馈或具体的操作效果数据，可以增强说服力。

② 客户疑虑应进一步沟通。销售人员在回应价格问题时，虽然提供了支付方案，但可以进一步探讨客户的具体预算和需求，以提供更个性化的解决方案。可以增加询问客户对价格的具体预期，并针对性地调整提案。

③ 互动性可增强。销售人员的对话较为单向，建议增加更多互动环节。例如，在产品介绍后可以通过提问了解客户的具体需求或痛点，从而更精准地匹配产品功能。

④ 总结部分要优化。在结束时，销售人员可以更加有力地总结产品的核心优势和客户反馈，重申产品如何解决客户的主要问题，从而加深客户对产品价值的印象。

（四）绩效成果

绩效成果（performance outcomes）用来衡量培训对受训者在实际工作中表现的影响。具体而言，绩效成果包括个人绩效和团队绩效。个人绩效评估员工在培训后的工作表现，如销售人员的销售额、客服人员的客户满意度评分、生产线员工的产品质量等。团队绩效则评估培训对团队整体工作的影响，包括团队协作效率、部门间协同工作效果以及团队目标的达成等。

绩效成果的评价方法：可以通过 KPI 分析，对比培训前后的关键绩效指标变化；通过 360 度反馈，从同事、上级和下属的反馈中了解员工在培训后的工作表现；使用标准化的绩效评估工具，定期评估员工的工作表现；通过现场观察，直接记录员工在工作场所的表现变化。

（五）投资回报率

投资回报率（return on investment，ROI）指组织从一项投资活动中获得的经济回报与付出成本之间的比值。通过计算培训的净收益与培训成本之间的比值，可以衡量培训项目的经济效益，从而评估其对组织的投资回报情况。

培训收益指通过培训获得的实际财务回报，包括销售增长、成本节约和生产效率提升等。

培训成本包括所有直接和间接的培训费用。直接成本涉及参与培训的所有员工，包括受训者、培训教师、咨询人员和项目设计人员的工资和福利，培训使用的材料和设施费用，教室或设备的租金或购买费用以及交通费用。间接成本与培训的设计、开发或讲授并不直接相关，主要包括一般的办公用品、设施和设备的相关费用，与培训无直接关系的交通费用和其他支出，以及培训部管理人员和行政人员的工资。

评估培训项目所使用的成果见表 7-3。

表 7-3　评估培训项目所使用的成果[1]

成　　果	测　量　什　么	举　　　例	如　何　测　量
情感成果	• 动机 • 对培训项目的反应 • 态度	• 对培训的满意度 • 对其他文化的信仰	• 访谈 • 焦点小组 • 态度调查
认知成果	• 获取的知识	• 安全规则 • 电子学原理 • 评估面谈的步骤	• 笔试 • 工作样本测试
技能成果	• 行为方式 • 技能	• 使用拼图 • 倾听技能 • 指导技能 • 飞机着陆	• 观察 • 工作样本测试 • 等级评定
绩效成果	• 公司收益	• 缺勤率 • 事故发生率 • 专利	• 观察 • 从信息系统或绩效记录中收集数据
投资回报率	• 培训的经济价值	• 收益值	• 确认并比较项目的成本和收益

四、评估数据类型[2]

（一）硬性数据

硬性数据是指客观且易于测量的数据，其可信度较高。硬性数据可分为产量、质量、成本、时间四大类。硬性数据的主要类型见表 7-4。

表 7-4　硬性数据的主要类型

产　　出	质　　量	成　　本	时　　间
• 生产的数量 • 制造的吨数 • 装配的件数 • 销售额 • 贷款批准数量 • 存货的流动量 • 探视病人的数量 • 对申请的处理数量 • 毕业的学员数量 • 任务的完成数量 • 订货量 • 发货量	• 废品 • 次品 • 退货 • 出错比率 • 返工 • 缺货 • 产品瑕疵 • 与标准的差距 • 生产故障 • 存货的调整 • 工作顺利完成的比例 • 客户投诉	• 预算的成本 • 单位成本 • 财务成本 • 流动成本 • 固定成本 • 营业间接成本 • 运营成本 • 延期成本 • 罚款 • 项目成本节约 • 事故成本 • 规划成本 • 销售费用 • 管理成本 • 平均成本节约	• 运转周期 • 对投诉的应答时间/次数 • 设备的停工时间/次数 • 加班时间 • 每日平均时间 • 完成所需时间 • 贷款的处理时间 • 管理时间 • 培训时间 • 开会时间 • 修理时间 • 工作的中断时间 • 对订货的回应时间 • 晚报告时间 • 损失的时间天数

---

① 雷蒙德·A.诺伊,徐芳译. 雇员培训与开发[M]. 北京：中国人民大学出版社,2015：210.

② 徐芳. 培训开发理论及技术[M]. 上海：复旦大学出版社,2019：235-236.

（二）软性数据

软性数据是指主观且不易测量的数据。由于培训的效果通常不会立竿见影，并且硬性数据往往需要一段时间才能显现，因此组织在评估培训效果时通常会参考软性数据。软性数据通常包括组织氛围、满意度、新技能、工作习惯、发展和创造性等类型。软性数据的主要类型见表 7-5。

表 7-5　软性数据的主要类型及指标举例

类　　型	指 标 举 例
组织氛围	• 不满的数量 • 歧视的次数 • 员工的投诉 • 组织的承诺 • 员工的离职比率
满意度	• 赞成性反应 • 工作满意度 • 态度的变化 • 员工的忠诚程度 • 信心的增加
新技能	• 决策 • 问题的解决 • 倾听理解能力 • 阅读速度 • 对新技能的运用
工作习惯	• 旷工 • 消极怠工 • 违反安全规定
发展	• 升迁的数量 • 参加的培训项目数量 • 岗位轮调的请求次数
创造性	• 新想法的实施 • 项目的成功完成 • 对建议的实施量

扩展阅读 7.3　评估数据的收集方法

五、AI 在培训评估中的应用

（一）助力培训效果调查

AI 可以生成多样化的评估工具，帮助深入调查培训效果。

对于反应层面的满意度，AI 可以自动设计并分发调查问卷，根据学员的反馈实时生成满意度报告。

对于学习层面的认知成果,AI可以根据培训内容创建自动化的试卷,并使用机器学习算法评估学员的回答,实时分析知识掌握情况。

对于行为层面,AI监控和分析学员在实际工作中的表现,以评估技能应用的效果。比如,通过VR平台模拟实际操作环境,AI可以对学员的操作行为自动评分,提供即时反馈。也可以借助聊天机器人进行模拟对话或角色扮演,评估学员在不同情境中的反应和问题处理能力。

对于结果层面,AI整合各部门的业绩数据,通过对比培训前后的业绩指标,分析培训对企业整体绩效的影响,并进行趋势预测,为制定未来的培训战略提供数据支持。

(二)高效收集评估数据

通过自动化工具和数据采集技术,AI能够实时跟踪和记录培训过程中的各种数据。例如,AI系统可以集成到培训平台中,自动收集学员的活动数据、在线互动记录和学习进度。这种集成化的系统能够及时捕捉学员在学习过程中遇到的问题和困难,帮助培训组织者做出及时调整。

AI还可以从生产线的传感器数据中提取效率和质量指标,自动生成相关统计报表,减少人工干预,提升数据的准确性和实时性。例如,在制造业培训中,AI能够监测机器操作的精度和生产效率,提供实时反馈,帮助学员快速纠正错误。

此外,AI利用自然语言处理和情感分析技术,自动分析来自员工反馈调查、面谈记录或社交媒体的评论。通过对大量文本数据的处理,AI能够提取有价值的信息,识别员工的满意度趋势和潜在的改进点。例如,AI可以分析培训后的员工反馈,识别普遍存在的问题,从而优化培训内容和方式。

 扩展阅读7.4 评估报告的撰写要点

(三)智能生成评估报告

AI能够通过数据分析和报告生成技术,自动化生成智能化评估报告。这些报告不仅包括培训的整体效果,还可以深入到每个环节的表现,如学员参与度、知识掌握情况和行为改变等。

AI生成的评估报告可以实现个性化定制。根据不同受众的需求,AI可以自动调整报告的内容和形式。例如,对于管理层,AI生成的报告可以侧重于培训的总体效果和投资回报率;对于培训师,报告可以详细展示学员的具体表现和反馈;对于学员本人,报告可以提供个性化的学习建议,推荐适合的额外学习资源和培训课程。这种智能化的评估报告生成方式,不仅提高了效率,还确保了报告的准确性和针对性,帮助各级管理者和学员更好地理解和利用评估结果。

(四)推动培训持续优化

基于评估数据,AI可以提供针对性的培训优化建议。通过分析历史数据和培训结果,AI可以识别培训中的优势和不足,并提出具体的改进措施。这些建议涵盖培训内容的更新、教学方法的调整、资源配置的优化等方面。例如,AI可以通过分析学员的学习成绩和反馈,发现某些模块的通过率较低,建议改进相关内容或增加辅助材料。

　　AI还能够预测未来培训需求和趋势,帮助组织在不断变化的环境中调整培训策略。通过对行业发展、技术进步和员工技能需求的分析,AI可以预见即将出现的培训需求,并提前规划相应的培训项目,储备相关的人才。

思　考　题

1. 什么是培训评估?为什么要进行培训评估?
2. 阐述柯克帕特里克四级评估模型的基本内容。
3. 培训成果有哪些类型?
4. 培训评估的数据有哪些类型?
5. 如何利用 AI 进行培训评估?

即 测 即 练

第八章

培训策略：AI 与培训风险防范

特斯拉员工泄密事件

特斯拉是全球领先的电动汽车制造商，致力于通过技术创新保持市场竞争力。2018年，特斯拉的 Model 3 正处于大规模量产的关键阶段，公司内部高度重视生产效率和技术保密。然而，特斯拉前员工马丁·特里普（Martin Tripp）的泄密行为打破了这一局面。

马丁·特里普是特斯拉的一名过程技术员，在公司接受了多项关于生产流程和技术细节的培训。他利用工作之便获取了大量关于 Model 3 生产的敏感信息，包括电池模块生产中的缺陷数据和公司内部通讯记录。特里普在离职后，将这些信息泄露给媒体和竞争对手，声称特斯拉在生产中使用了存在缺陷的电池模块，并夸大产量数据。这些声明迅速引起了公众和媒体的广泛关注。

特斯拉对此事件进行了内部调查，并提起了法律诉讼，指控特里普窃取商业机密、泄露敏感信息，并向媒体散布虚假信息。特斯拉声称，特里普的行为不仅损害了公司的商业利益，还对公司的声誉和客户信任度造成了严重影响。泄密事件导致特斯拉股价一度下跌，公司被迫花费大量资源进行法律维权和公关危机处理。特斯拉必须加强内部安全措施，以防止类似事件再次发生。

特斯拉泄密事件凸显了培训后泄密风险对企业的重大威胁。员工在接受培训后，掌握了企业的核心技术和商业机密，一旦这些信息被泄露，可能对企业造成严重的经济和声誉损失。该事件提醒企业在进行员工培训时，不仅要注重提升员工技能，还需加强对商业机密的保护和管理，防止因员工离职或其他原因导致的信息泄露。

一、培训的风险

风险与收益是紧密相连的，培训作为企业的一种人力资本投资方式，能够带来显著的收益，但同时也存在一定的风险。所谓培训风险，是指在培训前后，由于观念、组织、技术和环境等多种负面因素的影响，可能导致企业遭受直接或潜在损失的情况。这些风险可以根据其成因分为内在风险和外在风险。

（一）内在风险

培训的内在风险，是指由于企业未能对培训进行合理规划和有效管理，导致培训质量不高、培训目标难以实现，以及培训投资效益低下。

1. 培训观念风险

培训观念风险指企业高层领导或受训员工对培训的认识和态度不正确,这可能导致培训无法达到预期目标。如果高层领导低估培训的价值,认为培训只是增加成本,这可能导致资源投入不足,从而影响培训质量。同时,若受训员工对培训持消极态度,认为培训仅仅是形式化的活动,他们可能不会积极参与或认真学习,最终使培训目标难以实现。

2. 培训内容风险

培训内容风险是指培训内容设计不合理或未能满足实际需求,导致培训效果不佳。如果培训内容过时或与受训者的实际工作需求脱节,培训就无法解决实际问题或提升员工技能。例如,培训材料未能及时更新以反映行业最新发展,或培训内容缺乏针对性和全面性,这些因素都可能导致培训无法有效满足员工的实际需求,从而影响整体培训效果。

3. 培训技术风险

技术更新的挑战是培训技术风险的关键问题。由于技术发展迅速,培训系统可能因未及时更新而变得过时,影响系统的效率和功能。此外,新技术的引入可能与现有的平台不兼容,导致系统故障或性能下降,影响培训的顺利进行。以 AI 系统为例,虽然 AI 可以显著提升培训效果,但也存在隐私安全和算法偏见等问题。AI 系统通常需要大量的数据来进行训练,这些数据可能包括敏感的个人信息或隐私,如果数据保护措施不足,可能导致数据泄露或滥用,威胁员工隐私和数据安全。而算法偏见则可能导致不公正的培训评估或培训推荐,影响培训机会和资源分配的公平性。

案例 8.1　顺丰如何在培训中降低员工流失率

(二)外在风险

培训的外在风险是指培训项目虽然达成了预定目标,但由于各种外在因素导致企业遭受直接或间接损失。

1. 人才流失风险

培训后流失风险是指员工经过培训后,能力和素质得到提高,但由于企业无法满足他们提升后的需求,导致员工选择离职。企业在培训中投入的人力、物力和财力难以收回,可能造成巨大的损失。特别是当核心人才流失到同行业竞争对手时,对企业的打击更为严重。培训投入越大,员工为企业服务的年限越短,所带来的损失也就越大。

2. 泄密风险

培训后泄密风险是指员工在经过培训后掌握了企业的核心技术和管理经验,但在离职后将这些商业机密泄露给竞争对手或用于创业,导致企业竞争力受损。员工在培训中获取了大量关于公司产品、技术和战略的信息,一旦这些信息被泄露,可能给企业带来严重的经济损失。例如,员工可能将新产品研发信息、关键技术细节和市场策略泄露给竞争对手,导致企业在市场竞争中处于不利地位。

3. 培训成果转化风险

培训成果转化是培训的关键环节,其核心在于将所学的知识和技能有效应用于实际工作中,从而提升工作业绩并创造企业价值。然而,现实中许多企业在这一环节上存在管理不足的问题,导致培训成果未能有效转化为实际生产力。

此外,外界环境的变化或企业内部的战略调整,如转产、技术更新、工艺改造或新产品开发,也可能使培训内容迅速过时,导致投资难以收回。例如,一家公司对员工进行了某种技术的培训,但随后该技术被更新的技术迅速取代,使得原培训内容不再适用,最终导致培训效果大打折扣。

二、培训风险的防范策略

(一)培训前:做好规划

为了确保培训的有效性和系统性,必须从企业战略出发,在全面分析培训需求的基础上制订详细的培训计划。以下是培训规划时应涵盖的"6W2H"框架:

- Why:培训目标。为什么要培训?要达到怎样的效果?
- Whom:培训对象。哪些员工、部门或团队需要参加培训?
- What:培训内容。培训什么内容?开设哪些课程?

案例 8.2　日本松下电器的在职培训

- Who:培训讲师。谁来培训授课?
- When:培训时间。什么时候开展培训?需要多长时间?
- Where:培训场所。在哪里培训?培训场所的环境如何?
- How:培训方法。如何培训?采用什么样的培训方法?
- How much:培训预算。培训需要花多少钱?

1. 培训目标

明确培训目标是制订培训计划的关键步骤。培训目标应基于组织的战略目标、人力资源规划及培训需求分析,具体包括:

- 通过培训促进员工对企业的了解和热爱,强化其归属感、认同感和责任感。
- 帮助员工熟悉企业的方针、政策及规章制度,规范工作行为,确保员工的行动符合企业标准。
- 掌握工作要领、工作程序和方法,胜任岗位的要求。
- 减少工作失误,提高工作质量和效率。
- 转变工作态度,提高员工的积极性、服务意识和团队合作精神。
- 提升创新能力,掌握新技术、新工艺,并熟练使用新设备。
- 建立良好的工作氛围,提高员工的工作满意感和成就感。

可以利用 AI 设定和调整培训目标。通过分析员工的绩效数据和技能评估,AI 可以精确识别技能差距,并据此设定具体的培训目标。同时,AI 能够进行目标优先级排序,确保最关键的培训目标优先处理,以满足实际需求。此外,AI 可以自动收集和分析培训反馈数据,监控目标达成情况,并根据这些实时数据动态调整培训目标。这种方法不仅提高了目标设定的精准性,还确保了培训计划的持续优化,使其更加贴合员工和企业的发展需求。

2. 培训对象

选择培训对象时,应充分考虑投资回报率,进行培训成本收益分析,尽量利用有限的培训资源实现最大化的培训收益。重点培训对象包括关键岗位的管理者和员工,他们对组织发展至关重要。通过培训,储备优秀人才,为组织发展和战略目标的实现提供人才支持。此外,新员工入职前和被提拔者上任前也需接受相关培训,以适应新岗位的要求。

AI可以显著提升培训对象的选择精度。通过分析员工的绩效数据、工作表现和职业发展路径,AI能够精准识别关键岗位和高潜力员工。此外,AI利用机器学习算法预测未来的业务需求和员工成长趋势,从而推荐合适的培训对象。AI还能根据员工的实际绩效和能力情况,动态调整培训对象,确保培训资源投放的精准性和有效性。

3. 培训内容

案例8.3　IBM公司采购岗位的培训课程

基于培训目标设计培训内容,并开发相应的培训课程。培训内容主要包括知识培训、能力培训、制度培训、文化培训、态度培训和心理培训等。

知识培训。知识包括行业知识、企业知识、产品知识以及岗位的专业知识等。知识培训的目的是让员工建构起系统的知识框架,为顺利开展工作奠定基础。

能力培训。能力包括通用型能力和专用型能力。通用型能力是指组织中所有岗位所需的一般能力,如表达能力、人际交往能力、问题解决能力、学习能力等。专用型能力是指特定岗位所需的特殊专业能力,不同岗位的职能职责不同,对能力的要求也不一样。例如,销售人员需要具备市场洞察力、营销能力、策划能力、抗压能力等;研发人员需要具备思维能力、研究能力、创新能力等。能力培训的目的是让员工胜任岗位的能力要求,提高工作的效率和质量。

制度培训。制度培训是指对员工开展企业理念、日常管理制度等内容的培训,培训的对象主要是新入职的员工。培训的目的是让员工了解、熟悉公司制度,自觉遵守制度规范,防止违规违法现象的发生,确保企业的正常生产经营。

文化培训。文化培训主要针对新入职的员工,由企业领导或资深员工对新员工灌输企业的文化理念和价值取向。具体包括企业的愿景、使命、价值观,企业的发展史,企业典型的故事与案例,与企业文化相适应的行为准则等。文化培训的目的在于使新员工与企业文化相融合,与企业价值观相协调,增强企业的凝聚力和向心力。

态度培训。态度培训指通过培训使员工树立正确的价值观与人生观,形成良好的工作态度。具体而言,通过态度培训,调动员工的主观能动性,确立积极的个人目标,增强事业心和责任心,提升自我认知与自我管理能力,培养良好的团队合作精神。

心理培训。心理培训是指将心理学的理论、方法和技术应用到企业管理和训练活动之中,以更好地解决员工的心智模式、情商、意志、潜能及心理素质等问题,使其心态得到调适,意志品质得到提升,潜能得到开发。[①] 目前,国内外较多企业开展了员工援助计划,见专栏8-1。

专栏8-1

员工援助计划(EAP)

员工援助计划(employee assistance programs,简称 EAP)是指对员工及其家属提供

---

① 彭移风.企业如何开展心理培训[J].中国人力资源开发,2007(4).

专业指导、培训和咨询,帮助其了解心理健康知识和解决各种心理问题。目前,90％以上的世界 500 强企业都为员工提供了 EAP 服务。例如:

谷歌(Google)为了帮助员工保持工作与生活的平衡,提供了一系列的 EAP 服务,包括心理评估和咨询、压力管理课程、冥想和正念训练等。此外,谷歌还在公司设立健康中心,提供心理健康和福利服务。公司要求员工定期参与这些服务,以确保他们的心理健康处于最佳状态。

亚马逊(Amazon)的员工援助计划旨在帮助员工应对各种心理健康问题。公司提供 24 小时的心理咨询热线,员工及其家属可以随时寻求帮助。亚马逊还提供在线资源和工具,帮助员工管理压力和焦虑,并定期组织心理健康讲座和工作坊,提升员工的心理健康水平。

在国内,小米公司(Xiaomi)非常重视员工的心理健康,提供全面的 EAP 服务。小米的 EAP 项目包括心理咨询、压力管理、工作生活平衡支持等。公司设有专门的心理健康支持团队,为员工提供定期的心理健康评估和辅导。同时,小米还通过在线平台和移动应用,向员工提供便捷的心理健康资源和工具,确保员工能够随时获取所需的支持。

腾讯公司(Tencent)也实施了广泛的 EAP 服务。腾讯的 EAP 项目涵盖心理咨询、职业发展指导、压力管理课程等。公司设有 24 小时心理援助热线,并提供一系列在线资源和工具,帮助员工及其家属应对生活和工作中的各种挑战。腾讯还通过定期的心理健康活动和讲座,提升员工的心理健康意识和能力。

可以充分利用 AI 设计培训内容和课程。AI 通过分析组织的培训目标以及员工的绩效和胜任力,能够精准识别培训需求,并设计出与之匹配的课程内容。此外,AI 还可以根据员工的学习数据和反馈,动态调整课程内容,以确保其持续适应员工的学习进度和需求。

4. 培训讲师

培训讲师是决定培训效果的关键人物。他们需要具备扎实的专业知识、丰富的实践经验、良好的沟通能力和娴熟的授课技巧。培训讲师的来源渠道主要包括内部聘请和外部聘请,两种渠道选择的培训讲师各有利弊,见表 8-1[①]。

表 8-1　内外部培训讲师的利弊比较

渠道	优　点	缺　点
内部聘请	• 了解企业的情况,培训更有针对性 • 责任心比较强 • 费用相对较低 • 可以和受训者进行更好的交流	• 可能缺乏培训经验 • 受企业现有状况的影响比较大,创新不足 • 受训者对培训师的接受程度可能比较低
外部聘请	• 培训经验丰富 • 可以带来新的观点和理念 • 与企业没有直接的关系,受训者比较容易接受	• 对企业的情况不了解,培训的内容可能不实用,针对性不强 • 责任心可能不强 • 费用比较高

---

① 董克用,叶向峰.人力资源管理概论[M].北京:中国人民大学出版社,2004:217.

利用 AI 选择培训讲师可以显著提升讲师匹配的准确性和培训效果。AI 通过分析讲师的历史授课数据、学员反馈、专业领域和讲师资质等信息，评估其教学能力和效果。AI 还通过算法将培训内容与讲师的专长进行匹配，推荐最合适的讲师，并根据实时反馈不断优化讲师的选择。

5. 培训时间

培训时间应根据培训课程的内容量和难易程度进行合理安排。对于内容较少且难度较低的培训，可以采用集中培训的方式，以缩短培训时间并提高效率。相反，对于内容较多且难度较高的培训，建议采用分散培训的方式，延长培训时间，以确保培训效果。此外，还需考虑员工的工作时间，确保培训安排不会与员工的正常工作时间冲突，以避免影响日常工作。

AI 可以在选择和优化培训时间方面发挥关键作用。通过分析历史培训数据、员工的工作安排和培训内容的复杂性，AI 能够提供合理的培训时间安排建议。AI 还能预测员工的最佳学习时间段，避免与工作高峰期冲突。此外，AI 可以实时分析员工的反馈数据和参与情况，动态调整培训时间安排，确保培训的高效进行，并提高员工的参与度和满意度。

6. 培训场所

评价培训场所应考虑的细节见表 8-2[①]。

表 8-2　评价培训场所应考虑的细节

房间	使用方形的房间。过长或过窄的房间会使受训者彼此难以看见、听见和参与讨论。
墙与地面	只有与会议有关的资料才可以贴在墙上。地毯使用相同色调，避免多色分散注意力。
天花板	天花板最好 3 米高。
照明	光源应该是日光灯。白炽灯应分布于房间四周，并且在需投影时用作微弱光源。
色彩	轻淡柔和的色彩如橙色、绿色、蓝色和黄色属于暖色，白色属于冷色，黑色和棕色容易使人感到疲倦。
反光	检查并消除金属表面、电视屏幕和镜子的反光。
噪声	检查空调系统噪声以及临近房间、走廊及建筑物之外的噪声。
音响	检查墙面、天花板、地面和家具反射或吸音情况，调试音响，调节其清晰度和音量。
椅子	椅子应有轮子、可旋转，并有靠背可支撑腰部。
电源插座	房间里有电源插座，方便培训时使用。

AI 在选择培训场所方面也发挥重要作用。AI 可以综合分析场所的交通便利性和培训条件。通过分析场所的地理位置，AI 评估其交通便利性，确保参与者能够轻松到达。同时，AI 还可以评估培训条件，如教室的布局、照明情况和桌椅配置，确保场所的设施和环境适合培训需求，提供最佳的学习体验。

---

① ［美］雷蒙德·A. 诺伊著，徐芳译. 雇员培训与开发［M］. 北京：中国人民大学出版社，2007：123.

7. 培训方法

培训方法的选择应综合考虑培训对象的数量、层次和培训内容,同时关注方法的可行性和效果。通过深入分析历史数据、员工反馈和培训效果,AI可以推荐最适合的培训方法。基于这些数据,AI能够预测不同方法的效果,并根据实时反馈动态调整培训方法,以确保最佳表现。具体的培训方法详见第六章。

8. 培训预算

培训活动的顺利开展离不开经费的保障。因此,制订培训计划时,还需要编制培训预算。培训预算一般只计算直接发生的费用,如培训场所的租用费、讲师的授课费、资料费和设备费等。培训费用并非越多越好,培训费用总额需要考虑:组织的培训需求、组织的支付能力、培训的单位费用、组织的发展现状及发展潜力、组织所在行业的岗位结构、竞争者的培训状况。[①]

培训费用总额的确定方法一般有比例法、推算法、费用总额法、比较法、人均预算法以及零基预算法,见表8-3。

表8-3 培训预算总额的确定方法[②]

方 法		方 法 说 明	优缺点分析	
			优 点	缺 点
传统预算方法	比例法	根据组织预算的销售额、工资总额、利润额以及总费用预算等指标,从中核定出一定比例作为培训预算。	操作简单,成本低。	缺乏科学系统的分析,无法保证培训预算与培训需求的匹配。
	推算法	根据以前的培训费用使用情况对新一年的培训费用进行推算,大多是针对上一年度的培训总额和组织的发展情况进行一定额度的增加或缩减。		
	费用总额法	有些组织会划定人力资源部门全年的费用总额,包括招聘费、培训费用、社会保障费用等。		
	比较法	参考同行或优秀组织的培训预算,与本组织比较,估算本组织的培训预算总额。		
	人均预算法	预先确定组织内员工的人均培训预算额,再乘以在职员工总数,以此得出组织的预算总额。		
零基预算法		在每个预算年度开始时,以零为基础,根据组织目标重新审查每项活动对实现组织目标的意义和效果,并在费用-效益分析的基础上,重新划定各项培训活动的优先次序。	科学准确地判断培训需求项目,确保预算支出的有效性。	操作复杂,花费大量人力、物力和时间,操作成本高。

---

① 张俊娟,韩伟静.企业培训体系设计全案[M].北京:人民邮电出版社,2011:382.

② 同上。

AI在培训预算编制中主要通过以下方式优化预算过程。首先，AI利用历史数据分析成本趋势和模式，提供精准的成本预测，包括场所租赁、讲师费用和培训材料等。其次，AI帮助优化预算分配，将资金重点投入关键领域，并比较不同供应商的费用，从而选择性价比最高的方案。实时监控方面，AI跟踪实际支出情况，及时调整预算以避免超支，并根据实际情况提供动态调整建议。这些功能确保了预算编制的精准性和灵活性，提高了资源使用效率。

（二）培训中：加强管理

1. 创建学习型组织

彼得·圣吉在《第五项修炼》中提出了"学习型组织"理论，强调通过五项修炼来建立

案例8.4　阿里巴巴的学习型组织揭秘

学习型组织，从而提升企业的整体能力和竞争力。这五项修炼包括自我超越、改善心智模式、建立共同愿景、团队学习和系统思考。

自我超越是指个人不断挑战自我、超越现有能力。培训中，企业应鼓励员工设立个人发展目标，提供相应的学习资源和支持，帮助他们不断提升自身能力。通过自我超越，员工能够在工作中发挥更大潜力，为组织创造更多价值。

改善心智模式强调反思和调整个人的思维方式和行为习惯。企业应在培训中引导员工积极反思自己的工作方法和思维模式，鼓励创新和变革，打破固有的思维定式。

建立共同愿景是学习型组织的核心。企业需要通过培训，帮助员工理解和认同企业的使命、愿景和价值观，使全体员工朝着共同的目标努力。共同愿景的建立能够增强团队凝聚力，激发员工的工作热情和创造力。

团队学习是指通过团队合作和知识共享，实现团队整体能力的提升。企业在培训中应注重团队合作技能的培养，提供团队学习的机会和平台，鼓励员工互相学习、共同成长。团队学习不仅能提升员工个人能力，还能增强团队协作和创新能力。

系统思考是一种全面、整体地看待问题的方法。企业应在培训中培养员工的系统思考能力，使他们能够从全局角度分析问题，找到根本原因并提出有效解决方案。系统思考能够帮助员工更好地理解组织的运行机制，提高决策质量和效率。

案例8-1

通用电气：成就学习型企业的十一步①

杰克·韦尔奇（Jack Welch）是学习型组织理念的积极推动者，他在担任通用电气（GE）首席执行官期间，通过一系列创新和变革举措，成功将GE转型为一个高度灵活、创新和具备持续学习能力的全球领先企业。

1. 夯实财务根基。在全面培育学习文化之前，韦尔奇最优先的措施是夯实公司的财

---

① 杰弗里·克拉姆斯. GE：成就学习型企业的十一步［EB/OL］. 学习型组织研修中心，http://www.vsharing.com/k/others/2005-12/515010.html.

务根基。韦尔奇认为,除非公司有强大的财务基础,否则建立学习型文化会很困难,甚至对生产率提高产生负面影响。

2. 确定战略方向,确保向企业所有人员解释清楚战略构想。他花了 60 亿美元购买美国无线电公司,为公司购得国家广播公司,使 GE 成为全国最大的服务公司之一。韦尔奇提出"必须居全行业领先"的战略,目标是让 GE 成为世界上最具竞争力的企业。

3. 确立公司价值观。价值观充当了 GE"宪章"的角色,指导公司应对变化。这些价值观有时被修正以反映 GE 最新的优先事项或全公司的首创精神。例如,1985 年 GE 的价值观包括"变化是持续的""自相矛盾是一种常态",到 2002 年变为"对消费者要有感情""每个人、每个思想都是有价值的""要有进取精神"。韦尔奇将这些价值观视为企业文化蓝图中的关键部分,经理人如果不能做到,即使实现了自己的财务目标也会被解雇。

4. 建立信任和开放环境。韦尔奇认为,经理与员工之间如果缺乏有意义的对话,形势就很难有很大改观。

5. 创建"无边界组织",拆除了传统上挡在经理与雇员、市场营销与产品制造、员工与消费者之间的"墙"。通过"群策群力"活动,员工可以向经理提出改进建议,经理必须给予明确回应。此举促进了企业内部的沟通和协作。

6. 速度、灵活性、创新。韦尔奇一直强调将小公司的工作精神逐渐输入 GE 这样机构庞大的大型公司。他坚信,小公司更明白在市场中行动迟缓、犹豫不决的后果,GE 应像小公司那样在市场中迅速准确地做出反应。

7. 激励全员寻求最佳方案。韦尔奇多次指出,能够从某处获得好的建议是一种荣誉的象征。在一个学习型企业中,不断学习以适应新环境,是每一位员工的责任。

8. 实施最优执行计划。在韦尔奇的指导下,GE 系统地向世界上最优秀的公司学习。他发起最优执行运动,要求公司高级业务开发经理寻找并借鉴世界级公司的最佳实践,如福特和惠普的成功经验。

9. 褒奖促进学习的行为。韦尔奇认为,公司的报酬、奖励制度与公司目标相配套至关重要。在 GE,股票期权计划从几百名高级管理人员扩大到 3 万名经理人员。

10. 建立学习基础设施。GE 每年培训 7000 多名经理人员,韦尔奇以身作则,经常到 GE 的学习机构中接受培训和任教。

11. 利用创新活动传播新理念。韦尔奇发动了五项创新举措,包括全球化、管理方式改进、服务提升、六西格玛和数字化。

2. 完善技术平台

良好的培训效果离不开技术平台的有力支撑,技术平台包括智能学习平台、数据和资源平台、虚拟培训平台、整合与协作平台、监控与优化平台等。

(1) 智能学习平台

智能学习平台包括学习管理系统、内容管理系统、智能学习助手、智能排程系统和智能评估系统等,旨在为员工提供个性化的学习体验和高效的学习管理。其中,学习管理系统用于组织和追踪员工的培训进度,支持课程安排、报名和成绩记录。内容管理系统集中管理培训内容,包括课程资料、视频和练习题,使学习资源易于获取和更新。智能学习助手利用自然语言处理和机器学习技术,提供实时的学习支持和建议,解答员工的疑问,并根据个人学习进度推荐适合的课程。智能排程系统根据员工的时间和学习进度自动优化课程安排,提高学习灵活性和效率。智能评估系统自动评估员工的学习成果,分析考试结果和作业,生成详细的学习报告,提供针对性的改进建议。

（2）数据和资源平台

数据和资源平台包括员工学习数据库、培训内容库和行业知识库等,旨在整合和提供全面的学习资料和信息支持,确保员工获得最新前沿知识。员工学习数据库集中存储各种学习资源,如电子书、培训视频和课程材料,这些资源按类别和主题进行组织,确保员工可以随时访问所需的信息,支持自主学习和按需查询。培训内容库包括系统化的培训课程内容、教材和案例分析,支持按需调用,方便企业定制个性化的培训方案。行业知识库汇聚最新的行业动态、技术趋势和最佳实践,不仅包含行业新闻和技术动态,还包括专家的分析和行业报告,帮助员工及时了解行业的发展方向和未来趋势。

（3）虚拟培训平台

虚拟现实（VR）和增强现实（AR）,利用先进技术提供沉浸式和互动式的学习体验,极大地提升员工培训的效果和参与感。

虚拟现实（VR）技术创建模拟的工作环境,使员工能够在虚拟场景中进行实操训练。员工可以在安全可控的环境中模拟实际工作情境,例如在模拟的生产线中进行操作练习,或在虚拟的客户服务环境中处理复杂问题,提升实际操作技能。

增强现实（AR）技术则将虚拟信息叠加在现实世界中,为员工提供实时指导和反馈。员工在实际操作过程中能够看到虚拟的步骤说明、操作提示和数据分析,例如在进行设备维修时,AR眼镜可以显示设备内部构造图和故障排查指南,提高操作的准确性。

（4）整合与协作平台

整合与协作平台包含外部资源整合平台、企业系统整合平台、跨部门协作平台和经验分享平台等,旨在促进资源的整合和团队的协作。外部资源整合平台将来自不同来源的学习资源和工具整合到一个平台上,为员工提供全面的学习支持。企业系统整合平台整合公司内部的各类系统和数据,打破信息孤岛,实现数据的无缝连接,提升信息共享的效率和准确性。跨部门协作平台通过项目管理工具和企业社交平台,促进团队合作和信息流通,提升跨部门的沟通效率和协作效果。经验分享平台允许员工分享个人经验和最佳实践,促进知识的积累和传播,提升整体培训效果和组织学习能力。

（5）监控与优化平台

监控与优化平台包括实时监控平台、数据分析平台、反馈与改进平台,通过多维度的数据收集和分析,确保培训活动的顺利进行和持续改进。

实时监控平台追踪员工的学习进度、参与情况和互动表现,提供即时反馈,确保培训活动的顺利实施。为了确保信息和隐私安全,应遵循数据最小化原则,只收集必要的数据,避免过度采集员工的个人信息。对于存储的数据,平台采用严格的访问控制措施,确保只有授权人员才可以访问敏感信息。

数据分析平台利用AI技术对培训数据进行深入分析,识别培训中的问题和趋势,提供数据驱动的改进建议。为了防止算法偏见,数据分析平台应定期审核和校准其使用的

AI 模型,确保分析结果的公平性和准确性。

反馈与改进平台收集员工对培训的反馈,包括对课程内容、培训方式和整体体验的评价,自动生成改进建议,帮助企业根据反馈调整培训计划和策略。

3. 持续沟通改进

有效沟通是增强培训效果的重要手段。培训工作者应采用访谈、座谈会、问卷调查等多种形式,持续对培训进行沟通并不断改进。也可以借助 AI 技术,通过数据驱动的分析报告、实时进度报告和个性化的培训方案,提升沟通的有效性。沟通的对象主要包括高层管理人员、部门经理、培训师和学员等。不同对象的沟通内容有所不同,具体如下:

（1）高层管理者

高层管理者尤其是首席执行官在培训中起着至关重要的作用（见表 8-4），赢得高层管理者的支持,是培训工作顺利开展的保障。培训工作者要加强与高层管理者的沟通,确保培训计划与企业的整体战略目标一致,定期汇报培训效果和投资回报,展示培训对组织绩效的促进作用,使高层管理者支持培训并提供相应的资源。

表 8-4　首席执行官在公司培训中的作用

角　　色	主 要 职 责
愿景规划者	清晰地指明培训和学习的方向
发起人	对战略性学习进行激励,提供资源并作出承诺
管理者	在管理培训学习中扮演积极的角色,包括审视培训目标以及在如何评估培训效果上提供指导意见
项目专家	为公司开发新的培训项目
教员	担任培训教师,或者提供培训资料
学员	为全公司树立学习的榜样,并表现出持续学习的愿景
营销人员	通过讲话、年度报告、面谈和其他公开手段来宣传公司对培训的承诺

（2）部门经理

部门经理最了解其团队成员的知识技能水平和日常工作中的问题。通过与部门经理的沟通,培训工作者可以获取第一手的培训需求信息,制订更具针对性的培训计划。部门经理还可以提供本团队在培训过程中所需的支持和资源的信息,例如时间安排、学习工具和后勤支持。另外,部门经理能够观察到员工在培训后的实际表现和工作改进情况,提供培训效果反馈及改进建议。

（3）培训师

培训师是培训课程的直接实施者,直接决定培训课程的效果。培训工作者需要与培训师协调培训计划的实施细节,如课程时间安排、场地准备、教学材料的准备等,确保培训活动的顺利进行。培训工作者还需与培训师讨论课程内容、教学方法和工具,提升培训内容的实用性和吸引力。同时,分享学员的反馈和评估结果,帮助培训师改进教学内容和教学方法。

（4）学员

与学员的沟通主要包括培训需求和培训反馈。培训工作者需要了解学员的学习需求和期望,调整培训内容和方法,提供学习资源和帮助,解答学员在学习过程中遇到的问题。同时,收集学员对培训课程、培训教材、培训组织等方面的反馈,及时发现培训中的问题,并采取措施加以改进。

4. 加强保密管理

（1）签订保密协议

在培训前,与员工签订严格的保密协议,明确规定员工在职期间及离职后不得泄露公司的核心技术和管理经验。保密协议应包括详细的违约责任和法律后果,以增强对员工的法律约束力和防范意识。利用 AI 技术,企业可以自动生成个性化的保密协议,并通过电子签名平台进行管理和存档,确保协议的规范性和可追溯性。保密协议书范本见专栏 8-2。

专栏 8-2

某公司员工保密协议书

甲方：（公司）

乙方：（员工）

根据《中华人民共和国保守国家秘密法》《中华人民共和国反不正当竞争法》和《中华人民共和国劳动合同法》等有关法律、法规的规定,甲乙双方在遵循平等自愿、协商一致、诚实守信的原则下,就保守甲方商业秘密事项达成如下协议：

一、保密内容

1. 甲方的交易秘密,包括商品产供销渠道、客户名单、买卖意向、成交或商谈的价格、商品性能、质量、数量、交货日期等；

2. 甲方的经营秘密,包括经营方针、投资决策意向、产品服务定价、市场分析、广告策略等；

3. 甲方的管理秘密,包括财务资料、人事资料、工资薪酬资料、物流资料等；

4. 甲方的技术秘密,包括产品设计、产品图纸、生产模具、作业蓝图、工程设计图、生产制造工艺、制造技术、计算机程序、技术数据、专利技术、科研成果等。

二、保密范围

1. 乙方到甲方单位工作之前所持有的合法的科研成果和技术秘密,经协商,乙方同意甲方应用和生产的；

2. 乙方在劳动合同期内职务发明、工作成果、科研成果和专利技术等；

3. 乙方到甲方单位工作之前,甲方已有的商业秘密；

4. 乙方在劳动合同期内,甲方所拥有的商业秘密。

三、双方的权利和义务

1. 甲方提供相应的工作条件,为乙方职务发明、科研成果提供良好的应用和生产条件,并根据给公司创造的经济效益适当奖励；

2. 乙方须按甲方的要求从事经营、生产项目和科研项目设计与开发,其生产、经营、设计与开发的成果、资料的权属无偿归甲方,甲方单方面拥有所有权和处置权；

模板 8.1　培训服务协议书范本

3. 未经甲方书面同意,乙方不得利用甲方的商业秘密进行新产品的设计与开发或撰写论文向第三方公布;

4. 双方解除或终止劳动合同后,乙方不得向第三方公开甲方所拥有的未被公众知悉的商业秘密;

5. 乙方承诺在劳动合同解除或期满终止当日后两年内,不得到生产同类或经营同类业务且有竞争关系的其他用人单位工作,也不得组织生产与甲方有竞争关系的同类产品或经营同类业务;

6. 乙方必须严格遵守甲方的保密制度,禁止泄露甲方的商业秘密。

7. 乙方就职于涉密岗位的,甲方应支付保密津贴。

四、保密期限

1. 劳动合同期内;

2. 甲方的专利技术未被公众知悉期内;

3. 竞业限制期内。

五、脱密期限

1. 因履行劳动合同约定条件发生变化,乙方要求解除劳动合同的,必须以书面形式提前 3 个月通知甲方,提前期即为脱密期限,由甲方采取脱密措施,安排乙方脱离涉密岗位,乙方应完整办妥涉密资料的交接工作;

2. 劳动合同终止双方无意续签的,提出方必须以书面形式提前 1 个月通知对方,提前期即为脱密期限,由甲方采取脱密措施,乙方必须无条件接受甲方的工作安排并完整办妥涉密资料的交接工作;

3. 劳动合同解除或期满终止后,乙方必须信守本协议,不得损害甲方利益。

六、保密津贴

1. 乙方在甲方工作期间,乙方能保守甲方商业秘密的,甲方按月支付乙方保密津贴人民币_____元;双方协商一致,保密津贴可包含在工资总额中,不再另行发放。

2. 如能遵守第三项第 5 款约定的,则在劳动合同解除或终止当日起两年内,甲方向乙方按月支付保密津贴人民币_____元。

3. 乙方调任非涉密岗位,甲方停止支付乙方保密津贴。

七、违约责任

1. 在劳动合同期内,乙方违反本协议,虽未造成甲方经济损失,但给甲方正常生产经营活动带来负面影响的,甲方有权调离乙方的涉密岗位,并视后果做出相应处理;

2. 在劳动合同期内,乙方违反本协议,造成甲方经济损失的,甲方可解除乙方的劳动合同,追索已支付的保密津贴,并对所造成的经济损失向甲方进行赔偿;构成犯罪的,依法追究乙方刑事责任;

3. 在竞业限制期内,乙方违反本协议,应向甲方支付违约金,违约金为已付全部保密津贴的两倍,并对所造成的经济损失进行赔偿;构成犯罪的,依法追究乙方刑事责任;

4. 甲、乙双方因履行本协议发生争议的,可向甲方所在地劳动争议仲裁机构申请仲裁或向人民法院提起诉讼。

八、其他条款

1. 本协议未尽事宜,双方可另行协商解决。

2. 本协议的签订、履行、解释及争议解决适用中华人民共和国法律。

3. 本协议一式两份,甲、乙双方各执一份,自甲、乙双方签字盖章之日起生效。

甲方:(盖章)　　　　　　　　　　　乙方:(签名)

日期:　　年　月　日　　　　　　　日期:　　年　月　日

(2) 分级授权

根据员工的岗位和职责,对培训内容进行分级授权,确保只有需要掌握核心技术和敏感信息的员工才能接触到相关内容。限制不必要的信息访问,减少泄密风险。对于关键岗位的培训内容,应采取更为严格的保密措施。AI 系统可以根据员工的角色和权限自动分配访问权限,并实时监控和调整授权级别,确保信息安全。

(3) 加密和监控

在培训过程中,使用加密技术保护培训资料和敏感信息,防止未经授权的访问和传播。同时,利用监控软件追踪和记录信息的访问和使用情况,及时发现和处理可疑行为。AI 技术可以提供实时监控和异常行为检测,自动分析访问日志并发出警报,有效防止信息泄露。

(4) 持续教育

定期开展信息安全培训,让员工了解泄密的严重后果和公司对信息安全的重视。通过案例分析和模拟演练,增强员工对保密要求的理解和执行力。AI 可以定制培训内容,根据员工的岗位和职责提供针对性的安全教育,并通过在线平台进行持续学习和测试。

(5) 离职管理

对离职员工进行严格的离职管理,包括收回公司设备、关闭账号权限、签署离职保密承诺等。对关键岗位员工,采取竞业禁止协议,限制其在一定时间内加入竞争对手公司或自行创业。离职后,定期跟踪离职员工的动向,防止信息泄露。AI 可以实现离职流程自动化,确保及时关闭离职员工的所有权限,并通过数据分析和跟踪工具监控离职员工的后续行为。

5. 健全激励机制

(1) 激发内在动机

学习动机是激发个体进行学习、维持学习活动并使其朝向某一目标的内部心理过程。内在动机是员工自我驱动的核心,也是自我学习和成长的动力。为了提升员工的内在学习动机,可以采取以下措施:

第一,明确学习意义。加强培训宣传动员,清晰阐述培训的目的和对员工职业发展的重要性。借助 AI 数据分析,展示培训对员工职业发展的实际影响,如晋升率、绩效提升等,让员工直观感受到培训的价值和收益,从而激发学习兴趣。

第二,提供自主学习机会。通过 AI 技术提升员工的自主学习体验。AI 驱动的学习平台可以根据员工的兴趣和技能水平推荐个性化的培训内容,确保学习资源与员工需求匹配。AI还可以分析员工的学习进度和偏好,提供实时反馈和调整建议。智能排程功能允许员工根据个人时间安排灵活选择学习时段,提高学习的灵活性和效率。

第三,提升学习成就感。通过智能目标设定,AI可以根据员工的学习历史和能力设置量化目标,并将其分解为阶段性任务,让员工在完成每个任务后获得成就感。AI还可设计并管理学习成就系统,提供即时的学习反馈和进展报告,并根据员工的完成情况和进步自动生成奖励和认可,以激励员工持续努力。

（2）强化外在激励

强化外在激励能够提供额外的动力,确保员工在培训中保持高昂的热情,提高培训的成效,并且减少培训后离职的风险。具体举措包括:

第一,提供持续的支持与资源。在培训过程中,跟踪学员学习情况,设立培训支持热线、提供导师制度或设置专门的支持团队,帮助员工解决学习中的问题和困难。AI在其中的作用包括:分析员工的学习数据和进度,自动推荐相关资源;提供个性化的反馈和建议,帮助调整学习策略;支持建立虚拟协作平台,鼓励员工之间的互动和知识共享。

第二,公开表彰与认可。在公司内部通过公告、会议等方式公开表彰在培训中表现优异的员工。给予他们荣誉称号或展示他们的学习成果,提升他们的培训满足感和成就感。

第三,完善奖励机制。将员工培训与绩效、薪酬等紧密结合,形成系统化奖励体系。同时跟踪员工的长期表现,提供持续的激励方案。例如,企业可以设立长期奖励计划,对在培训后表现优异并长期服务的员工给予额外的奖励,如年度奖金、长期服务奖和特别晋升机会等,增强员工对企业的归属感和忠诚度。

 案例8-2

花旗银行：人才在"九方格"之间行走[①]

花旗银行(Citibank)成立于1812年,总部位于美国纽约,是全球最大的金融服务集团之一。花旗银行重视人才培养,致力于打造一支高素质、专业化的员工队伍。

为了合理选拔和培养管理者,花旗银行成功实施了"九方格"法。这一方法根据绩效和潜能两个维度,将员工分配到九个不同的格子里,并进行相应的培训。这一方法为花旗的战略性人才储备、员工职业生涯发展规划及经营战略实施提供了关键支持。

九方格的横轴是绩效,包括对整体结果的贡献、客户效率、个人业务和技术熟练度、执行程度、领导力、内外关系、全球效力和社会责任等,绩效分为三个等级:优秀、完全达标和起贡献作用。纵轴是潜能,包括转变的潜能、成长的潜能和熟练的潜能三个等级。

---

① 花旗银行：人才在"九方格"之间行走[N].中国经营报,2004-08-22,http://finance.sina.com.cn/jygl/20040822/1428966266.shtml.

据此,花旗银行将员工划分到九个方格中,参见图 8-1。

	起贡献作用	完全达标	优秀
转变	7	3	1
成长	8	5	2
熟练	9	6	4

潜能 | 绩效

图 8-1　花旗银行员工九方格图

第 1 格:优秀转变型。具备转变到更高层次的能力。进行管理培训,六个月内晋升到高一级职位。

第 2 格:优秀成长型。能够承担更大职责,对其进行管理培训和其他部门工作的培训。

第 3 格:完全达标转变型。有潜力进行转变,当前岗位需更出色的表现。作为第一格人才的后备储备,进行相关培训。

第 4 格:优秀熟练型。有能力在同一层级的相似工作岗位上高效地工作,具有掌握新技能的能力。这类员工学习能力强,有可能会被安排到别处做其他方面的工作,在考察之后安排其新部门的培训课程。

第 5 格:完全达标成长型。有可能承担更多职责,但需努力提升绩效。重点培训其应用知识和技能。

第 6 格:完全达标熟练型。技术熟练,但需提升素质能力,向完全达标转变型努力。

第 7 格:贡献者转变型。需提升绩效,进行相关技术培训。

第 8 格:贡献者成长型。在某些工作方面表现良好,需在当前层级达到完全达标的级别。

第 9 格:贡献者熟练型。在稳妥和自愿的基础上,必须帮助其达到完全达标,否则需重新安排岗位或寻找其他工作机会。

通过九方格甄选出来的优秀员工进入管理者后备行列。首先接受为期 2~3 天的银行基础知识培训,然后进入轮岗培训阶段,涵盖合规、风险控制、产品运作、客户服务等关键部门,并接受 6 周的理论课程培训。轮岗培训不仅帮助员工了解银行的总体管理和运作模式,也让员工找到适配部门和岗位。

轮岗培训后,员工参加海外系统培训,课程涵盖银行知识、人力资源、管理学等,并学习最新的金融工具,提升跨文化工作能力。花旗在美国总部的培训中心提供两周到一个月的培训,并通过实地培训,如派遣员工到伦敦、新加坡等地学习,增强员工的专业能力和全球视野。

(三)培训后:成果转化

培训后最重要的环节是培训成果转化。培训成果转化,又称培训迁移,是指员工将培训中所学的知识、技能、行为方式和认知策略持续而有效地运用于工作当中,从而使培训项目发挥其最大价值的过程。

1. 培训成果转化理论

(1)同因素理论

同因素理论由美国心理学家桑代克和伍德沃斯等在实验的基础上提出。他们认为,培训成果的转化取决于任务、材料、设备和其他学习环境特点与工作环境的相似性。如果培训的内容与实际工作内容完全一致,那么受训者在培训过程中只是简单地训练工作任务,就会取得较好的培训成果转化效果。[①]

培训环境与工作环境的相似性有两个衡量尺度:物理环境相似和心理环境相似。

物理环境相似指培训项目中的设备、任务和环境方面与实际工作中环境的条件相同,这主要应用在技术或技能培训中。典型例子是航天员培训。有关资料显示,在航天员进行的所有训练中,利用模拟器进行综合任务训练要占40%的时间。航天飞行训练模拟器可以提供逼真的飞行环境操作界面以及飞行过程模拟和运动感知模拟,使航天员能够体验各种飞行模式和飞行状态,进行飞行程序、操作技能、故障识别与处理训练。由于培训环境和实际飞行环境完全吻合,这样航天员就很容易将培训所学的技能迁移到实际太空环境中。

心理环境相似是指培训时受训者所面临的情境及相关的心理状态与实际工作环境高度相似,主要应用在管理能力培训中,包括压力管理、冲突管理、情绪管理等。例如,对员工进行压力管理培训时,让其承受一系列工作和生活中可能出现的压力事件,以提高其压力承受力和处理能力,那么当实际出现这些情况时,员工就很容易将所学能力进行转化。

根据同因素理论,在设计培训项目时应注意以下关键环节[②]:

- 培训中应告诉学员基本的概念。
- 培训过程中应明确具体的操作流程。
- 明确在何时、以何种方式将培训内容运用于工作中。
- 说明培训中所执行的操作与实际工作是否存在差别,如果存在细微的差别,今后应如何注意。
- 在培训过程中鼓励学习的内容超出所应用的范围。
- 将培训内容限定在那些受训者有能力掌握的范围内。
- 鼓励学员将培训课堂上所学的技术、知识等应用于实际的工作当中。

(2)激励推广理论

激励推广理论由贾德在认知主义框架中发展起来。这一理论认为,同因素理论虽然关注了两种学习活动的共同因素,但一旦学习情景发生变化,学习者可能会无所适从。因此,两种学习之间存在的共同成分只是培训转化的必要条件,但不是决定性条件。激励推广理论强调,培训成果转化的关键在于学习者能够概括出两种学习之间的共同原理或一般原则。这样,即使情境发生了改变,受训者也能依据共同原理或一般原则来解决问题。

贾德通过两组儿童进行的水下射击实验来说明这一原理。他让一组儿童学习光学折射原理,而另一组不学。然后让两组儿童打靶。当靶子离水面1.2英寸时,两组成绩相同。当靶子移到水下4英寸时,学习过光折射原理的儿童无论是速度还是准确性都比没有学习过这一原理的儿童高。这是因为,学习过光学折射原理的儿童对经验进行了概括,并能运用所学的原理到具体情景中。光线在穿过空气和水的边界时会发生折射,目

---

① 徐芳.培训与开发理论及技术[M].上海:复旦大学出版社,2019:260-261.
② 同上:261.

标实际位置与肉眼看到的位置不一致。理解这一原理后,受训者能够准确判断目标的位置并做出相应的调整。[①]

根据激励推广理论,培训时应强调知识或技能的基本原理或行为的一般性原则,同时明确这些原理或一般性原则的适用范围,鼓励受训者灵活地将所学技能应用于现实工作中。即使工作环境(设备、问题、任务)与培训环境有差异,受训者也能推广运用所学理论,实现"远迁移"。

案例 8.5　基于培训迁移理论的某汽车 4S 专营店岗位培训

（3）认知转换理论

认知转换理论由奥苏贝尔提出,该理论以学习的信息加工模型为理论基础,认为信息的储存和恢复是学习的关键因素,培训成果能否转化取决于受训者回忆所学知识、技能的能力。为此,需要通过有意义的材料和编码策略来增强培训内容的存储和回忆。一方面,培训师应向受训者提供与实际工作相关联的、有意义的材料,增加受训者将所学的知识技能与工作相结合的机会,从而提高记忆的效果;另一方面,要进行编码记忆的培训,使受训者在实际工作需要时能很快地回忆起所学习过的知识与技能。

综上,三个培训成果转化理论强调的重点及适用条件有所不同,具体差异如表 8-5 所示。其中,同因素理论强调培训环境和工作环境的相似性,即在仿真模拟的情况下进行培训,主要适用于工作环境稳定且可预测,比如新设备使用的培训;激励推广理论强调将一般原则运用于多种不同的工作环境,培训环境可以与实际工作环境不同,比如人际关系培训;认知转换理论强调有意义的材料和编码策略可增强培训内容的存储和回忆,培训转化主要依赖于受训者的记忆,适用于各种工作环境,可以随时调整培训项目。

表 8-5　培训成果转化理论比较

理　　论	强调重点	适用条件
同因素理论	培训环境和工作环境相同	工作环境稳定且可预测
激励推广理论	一般原则运用多种不同的工作环境	工作环境不稳定且不可预测
认知转换理论	有意义的材料和编码策略可增强培训内容的存储和回忆	各种工作环境

2. 促进培训成果转化的策略

（1）加大支持力度

加大支持力度包括管理者支持和同事支持两个方面。

管理者支持是指受训员工的上级管理者积极支持其下属参加培训,并支持下属将所学运用到工作中去。管理者对培训的支持水平如表 8-6 所示,最低层次的支持是承认培训的重要性,允许受训者参与培训;最高层次的支持是作为培训指导者亲自参与培训。管理者对培训的支持程度越高,培训成果转化的效果也就越明显。

---

①　王淑珍,王铜安. 现代人力资源培训与开发[M].北京:清华大学出版社,2010:77.

表 8-6　管理者对培训的支持水平①

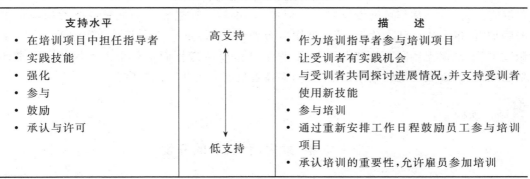

支持水平		描　述
• 在培训项目中担任指导者 • 实践技能 • 强化 • 参与 • 鼓励 • 承认与许可	高支持 低支持	• 作为培训指导者参与培训项目 • 让受训者有实践机会 • 与受训者共同探讨进展情况,并支持受训者使用新技能 • 参与培训 • 通过重新安排工作日程鼓励员工参与培训项目 • 承认培训的重要性,允许雇员参加培训

表 8-7 显示了决定管理者对培训支持水平的因素。可以看出,影响管理者支持水平的关键在于管理者是否对培训有足够的了解,以及是否认识到培训的价值。因此,培训工作者与管理者的沟通和协作至关重要。为此,培训工作者应开展培训研讨会,使中高层核心团队成员理解培训的重要性,并掌握有效的支持方法;培养中高层核心团队人员成为内部讲师;理解各管理者团队成员的能力现状,积极协助其培养人才队伍。

表 8-7　决定管理者对培训支持水平的因素②

- 我知道这门课程的内容是什么。
- 我了解培训如何与我希望员工完成的任务相匹配。
- 有可靠的方法证明培训会对员工有帮助。
- 有可靠的方法证明培训会对我们的部门有帮助。
- 我明白组织提供培训的原因。
- 在绩效评估中,我能评价员工在培训班上所学的内容。
- 我对培训有足够的了解,可以在员工返回工作岗位时提供支持。
- 我们有可用于课堂讨论的工具和技术。
- 我很高兴员工能参加培训。
- 我已与将要参加培训的员工讨论了培训的内容。
- 员工知道我关心课程内容。

同事的支持也至关重要。员工熟悉自己的专业领域,但可能对其他岗位的知识技能了解有限。如果多学科、多领域的员工能够通力合作,有助于互通有无、取长补短,从而顺利实现培训成果转化。从案例 8-3 可以看出,正是由于软件开发人员和工程师有效合作,才使松下电器成功地开发出"家用面包机"。

---

① 雷蒙德·A.诺伊,徐芳译.雇员培训与开发[M].北京:中国人民大学出版社,2015:190.
② 同上:200.

然而,一些员工可能担心同事在转化培训成果成功后会对自己造成竞争威胁,因此不愿意支持同事,甚至可能设置障碍。对此,企业需要通过相应的文化或制度消除员工的顾虑,促进合作。从文化上,要营造团队合作的氛围,使员工认识到合作的重要性;从制度上,要确保支持同事能够得到奖励,例如通过团队考核而不是个人考核的方式来评估业绩,当同事成功地转化培训成果时,支持者也能获得相应的奖赏。

 案例 8-3

松下电器"家用面包机"的开发

松下电器在 1973 年推出了用于面包发酵的电炉,但在揉面环节遭遇了失败。尽管面临挫折,公司并未放弃,决定在 1984 年重新开始家用面包机的开发工作。要想成功研制家用面包机,必须解决揉面技术这一难题。

当初,松下电器开发的自动家用面包机在揉面过程中存在严重问题,导致焙烤后的面包外焦内生,因此产品没有获得市场认可。这个问题的突破最终来自公司软件开发人员田中郁子,她提出了一个创新的解决方案,并主动参与实施。田中郁子认为,如果大阪国际酒店的一级面包师能制作出好面包,那么向他们学习揉面技术或许会有所帮助。

于是,田中郁子开始了广泛的学习之旅。她走访了大阪、东京的各大酒店、西餐点和面包房,并跟随顶级面包师学习揉面技术。尽管这些面包师无法系统地描述他们的揉面技巧,但田中郁子通过不断观察、尝试和实践,最终掌握了这种技术。

在学习成果转化的过程中,田中郁子面临一个挑战:她不是工程师,无法设计机械装置。但她通过描述揉面过程中的"螺旋形结构",并提出了如"增加强度"或"提高速度"等建议,帮助工程师调整机械装置的设计。尽管这些建议相对简单,但它们为工程师的设计提供了宝贵的指导。

经过一年的努力和不断调整,工程师根据田中郁子的建议,设计出一种特殊的肋骨状金属体,这种设计能够在推动器运转时将面团充分拉长。最终,家用面包机于 1986 年面市,并在第一年就创下了炊用电器新产品的销售记录。

松下电器之所以能够成功开发出家用面包机,关键在于田中郁子和工程师之间的紧密合作。田中郁子将她学到的揉面技术有效转化为机械装置的设计要求,而工程师则根据这些要求调整和优化机械装置。这种合作不仅弥补了技术上的不足,还最终带来了市场上的成功。

（2）增加应用机会

应用机会包括执行机会和技术支持。

执行机会指的是受训者将所学知识、技能或行为方式应用于实际工作的机会。执行机会的多寡对培训成果的转化具有重要影响。如果受训者很少有机会应用培训内容,这些知识或技能可能会迅速被遗忘。相反,若受训者有较多的应用机会,他们可以通过不断实践来巩固所学,从而提高培训成果的转化成功率。

执行机会涉及应用的范围、活动程度和任务类型。应用范围指的是培训内容在工作中有多少实际应用的机会；活动程度是指在工作中应用培训内容的次数或频率；任务类型则涉及在工作中实际运用培训内容的难度或重要性。

执行机会受到组织安排和受训者动机两个方面的影响。一方面，企业应在培训后为员工安排相关的工作任务；另一方面，员工自己若能积极主动地寻找或争取机会应用所学内容，也有助于培训成果的转化。

技术支持指的是利用现代科技帮助受训者转化培训成果。AI 技术在这一过程中发挥着重要作用。例如，AI 驱动的知识库系统能够实时提供技能培训、信息资料及专家建议。受训者可以通过这一系统随时获取所需的信息，并通过自然语言处理技术进行互动查询，获得个性化的学习指导，从而提高培训成果的转化效率。此外，AI 分析工具还可以帮助培训师识别转化过程中的问题，了解受训者在实际工作中的应用情况，并根据这些分析结果调整培训内容和方法，从而提供更加精准的支持和改进措施。

（3）进行正向强化

强化理论指出，当受训者成功转化培训成果并获得正面的反馈和奖励时，他们会更有动力继续应用所学的知识和技能。如果因转化失败而受到惩罚，受训者可能会感到沮丧，从而降低尝试的意愿。因此，为了确保培训成果的成功转化，必须重视正向反馈和积极强化。

当受训者在应用培训内容时遇到困难或失败时，管理者和培训师应采取支持性的反馈策略，而非惩戒措施，帮助受训者深入分析失败的原因，找出问题所在，并提供针对性的支持和改进建议。此外，对成功转化培训成果的受训者给予积极的奖励。这些奖励包括薪酬提升、奖金、职位晋升等实质性奖励，也包括尊重、认可和成就感等精神奖励，促使受训者将培训所学应用于工作实践中。

思 考 题

1. 培训有哪些风险？

2. 一份完整的培训计划应该包括哪些主要内容？简要分析如何利用 AI 制订培训计划。

3. 如何防止培训后人才流失？

4. 如何防范泄密的风险？

5. 简述并比较培训成果转化的相关理论。

6. 如何促进培训成果转化？

即 测 即 练

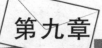

拓展应用：AI 与典型职位培训方案

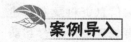

阿里巴巴新员工入职培训

阿里巴巴高度重视新员工入职培训，通过"百阿文化""角色转换"和"技能培训"三大模块，帮助新员工快速融入公司文化、适应企业环境并提升专业技能。系统化的培训方案不仅提高了新员工的职业素质，还增强了他们对公司的归属感和忠诚度，为阿里的持续发展注入了新的动力。

1. 文化培训——百阿文化

阿里巴巴的"百阿文化"培训是其人才培养的重要一环。这一培训项目旨在帮助新员工深入了解阿里的历史、文化和战略，确保公司文化的持续传承。"百阿"代表阿里巴巴期望存在 102 年的愿景。

阿里文化培训主要分为三个模块。模块一——"初心"，要求每位新员工分享自己加入阿里巴巴的动机和期望，目的是帮助员工回顾自己的职业目标和加入阿里的理由，增强对公司使命的认同感。模块二——自我价值的思考，引导新员工思考自己在公司中的角色和贡献，帮助他们定位自身价值。模块三——未来展望，探讨阿里巴巴的未来发展方向及其对员工个人发展的影响，帮助员工了解公司的长远目标，并思考如何与公司共同成长。

在百阿文化培训中，公司高层积极参与，讲述公司的历史、使命和发展方向。培训后的两个月实习期内，员工将接受阶段性考核，评估培训效果和员工价值观的适应情况。

2. 角色转换培训——从校园人到企业人

对于应届毕业生而言，从校园人到企业人的角色转换至关重要。阿里的角色转换培训注重"三态"的转变：心态、生态和姿态。"转变心态"要求新员工能够从急功近利的"毛小子"转变为目光远大、脚踏实地的人；"转变生态"帮助新员工从封闭、疏离的状态转变为积极合作、建立信任的人际网络；"转变姿态"则要求新员工从惯性的工作方式转变为高效、开放和自主的工作姿态。

3. 技能培训——软技能＋硬技能

阿里的技能培训涵盖软技能和硬技能的培养，旨在全面提升新员工的能力和素质。

软技能的培训内容包括思维成熟度、团队协作能力、领导力和抗压能力等方面。硬技能针对专业领域的知识和基础能力,通过《16字秘诀》进行培训。"我听你说"——岗位的核心负责人或经理培训新员工,并答疑解惑;"你说我听"——培训后,观察新员工的学习情况,并听取新员工的学习汇报;"我做你看"——负责人演示操作,学员提问;"你做我看"——学员实践操作,负责人指导。

一、新员工培训

新员工培训,是指企业为新入职员工设计和实施的一系列系统化培训和教育活动,旨在帮助新员工快速适应公司环境,熟悉工作内容,融入企业文化,提升职业素养和工作效率。

（一）新员工培训的目标及内容

1. 从"局外人"到"企业人"转换

新员工入职前对于企业来说是"局外人"。刚入职时他们对企业的基本情况、组织架构、管理制度、企业文化等都不甚了解,需要通过相应的培训,熟悉组织并尽快融入,成为真正的"企业人"。为帮助新员工实现这一转换,重点培训以下内容:

（1）企业概况。包括:企业名称、规模、产品、服务等,介绍公司的基本信息和主营业务;组织结构及主要领导,讲解公司的组织架构和主要领导人员及其职责;企业的地理位置和分支机构,说明公司总部及各分支机构的位置;企业发展历史和重要贡献者,回顾公司的发展历程和关键人物;企业客户和市场竞争状况,分析公司的主要客户群体和市场竞争情况;企业战略及发展前景,介绍公司的战略目标和未来发展方向,帮助新员工全面了解企业。

（2）规章制度。包括:员工基本行为规范,介绍员工在工作中应遵守的行为准则和职业道德;人事制度,涵盖培训开发、薪酬福利、绩效考核、休假等规定,帮助员工了解公司的管理政策;奖惩制度,讲解公司的奖励和惩罚机制;财务制度,介绍出差规程与费用报销流程;安全生产制度,说明公司在生产过程中的安全要求和标准。

（3）企业文化。企业文化是企业的灵魂,体现了企业在长期发展过程中形成的独特的价值观、信念和行为规范。企业文化包括:使命,阐明企业存在的根本目的和责任;愿景,描绘企业未来的发展方向和目标;价值观,展示企业在经营过程中坚持的核心原则和信念;企业形象标志,展示企业的标识和品牌形象;企业精神,反映企业在奋斗过程中形成的独特精神和作风;企业故事与传统,通过企业的发展历程和重要事件,传递企业的文化精髓和传统习惯。

2. 从"校园人"到"职业人"转换

对于刚从院校毕业的学生而言,他们可能保持着学生的思维方式和行为习惯,但对职场规则以及如何成为合格的"职业人"了解甚少。通过系统培训,可以帮助新员工从"校园人"转变为"职业人"。关键培训内容包括:

（1）自我角色认知。帮助新员工实现从"学生"到"员工"的角色转换；阐明企业对员工的期望，知晓企业需要什么样的员工；探讨工作的意义和个人职业发展的目标，明确为什么而工作，树立正确的职业观。

（2）职业心态。培养新员工积极的职业化心态，包括：自信心的建立，帮助新员工树立自信并积极面对工作挑战；使命感建设，引导新员工理解和认同企业的使命与愿景，增强责任感；追求卓越的心态，鼓励新员工在工作中不断追求卓越和高标准；挫折承受能力，提高新员工面对挫折和困难时的心理承受能力。

（3）职业素养。职业素养是新员工在职业生涯中必须具备的基本素质和行为规范，涵盖诚实守信、爱岗敬业、勤勉负责、依法合规等要求。

（4）团队合作。培养新员工的团队意识，帮助他们理解团队合作的重要性；建立互信关系，促进新员工与团队成员之间的信任和理解；团队信息沟通，培训如何在团队中有效地沟通和分享信息；介绍团队内部合作的方法和健康竞争的意义，增强团队凝聚力；指导新员工如何处理和调解团队内的冲突和纠纷。

（5）职业形象塑造。涵盖：仪表礼仪，指导新员工如何保持得体的仪表和穿着；办公礼仪，培训在办公环境中的行为规范和礼仪；社交礼仪，训练新员工在社交场合中的礼仪和沟通技巧；电话礼仪，介绍在工作中进行电话沟通时的规范和注意事项；会议礼仪，讲解参加会议时的礼仪和行为规范。确保新员工在各种职业场合中都能展现出专业的职业形象。

（6）职业能力提升。包括：有效沟通的技巧，帮助新员工掌握在工作中与同事、领导和客户进行高效沟通的方法；时间管理技巧，培训如何合理规划和利用时间；信息管理技巧，介绍如何有效地收集、整理和利用信息；AI使用技能，指导新员工如何使用人工智能工具来辅助工作；人际关系艺术，帮助新员工掌握建立和维护良好人际关系的技巧。

3. 从"理论人"到"实践人"转换

刚毕业的学生往往注重理论知识的学习，而实践机会较少，缺乏工作经验。为了帮助新员工尽快适应工作环境、提高实践能力，实现从"理论人"到"实践人"转换，需要重点培训以下内容：

（1）部门概况。介绍部门的主要职能、各部门之间的关系、与其他部门的协作方式和沟通渠道；部门主要领导及其职责；部门的工作区域和设备布局；部门的关键绩效指标。

（2）岗位职责。职位说明书，说明职位的具体职责和要求，明确岗位的任务和目标；岗位专业知识技能，培训岗位所需的专业知识和技能，确保新员工具备完成工作所需的能力；岗位工作行为规范，介绍岗位的工作行为标准和规范，确保新员工在工作中遵守公司的行为准则和职业道德。

（3）工作方法。工作流程，讲解岗位的主要流程、关键环节和标准化操作程序；设备操作，讲解操作设备的正确使用方法，介绍设备的日常维护和保养方法；任务管理，对任务进行分解，确定任务优先级，制订合理的时间计划；问题解决，培训如何识别、分析和解决工作中遇到的问题。

（4）安全知识。信息安全知识，讲解如何保护公司和客户的数据，防范网络攻击和信息泄露；消防安全知识，培训消防设备的使用方法、逃生路线和火灾应急处理措施；作业安全知识，介绍岗位相关的安全操作规程，防范工伤和意外事故；职业保护知识，讲解职业健康与安全防护措施，预防职业病和工作相关的健康问题。

扩展阅读 9.1　新员工必备的关键职业素养

专栏 9-1

新员工如何快速融入团队①

1. 保持平常心，努力工作。新到团队时，新员工作为"新人"可能难以立刻融入"圈子"。此时需要抓紧时间熟悉公司环境，了解公司的各项政策、流程和制度，弥补相关专业知识，努力提升职业素养。

2. 保持积极态度。积极参加公司和团队的活动。在集体活动中，展现自己的才能。这种展现既要充分，又不能过于张扬；既要传达出自己有才能的信号，又不能抢他人表现的机会。

3. 保持助人为乐。当团队中有人向你求助时，在不违背原则的情况下，利用自己的才能帮助他们解决问题。这不仅有助于在团队中建立良好的人际关系，还能促进他人对你的支持和帮助。

4. 真诚待人。在职场上，要想获得他人的认可，需要真心待人，用心做事。传达出自己是可以信赖、值得交往的人的信号。

5. 保持经济独立。避免与团队成员发生经济上的纠葛。

6. 适当保持低调。初入团队时，适当保持低调是重要的，要用眼睛和心去观察团队，感受团队的氛围和文化。

（二）新员工培训课程体系

新员工培训分为两个层次：企业集中培训和部门岗位培训。企业集中培训侧重向全体新员工培训企业共同的内容，目的是培养"企业人"和"职业人"。"企业人"目标的培训课程包括企业概况、规章制度、企业文化；"职业人"目标的培训课程包括自我角色认知、职业心态、职业素养、团队合作、职业形象塑造、职业能力提升。部门岗位培训侧重向新员工介绍所在的特定部门和具体岗位的工作要求，目的是培养"实践人"，使新员工尽快适应并胜任工作岗位。具体课程包括部门概况、岗位职责、工作方法、安全知识。

新员工培训课程体系如表 9-1 所示。

---

① 谷力群,黄兴原.企业员工培训管理实务[M].北京：清华大学出版社,2022：95.

表 9-1 新员工培训课程体系

培训形式	培训目的	培训课程	培 训 内 容	培 训 方 法
集中培训	企业人	企业概况	• 企业名称、规模、产品、服务 • 组织结构及主要领导 • 企业的地理位置和分支机构位置 • 企业发展历史和阶段性英雄人物 • 企业客户、市场竞争状况 • 战略及发展前景	• 讲授法结合多媒体演示 • 实地参观 • 运用典型事例和故事 • 小组讨论
		规章制度	• 员工基本行为规范 • 人事制度（培训开发、薪酬福利、绩效考核、休假等制度） • 奖惩制度 • 财务制度 • 安全生产制度	• 讲授法结合案例分析 • 制作并发放《员工手册》，或通过E-mail发送，员工自学。 • 情景模拟 • 实地演练 • 提问回答
		企业文化	• 使命、愿景、价值观 • 企业形象标志 • 企业精神 • 企业故事与传统	• 讲授法 • 案例分析 • 实物展示 • 故事分享
	职业人	自我角色认知	• 从"学生"到"员工" • 企业需要什么样的员工 • 我们为什么而工作	• 讲授法 • 新老员工见面会 • 小组讨论
		职业心态	• 自信心的建立 • 使命感建设 • 追求卓越的心态 • 挫折承受能力培养	• 讲授法 • 案例分析 • 课堂讨论 • 游戏法 • 教练辅导
		职业素养	• 诚实守信 • 爱岗敬业 • 勤勉负责 • 依法合规	• 讲授法 • 案例分析 • 角色扮演 • 情景模拟 • 小组讨论
		团队合作	• 团队意识的培养 • 互信关系的建立 • 团队信息沟通 • 团队合作与竞争 • 调解团队纠纷	• 团队游戏 • 拓展训练 • 角色扮演 • 情景模拟 • 小组讨论
		职业形象塑造	• 仪表礼仪 • 办公礼仪 • 社交礼仪 • 电话礼仪 • 会议礼仪	• 展示与讲解 • 实际操作练习 • 情景模拟 • 实战演练
		职业能力提升	• 有效沟通的技巧 • 时间管理技巧 • 信息管理技巧 • AI使用技能 • 人际关系艺术	• 角色扮演 • 模拟练习 • 讲授法 • 演示和操作练习

培训形式	培训目的	培训课程	培 训 内 容	培 训 方 法
岗位培训	实践人	部门概况	• 部门职能 • 部门主要领导 • 部门工作场所 • 关键绩效指标	• 部门负责人介绍 • 实地参观
		岗位职责	• 职位说明书 • 岗位专业知识技能 • 岗位工作行为规范	• 发放工作说明书 • 实际操作 • 案例研究 • 模拟练习
		工作方法	• 工作流程 • 设备操作 • 任务管理 • 问题解决	• 工作演示法 • 工作指导法 • 模拟练习 • 案例分析
		安全知识	• 信息安全知识 • 消防安全知识 • 作业安全知识 • 职业保护知识	• 讲授法 • 案例分析 • 实地演练

（三）AI 与新员工培训

1. 迎新会：培养归属感

迎新会是新员工入职培训的首要环节，旨在帮助新员工快速适应公司环境和融入团队。通过迎新会，新员工能够对公司有一个全面的了解，感受到被欢迎和重视，增强对公司的归属感。这一归属感是新员工融入团队、提高工作满意度、保持长期留任的基础。

（1）公司介绍。讲解公司成立的背景、发展历程和重大成就，介绍公司未来的战略目标和愿景，让新员工感受到公司持续发展的辉煌历史，激发对公司未来的期待和认同。

（2）团队介绍。介绍各个部门的主要职责、组织结构以及部门领导。通过与部门领导的见面，新员工可以了解各部门的功能以及如何进行协作，同时感受到公司对他们的重视。安排新员工与直接工作的小组成员进行面对面的交流，让新员工能够更快地认识同事，并建立初步的关系。

（3）互动环节。通过自我介绍和交流，新员工可以分享自己的背景、兴趣和职业期待。这不仅使其他员工更好地了解新同事，还能帮助新员工迅速融入团队，增强他们对团队的认同感和归属感。

AI 在迎新会中能够显著提升新员工的体验。通过生成生动的动画或影片，AI 将公司发展历程和重大成就以引人入胜的形式呈现，增强信息的趣味性和震撼力。AI 还可以通过智能推荐系统，根据新员工的背景和兴趣，个性化推送公司信息和部门介绍，帮助他们快速掌握相关内容。互动环节中，AI 驱动的工具能够优化交流安排，提升新员工融入团队的效果。

2. 导师辅导：增强支持感

给新员工配导师在现代企业中已成为一种常见且有效的做法。通过导师辅导，新员工能够更快地适应工作环境，融入企业文化，提升工作技能。利用 AI 技术，分析新员工的背景、技能和职业发展目标，可以智能匹配最适合的导师。导师在以下方面为新员工提供支持：

（1）个人指导和支持。导师可以根据新员工的具体情况，借助 AI 制订针对性的辅导计划，进行个性化指导，帮助他们更好地理解工作要求，胜任岗位职责。AI 还能实时分析新员工的表现和需求，为导师提供精准的建议和支持方案。

案例 9.1 宝洁的新员工导师制

（2）职业发展支持。导师帮助新员工制定职业发展规划，明确他们的职业目标和发展路径，使他们感受到公司对其职业发展的重视和支持。AI 可以分析新员工的职业兴趣和能力，提供个性化的职业发展建议和路径规划，并根据新员工的技能评估结果，推荐相应的培训课程和学习资源，确保新员工能够快速提升所需的技能。

（3）心理支持。导师可以在新员工遇到困难和挫折时提供情感上的支持，倾听他们的困惑和担忧，给予积极的鼓励和建议。AI 可以提供情感分析工具，帮助导师更好地了解新员工的情感状态，并及时给予适当的支持和关怀。通过这些方法，新员工不仅能够更快适应新岗位，还能感受到公司对其发展的关注和支持，从而增强他们的支持感和认同感，提高工作积极性和忠诚度。

3. 团队建设：建立信任感

团队建设是新员工培训的重要组成部分，旨在通过各种活动增进员工之间的互动与合作，建立信任感，增强团队凝聚力。利用 AI 技术，可以更高效地规划和执行这些活动，以达到最佳效果。以下是几种常见的团队建设活动及其作用：

（1）拓展训练。拓展训练通常是在户外进行的体能和心理挑战活动，需要团队成员密切合作完成各种任务。这种训练能够提高团队的协作能力，增强成员之间的信任和默契。适合新员工的户外拓展训练活动见表 9-2。通过 AI 技术，可以分析员工的体能和心理状况，定制适合他们的训练项目。例如，高空挑战和团队穿越障碍活动，通过共同克服困难，培养团队的集体荣誉感和战斗力。AI 还可以实时监控训练过程，提供数据分析，帮助团队成员提升心理素质和领导能力。

表 9-2　适合新员工的户外拓展训练活动

活动名称	活动目的	活动内容	注意事项
信任背摔	• 增强团队成员之间的信任感 • 提升团队凝聚力 • 克服恐惧心理，增强自信心	参与者站在一个平台上，背对下方的团队成员，向后倒下，由团队成员接住。	• 安全检查：确保平台稳固，团队成员具备接住能力。 • 心理准备：进行适当的心理准备，减少紧张情绪。 • 团队协作：确保接住摔下者的团队成员协调配合。

活动名称	活动目的	活动内容	注意事项
绳索挑战	• 提升团队成员的自信心和合作精神 • 克服对高处的恐惧 • 增加团队协作和解决问题的能力	参与者在高空绳索、平衡木或绳桥上完成任务,包括行走、平衡等。	• 安全设施:确保绳索和设备的安全性。 • 适应性培训:提供使用培训,熟悉设备。 • 逐步挑战:从简单任务开始,逐渐增加难度。
障碍赛	• 增强体力和耐力 • 提高团队协作和解决问题的能力 • 激发积极性和竞争意识	设置多种障碍,如爬墙、穿越隧道、跨越泥坑等,团队需共同合作完成这些障碍。	• 场地安全:确保障碍赛场地平整、安全。 • 体能评估:设计适当难度,进行热身。 • 沟通协作:鼓励团队成员有效沟通,确保每个人的安全。
定向越野	• 提升规划能力、导航技巧和沟通能力 • 增强团队协作和问题解决能力	使用地图和指南针在规定区域内找到目标点,完成任务。	• 地图和设备:确保地图和指南针准确,提供使用培训。 • 安全规划:设定活动范围,提供紧急联络方式。 • 团队合作:协作制定路线,良好沟通。
团队漂流	• 增强协作能力和资源利用能力 • 提升创造力和解决问题的能力	设计和建造漂浮筏子,并用其在河流中漂流,完成任务。	• 安全措施:确保漂流区域的安全,配备救生装备。 • 设计评估:评估筏子的设计和材料。 • 协作训练:培训团队成员如何协调操作。
求生挑战	• 提高在复杂环境中的应变能力和资源利用能力 • 增强生存技能和合作精神	模拟野外环境中完成生存任务,如搭建避难所、寻找食物和水源等。	• 活动规划:明确活动范围和任务,确保任务的安全性。 • 资源准备:提供必要工具和资源,进行培训。 • 安全监控:设立监督机制,提供帮助。
团队建筑	• 激发创造力和合作精神 • 提升组织和规划能力 • 增强解决问题能力	在规定时间内完成建筑任务,如搭建纸塔、制作实用工具等。	• 材料准备:提供建筑材料,解释使用方法。 • 时间控制:设置合理时间限制。 • 创意鼓励:鼓励创造力,寻找创新解决方案。
定向寻宝	• 提升解决问题能力和协作能力 • 增强参与感和趣味性 • 促进沟通和合作	根据线索在指定区域内寻找隐藏物品或完成任务。	• 线索设计:设计清晰且具有挑战性的线索。 • 区域安全:设定安全的活动区域。 • 团队协调:鼓励有效沟通,确保每人参与。

第九章 拓展应用:AI 与典型职位培训方案

（2）团队游戏。团队游戏是一种轻松有趣的互动活动,旨在通过简单的游戏促进团队成员之间的交流和合作。破冰游戏和角色扮演等活动能够打破最初的隔阂,帮助新员工快速融入团队,增强团队精神。AI可以根据团队成员的性格特点和兴趣爱好,生成和推荐最适合的游戏活动。也可以分析游戏过程中的互动数据,进一步优化游戏设计,提高团队成员的沟通能力和问题解决能力,促进团队成员之间的友谊和信任关系。

（3）团队项目。团队项目是需要团队成员共同完成的复杂任务,通过这种任务可以培养团队的协作能力和项目管理能力。AI可以分析团队成员的技能和兴趣,智能匹配适合的项目任务,确保每个成员都能充分发挥自己的特长。AI还可以实时跟踪项目进展,提供反馈和建议,促进团队成员之间的深度合作和交流,使他们在实际工作中更加紧密地协作。

（4）社交活动。社交活动是团队成员在非正式环境下的互动,旨在通过轻松的社交氛围增进团队成员之间的联系。例如,团队聚餐和体育活动,提供一个放松和交流的机会,减轻工作压力,增加团队成员的幸福感和归属感。AI可以分析团队成员的日程安排,智能安排最佳时间和地点进行活动。通过AI的情感分析工具,可以评估社交活动的效果,确保活动能够达到预期的目标,增强团队的凝聚力。

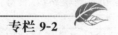

专栏 9-2

新员工破冰游戏

1. 自我介绍球

活动目的:

• 让团队成员互相了解,增进彼此之间的认识。

• 打破陌生感,促进互动。

活动内容:

① 参与者围成一个圈,手中持有一个球(可以是软球或充气球)。

② 每个参与者轮流将球抛给其他人,同时分享自己的一个个人信息,如兴趣爱好、职业经历或生活趣事。

③ 接到球的人接着分享自己的个人信息,并将球传给下一位。

注意事项:

• 确保每个人都有机会参与,避免某些人频繁发言。

• 鼓励分享有趣和积极的信息,促进轻松愉快的氛围。

2. 两真一假

活动目的:

• 促进团队成员之间的了解。

• 激发趣味性和互动。

活动内容:

① 每位参与者依次说出三件关于自己的事情,其中两件是真实的,一件是假的。

② 其他团队成员猜测哪一件是假的。

③ 揭示答案,并让讲述者分享更多关于自己的真实故事。

注意事项:

- 鼓励参与者分享有趣或独特的事情,以引发讨论和笑声。
- 确保每个人都有机会发言,避免集中在少数人身上。

3. 心情温度计

活动目的:

- 了解团队成员的当前情绪状态。
- 帮助团队成员彼此理解和支持。

活动内容:

① 每个参与者使用简单的图标或颜色(如表情符号、温度计图标)表达自己当前的心情(例如开心、紧张、疲惫等)。

② 分享自己的心情状态,并简要解释原因(可选)。

注意事项:

- 创建一个安全、开放的环境,鼓励诚实分享。
- 尊重每个人的情绪,不做过多评判,关注和支持彼此。

4. 你画我猜

活动目的:

- 促进团队互动,锻炼团队成员的沟通和协作能力。
- 增加团队成员的趣味性和参与感。

活动内容:

① 参与者分成两组,一组负责绘画,另一组负责猜谜。

② 绘画组从事先准备的题目中选择一个主题(如"房子""树"),在限定时间内用图画展示该主题。

③ 猜谜组根据绘画的内容进行猜测,直到猜中主题为止。

注意事项:

- 提前准备好题目列表,确保主题简单易懂。
- 控制绘画和猜谜的时间,确保每组都有足够的机会参与。

5. 松鼠大树

活动目的:

- 增强团队成员之间的合作与沟通。
- 促进团队成员的互动和团队凝聚力。

活动内容:

① 参与者站成一个圈,选择一位作为"松鼠",其他人作为"大树"。

② "松鼠"在圈内随机选择一位"大树"靠近,并用"松鼠"的动作(如模拟爬树)与其互动。

③ 被"松鼠"选择的"大树"应迅速做出反应(如弯曲身体模仿树的摇动)以配合"松鼠"的动作。

注意事项：

- 确保每个参与者都有机会参与互动。
- 设计活动时，注意控制活动强度，避免身体上的不适或碰撞。

二、管理者培训

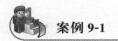 **案例 9-1**

通用电气的领导力发展计划

通用电气（GE）的领导力发展计划是一项全球领先的企业培训项目，旨在培养具备战略思维、卓越领导力和创新能力的职业经理人。该计划以其系统性、实践性和前瞻性著称，成为众多企业效仿的典范。

领导力发展计划的实施主要依托于克罗顿维尔管理学院，这所学院成立于 1956 年，是全球首个由企业自办的管理学院，专门为 GE 培养未来的领导者。学院的课程设计紧凑，涵盖战略管理、领导力提升、创新与变革、商业道德与法律等多个领域。学员在这里接受系统化培训，通过理论学习和实际案例分析相结合，提升综合管理能力。

克罗顿维尔的培训采用沉浸式学习方式，学员在全封闭的环境中专注学习，不仅掌握理论知识，还通过实际案例分析和模拟训练将这些理论应用于实践。行动学习是该计划的重要组成部分，学员分组进行项目研究，针对 GE 当前面临的具体问题提出解决方案，这种紧密结合实际工作的培训方式，使学员在学习过程中积累了宝贵的实战经验。

GE 的领导力发展计划特别强调导师制，每位学员都会配备一位高级管理人员作为导师。导师不仅提供职业发展建议，还在学员遇到困难时给予支持，通过定期反馈和指导，帮助学员不断改进和提升管理技能。

在两年的培训期间，学员将在 GE 的不同部门和业务单元轮岗，了解企业的多样化运作模式，积累广泛的业务经验。每段轮岗经历都是新的挑战和成长机会。此外，学员还会接受集中培训，学习财务管理、市场营销等多方面的内容。

GE 的领导力发展计划不仅在内部培养了大量杰出的职业经理人，还对外输送了许多知名企业的高管。例如，GE 前 CEO 杰克·韦尔奇就是在该计划中接受了系统的领导力培训，最终带领 GE 成为全球最具竞争力的企业之一。

通用电气的领导力发展计划通过系统化的培训机制，将理论与实践相结合，为企业的长远发展和竞争力提升奠定了坚实的基础。这一案例展示了企业在职业经理人培养方面的成功实践，为其他企业提供了宝贵的借鉴。

（一）管理者及其分层

管理者是指在企业中承担计划、组织、指挥、协调和控制职能的人员。他们通过制定战略、合理配置资源、监督执行，确保企业的有效运作和目标达成。管理者在企业中具有重要地位，是各项业务和活动的关键推动者和决策者，直接影响企业的绩效和发展。按照管理的层次,可以将管理者分为基层管理者、中层管理者、高层管理者三级。

基层管理者是在企业生产、销售、研发等一线活动中执行管理职能的管理者。他们负责直接管理一线员工,确保生产和服务环节的顺利进行,主要包括班组长、主管、车间主任等职位。基层管理者是整个管理系统的基础,其核心职责是"正确地做事",即确保工作任务的正确执行,通过有效的现场管理和问题解决支持企业的整体运作。

中层管理者是介于基层管理和高层管理之间的管理者,负责组织中一个或多个部门的管理和协调工作。通常包括部门经理、项目经理、区域经理等职位。其核心职责是"把事做正确",即将高层制定的战略正确地落实下去。中层管理者在组织内部起着上情下达、下情上传的枢纽作用,连接高层决策与基层执行,是企业管理团队的中坚力量。

高层管理者是企业的最高决策层,负责制定公司的战略方向和长期目标。通常包括董事长、总经理等职位。其核心职责是"做正确的事",即进行正确的战略规划,指引企业的方向和进行重大决策,确保企业在竞争中获得持续的发展和成功。

不同层级管理者的职责如表 9-3 所示。

表 9-3　不同层级管理者的职责

层　　级	职　　责
基层管理者	直接监督和指导一线员工
	处理员工的日常问题和需求
	传达和执行上级指示
	确保生产或服务的质量和效率
	进行基本的绩效评估和反馈
中层管理者	制定并执行部门规划
	监督和指导基层管理者
	资源和预算管理
	绩效评估和员工发展
	上下级信息沟通
高层管理者	制定公司战略方向和长期目标
	建立和维护公司文化
	领导和激励全公司
	高层次资源配置和风险管理
	推动企业创新与变革
	外部沟通和协调
	监督公司整体绩效

(二)不同层级管理者的技能要求

美国哈佛商学院教授罗伯特·卡茨(Robert L. Katz)认为,无论是什么组织的管理者,也不论是哪个层次的管理者,都必须具备三个方面的技能,即技术技能、人际技能和概念技能。其中,技术技能是指管理者掌握和熟悉特定专业领域中的惯例、技术和工具的能力;人际技能是指管理者成功地与别人打交道并与别人沟通的能力;概念技能是指管理者产生新想法并加以处理,以及将关系抽象化的思维能力。

不同层级的管理者对这三种技能的比例要求有所差异（如图 9-1 所示）。其中，基层管理者的技术技能、人际技能和概念技能的占比为 50∶38∶12；中层管理者的三种技能占比为 35∶42∶23；高层管理者的三种技能占比为 18∶43∶39。

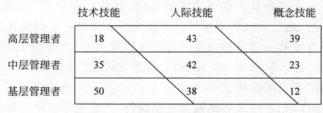

	技术技能	人际技能	概念技能
高层管理者	18	43	39
中层管理者	35	42	23
基层管理者	50	38	12

图 9-1　不同层级管理者的技能要求

扩展阅读 9.2　管理人员培训设计的原则

（三）不同层级管理者的培训比较

管理者对企业的成功至关重要，直接影响企业的绩效和发展。培训能够提升他们的决策能力，优化团队管理和战略执行，从而增强企业的综合竞争力。由于不同层级管理者的职责和技能要求各不相同，因此培训目标、内容和方法也因层级而异（表 9-4）。

1. 培训目标

对于不同层级的管理者，其培训目标具有层次性和针对性。基层管理者的培训目标是提高技术技能和操作能力，确保其能够顺利完成日常工作任务。中层管理者的培训目标则是增强部门管理和协调能力，确保部门战略和目标的实现。高层管理者的培训目标在于提升战略思维和决策能力，推动企业的长远发展和竞争力提升。

2. 培训内容

基层管理者的培训内容包括技术技能的提升，如操作规范、生产流程和质量控制等，以及人际技能的培训，如沟通能力、员工管理、团队合作和冲突解决技巧，同时加强问题解决和角色认知方面的培训。

中层管理者的培训内容应涵盖以下几个方面：部门工作计划制订与实施、沟通协调技巧、资源管理（包括预算编制、资源分配和风险管理），以及员工发展、授权与激励，以提高中层管理者的管理效率。

高层管理者的培训内容包括企业战略管理、领导力提升、企业文化建设、资源配置、人脉拓展、创新与变革管理、商业道德与法律等。

3. 培训方法

对于基层管理者，培训方法应侧重于实际操作和现场指导。现场培训通过在实际工作环境中的操作指导和示范，帮助基层管理者掌握技术技能和工作流程。模拟练习通过案例分析和模拟情境训练，增强他们的问题解决能力和角色认知。辅导与反馈提供一对一辅导和定期反馈，确保技能和知识的持续提升。此外，角色扮演通过模拟管理情境，提升基层管理者沟通和激励技巧。

中层管理者的培训方法应注重实践和互动。案例分析通过讨论和分析部门管理的实际案例，找出解决方案。角色扮演通过模拟实际管理情境，增强协调和沟通能力。公文筐训练模拟真实工作情境处理任务,提升决策能力和问题解决能力。小组讨论鼓励团队合作,解决实际问题,提升协作水平。导师辅导由资深管理者提供指导,帮助中层管理者提升管理效率和专业技能。

表 9-4　不同层级管理者的培训比较

层级	培训目标	培训内容	培训方法
基层管理者	提高技术技能和操作能力,保证各项任务的有效完成。	• 技术技能:操作规范、生产流程、质量控制。 • 人际技能:沟通能力、员工管理、团队合作、冲突解决技巧。 • 问题解决:日常问题处理、应急响应、改进措施。 • 角色认知:基层管理者的职责和角色理解。	• 现场培训:实际工作环境中的操作指导和示范。 • 模拟练习:案例分析和模拟情境训练。 • 辅导与反馈:一对一辅导和定期反馈。 • 角色扮演:模拟管理情境,提升沟通和激励技巧。
中层管理者	增强部门管理和协调能力,确保部门战略和目标的实现。	• 部门工作计划制订及实施:目标管理、项目管理、团队管理。 • 沟通协调:企业组织结构与决策流程、跨部门合作、信息传递、沟通技巧。 • 资源管理:预算编制、资源分配、风险管理。 • 员工发展:绩效评估、培训与发展计划、团队建设。 • 授权与激励:授权技巧和激励下属的方法。	• 案例分析:讨论和分析部门管理的实际案例,找出解决方案。 • 角色扮演:模拟实际管理情境,增强沟通和协调能力。 • 公文筐训练:模拟真实工作情境处理任务。 • 小组讨论:团队合作解决实际问题,提升决策能力和协作水平。 • 导师辅导:资深管理者对中层管理者进行辅导和指导。
高层管理者	提升战略思维和决策能力,推动企业长远发展。	• 战略管理:国内外政治经济形势、市场环境分析、企业战略制定与实施。 • 领导力提升:影响力和激励技巧。 • 企业文化建设:塑造和传播企业文化,提升企业凝聚力。 • 资源配置:高级资源管理、资本运作、风险控制。 • 人脉拓展:关系管理、外部沟通。 • 创新与变革管理:创业管理、创新意识和创新能力、危机管理、冲突管理。 • 商业道德与法律:商业伦理、社会责任、政策法规。	• 高管研讨会:邀请行业专家和成功企业家分享经验和见解。 • 战略模拟:高级战略模拟游戏和案例分析。 • 高管教练:一对一高管教练服务,进行深度辅导和发展。 • 高管交流:组织高层管理者间的交流和人脉拓展活动。 • 外派考察:实地考察学习先进管理经验。

　　高层管理者的培训方法应着重于战略层面的交流与提升。高管研讨会可邀请行业专家和成功企业家分享经验和见解,提升高层管理者的战略思维和决策能力。战略模拟则通过高级战略模拟游戏和案例分析,增强高层管理者的战略管理和创新能力。高管教练提供一对一的辅导服务,深入支持高管的个人发展。同时,组织高层管理者间的交流和人脉拓展活动,促进经验分享和资源整合。最后,通过实地考察,学习先进的管理经验,促进企业长远发展。

(四) AI 时代管理者的素质要求

　　在 AI 技术迅猛发展的背景下,管理者面临着全新的机遇和挑战。要在 AI 时代中脱颖而出,管理者需具备以下素质以有效领导团队,推动组织创新和变革。

1. 技术素养

　　AI 时代的管理者必须具备基本的技术素养。尽管不需要成为技术专家,但理解 AI 技术的基础原理、应用场景和发展趋势是十分必要的。这种技术素养不仅能够帮助管理者更好地与技术团队沟通,还能使其在决策过程中更准确地评估技术方案的可行性和潜在影响。例如,了解机器学习的基本概念,可以帮助管理者识别和利用数据驱动的商业机会,提高企业的竞争力。

　　管理者还需要掌握基本的 AI 技术知识及其应用,包括数据分析、机器学习算法和 AI 工具的使用,这有助于管理者理解 AI 系统的工作原理,并在决策过程中有效利用 AI 技术提高工作效率和决策质量。

2. 数据分析能力

　　数据是 AI 系统的核心,管理者需要具备数据收集、整理、分析和解读的能力。通过数据分析,管理者可以发现问题、识别机会、优化流程并制定更科学的战略决策。基层和中层管理者需要掌握基本的数据分析工具和方法,如 Excel、Tableau、Power BI 等;高层管理者则需要理解大数据分析和商业智能的应用,以支持战略决策。例如,利用数据分析工具进行市场分析,可以帮助管理者准确把握市场动态,制定精准的营销策略。

3. 战略思维与决策能力

　　在快速变化的技术环境中,管理者需要具备战略思维与决策能力。AI 技术不仅改变了企业的运营模式,还带来了新的商业模式和市场机会。管理者必须具备敏锐的洞察力,能够预见行业趋势,并据此制定长远的战略规划。同时,他们需要具备灵活应变的能力,能够根据市场和技术的发展动态调整战略,以保持企业的竞争优势。例如,AI 在医疗领域的应用能够帮助管理者识别新的市场需求,并拓展企业的服务范围。通过智能预测和分析,管理者可以更精准地评估各种决策的潜在影响,从而制定前瞻性的战略。

4. 创新与变革管理能力

　　AI 技术的应用为企业带来了无限的创新可能性。管理者需要具备创新精神,勇于尝试新技术,探索新的业务模式和解决方案。这不仅要求开放的心态,还需要系统化的创新方法和资源支持。管理者应鼓励团队进行跨学科的合作,激发创意,以推动企业的持续创新。例如,利用 AI 技术优化供应链管理,可以显著提高企业的运营效率和客户满意度。

此外,管理者需要具备变革管理能力,能够有效规划和实施变革。这包括制定清晰的变革目标,沟通变革的必要性和益处,激励员工积极参与变革过程,及时评估和调整变革策略,并应对变革过程中可能出现的阻力和挑战。例如,在引入 AI 客服系统时,管理者需要确保员工理解和接受新系统,并提供必要的培训和支持,以顺利过渡。基于强大的创新能力和变革管理能力,管理者可以有效推动企业适应并利用 AI 技术带来的变化和机会。

5. 人际沟通与协作能力

人际沟通和协作是管理者必备的核心能力。在技术驱动的环境中,跨部门和跨专业的协作变得尤为重要。管理者需要清晰地传达战略目标,协调各部门的资源和工作,促进团队之间的有效合作。有效的沟通不仅有助于减少误解和冲突,还能增强团队的凝聚力和工作效率。

此外,管理者还需理解和应用虚拟协作工具,如视频会议软件和项目管理工具,以提高跨部门和跨地域的协作效率。这些工具能够帮助团队成员保持联系,跟踪项目进展,并及时解决问题,从而支持远程和分布式工作的高效开展。

同时,管理者还需具备良好的倾听和反馈能力,及时了解和解决团队成员的需求和问题。例如,在实施 AI 项目时,管理者需要协调 IT 部门、业务部门和外部供应商的工作,确保项目顺利进行。

6. 伦理与法律意识

AI 技术的应用涉及诸多伦理和法律问题。管理者需要具备强烈的伦理和法律意识,确保 AI 技术的应用符合道德标准和法律法规。这包括数据隐私保护、算法公平性、透明性等方面。管理者应了解相关法律法规,制定和执行企业的合规政策,避免法律风险和社会负面影响。例如,在利用 AI 进行客户数据分析时,管理者需要确保数据的安全性和隐私保护,避免数据泄露和滥用。

为了提升管理者的素质,应对 AI 时代的挑战,提升管理的效能,需要针对性地开展培训,表 9-5 是 AI 时代管理者所需的十大培训课程。

表 9-5　AI 时代管理者所需的十大培训课程

课　程　名　称	内　　　容	目　　　的
人工智能基础知识	人工智能基本概念、机器学习、深度学习、自然语言处理。	帮助管理者理解 AI 技术原理和应用,提升对 AI 项目的理解和决策能力。
数字化转型管理	数据分析基础、数据可视化、预测分析、数据驱动决策、技术实施与管理、技术驱动的创新。	增强利用数据分析支持决策的能力,帮助管理者领导组织进行数字化转型,提升数字化战略的实施能力。
创新与战略规划	创新管理理论、战略规划方法、AI 驱动的创新机会识别。	提升在 AI 时代进行创新和战略规划的能力,推动组织持续发展并获得竞争优势。
变革管理与领导力	变革管理模型、领导力技能、团队适应与支持。	帮助管理者有效领导团队,在技术变革中确保组织顺利适应新技术。

续表

课 程 名 称	内　　容	目　　的
智能自动化与流程优化	机器人流程自动化、智能系统集成、自动化流程设计。	提升对自动化技术的理解,优化业务流程,提高运营效率。
人工智能项目管理	AI项目生命周期管理、项目规划与执行、风险管理。	帮助管理者有效管理AI相关项目,确保项目按时交付并达到预期成果。
客户体验与智能服务	AI在客户服务中的应用、客户体验优化、智能客服系统。	利用AI技术优化客户服务,增强客户满意度和忠诚度。
人际沟通与协作	跨部门沟通技巧、虚拟协作工具的应用、倾听与反馈能力、团队合作。	增强管理者的人际沟通与协作能力,促进团队间的有效合作。
AI与人力资源管理	AI在招聘与员工管理中的应用、绩效评估的智能化、人力资源数据分析。	在HR领域有效运用AI技术,提高招聘效率和员工管理效果。
AI伦理与合规	AI伦理问题、数据隐私保护、AI偏见与公平性、合规性要求。	确保在应用AI技术时遵循伦理标准和法律法规,维护公司声誉和社会责任。

三、销售人员培训

销售人员在企业中扮演着重要的角色,他们直接与客户接触,不仅是公司形象的代表,更是推动产品或服务销售的核心力量。他们的表现直接关系到企业的销售业绩和市场份额。在日益复杂的销售环境中,客户需求多样化,竞争压力日趋增大,销售人员不仅需要具备扎实的专业知识和销售技巧,还需具备应对挑战的综合能力。因此,对销售人员进行系统化培训,不仅有助于提升其胜任力,还能确保企业在激烈的市场竞争中保持领先地位。

案例 9.2　IBM 销售人员的培训

(一)销售人员胜任力

胜任力是指那些能够将绩效优异者与普通者区分开来的深层次个人特征。销售人员的胜任力可从个性、知识和能力三个维度分析。个性包括成就动机、责任心、外向性、坚忍性和客户服务意识;知识涵盖产品知识、市场知识和营销知识;能力则涉及市场分析能力、沟通谈判能力、客户关系管理能力、销售技巧、团队协作能力和抗压能力(表9-6)。

表 9-6　销售人员的胜任力指标

维度	子　指　标	描　　述
个性	成就动机	具有追求卓越、取得成功的内在驱动力,工作积极主动。
	责任心	对工作负责,履行承诺,维护公司和客户的利益。
	外向性	善于与他人互动,积极参与社交,建立良好的人际关系。
	坚忍性	面对销售中的挫折和挑战时坚韧不拔,持续努力达成目标。
	客户服务意识	以客户为中心,关注客户需求和体验,提供优质的服务。

维度	子 指 标	描 述
知识	产品知识	对产品或服务的深入了解,包括产品特点、优势、应用场景、市场同类产品状况等。
	市场知识	熟悉市场趋势、竞争对手动态及客户需求。
	营销知识	掌握营销理论和实践,包括市场定位、促销策略、品牌管理等。
能力	市场分析能力	分析市场数据,识别市场机会和挑战,制定相应的销售策略。
	沟通谈判能力	与客户有效沟通,进行成功谈判,达成交易,增加销售业绩。
	客户关系管理能力	建立和维护良好的客户关系,提升客户满意度和忠诚度。
	销售技巧	掌握销售的技术和策略,如说服力、产品演示、客户跟进等。
	团队协作能力	与上级、同事、客户等人员的合作能力。
	抗压能力	应对困难和挑战的能力,包括承受销售定额压力、应对客户拒绝和处理客户投诉等能力。

（二）销售人员的核心培训内容

1．情商修炼

情商即情绪商数(emotional quotient,EQ),是指个体识别、理解、管理自身情绪及他人情绪的能力。情商的概念最初由心理学家彼得·萨洛维(Peter Salovey)和约翰·D.梅耶(John D. Mayer)提出,后来由丹尼尔·戈尔曼(Daniel Goleman)在其著作《情商》中进一步推广,强调其在个人发展和职业成功中的重要性。

情商对销售人员至关重要,因为它直接影响销售的成功与否。销售人员在日常工作中通常面临拒绝、挫折和挑战,需要通过高情商来管理自我情绪,保持积极态度,并有效应对各种困难。情商不仅帮助销售人员管理和调整情绪,还能提升他们与客户的沟通质量。高情商的销售人员能够更好地理解和回应客户需求,建立深厚的信任关系,进行有效的沟通,进而提高客户的购买欲望和品牌忠诚度。

企业界越来越认识到情商的价值,并致力于通过培训提升销售人员的情商水平。情商培训帮助销售人员认识自我、调整自我和完善自我,提升他们的情绪管理能力和人际交往能力。通过系统的情商训练,销售人员不仅能有效地达成销售目标,还能在长期竞争中保持优势。因此,情商修炼已成为销售人员的重要培训内容。

丹尼尔·戈尔曼把情商概括为五个方面的核心内容:认识自身的情绪、妥善管理情绪、自我激励、理解他人情绪以及人际关系管理。基于这些核心内容,销售人员的情商培训可以从以下五个方面入手:

（1）自我认知能力修炼

自我认知是情商的基石。销售人员需要清晰地了解自身情绪和性格特征,以及它们对工作的影响。这包括认知个人的世界观、人生观和价值观,察觉情绪对言行的影响,认识自我的优缺点。通过提升自我认知,销售人员能够更有效地管理情绪,增强工作自信,从而在面对挑战时保持积极态度。

（2）情绪管理能力修炼

控制和调节情绪是情商的核心能力。销售人员需要具备情绪忍耐力，学会在销售过程中调节情绪，保持积极状态。情绪管理不仅能帮助销售人员在客户拜访时展示最佳状态，还能避免将负面情绪发泄到客户身上。应对冲突和压力时，销售人员要学会"先处理心情，再处理事情"，确保情绪稳定，以积极的心态面对销售挑战。

（3）自我激励能力修炼

自我激励是销售人员成功的关键。他们需要保持自信和充满激情，通过设定明确且具有挑战性的目标来驱动自己。这不仅有助于提升个人的销售表现，还能激发客户的兴趣和信任。自我激励包括：制订详细的行动计划，不断学习和提升销售技巧，保持充沛的精力，勇敢面对拒绝和失败。

（4）理解客户情感能力修炼

良好的情感感知能力是建立客户关系的基础。销售人员应学会敏锐地把握客户的情绪和性格，理解客户的需求和心理状态。通过细心观察客户的情绪变化，销售人员能够更好地满足客户需求，从而赢得客户的信任。

（5）人际沟通能力修炼

在人际沟通中，销售人员应有效传达信息和准确理解他人。首先，销售人员应具备清晰且有说服力的表达能力，通过简洁、明确的沟通，确保信息准确传达，减少误解。其次，销售人员需要提高倾听能力，深入理解客户的需求、情感和期望，避免表面化的理解。有效的沟通不仅包括语言沟通，还涉及非语言交流，如肢体语言和面部表情，这些非语言信号对沟通效果有着重要影响。

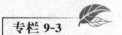

专栏 9-3

销售人员如何利用 AI 训练情商

利用 AI 工具，销售人员可以在自我认知与情绪识别、情绪管理与调节、自我激励与目标设定、理解客户情感以及人际关系管理与沟通训练等方面提升情商。情商训练的 AI 工具如表 9-7 所示，具体功能如下：

1. 自我认知与情绪识别

情感分析工具可以帮助销售人员分析自己的语音或文字对话，了解自己的情感表达，识别语调、情绪变化等信息，并提供调整建议。例如，微软的 Text Analytics API 可以分析销售人员的电子邮件和聊天记录，提供情感分析结果，帮助他们识别自己的情绪表达及其对客户的影响。此外，AI 驱动的自我反思平台如 Emoquo，可以帮助销售人员记录和分析日常情绪状态，通过数据分析提供自我认知的反馈和建议。通过分析销售人员的沟通记录和情感表达，AI 工具能够提供详细的反馈，帮助他们识别和理解自身情绪的模式及其对工作的影响，从而进行针对性的自我改进。

2. 情绪管理与调节

实时情绪监测工具如 Spire 使用可穿戴设备或软件工具监测销售人员的呼吸和情绪状态，提供实时反馈和放松练习，帮助销售人员在高压环境中保持情绪稳定。AI 平台如

表 9-7   销售人员情商训练的 AI 工具

AI 工具类别	AI 工具名称	功　　能
AI 对话模拟工具	Refract. ai	提供对话模拟功能,帮助销售人员在安全环境中练习与客户的互动,并根据对话结果提供详细反馈,提升沟通技巧和情感感知能力。
	Chorus. ai	通过分析实际销售通话记录,提供沟通方式、情感表达和客户反应的反馈,帮助销售人员识别改进点并优化互动策略。
实时情绪监测工具	Spire	使用可穿戴设备监测销售人员的呼吸和情绪状态,提供实时反馈和放松练习,帮助销售人员在高压环境中保持情绪稳定。
	Emoquo	提供情绪监测和反馈工具,帮助销售人员在工作过程中识别和管理自己的情绪,提供情感支持和改进建议。
情感分析工具	Cogito	实时分析销售人员与客户的对话,提供情感和语调的反馈,帮助销售人员识别和调整自己的情绪表达,改善沟通效果。
	Affectiva	使用情感人工智能技术分析面部表情和语音情感,帮助销售人员理解自己的情绪反应及其对客户的影响,从而改进沟通方式。
	Text Analytics API	分析销售人员的电子邮件和聊天记录,提供情感分析结果,帮助识别情绪表达及其对客户的影响。
语音分析与优化工具	Gong. io	分析销售通话记录,提供详细的语音表现分析,包括语调、语速和情感表达,帮助销售人员调整沟通风格,以更好地与客户建立联系。
	VoiceVibes	分析语音表现,提供关于语调和情感表达的反馈,帮助销售人员在与客户沟通时保持积极和专业的语气。
个性化沟通培训平台	Coursera	利用 AI 推荐与销售沟通相关的课程和学习材料,并提供个性化的学习计划和测试。
	LinkedIn Learning	提供在线学习和培训课程,帮助销售人员提升沟通技巧和情感管理能力。
	Salesforce Trailhead	提供个性化的销售培训模块,通过 AI 分析学习进度和表现,推荐适合的培训内容和练习,助力销售目标的达成。
	Watson Assistant	模拟各种客户对话情境,并提供实时反馈,帮助提升沟通技巧。
虚拟现实(VR)与增强现实(AR)训练	Mursion	使用 VR 技术模拟真实销售场景,帮助销售人员在虚拟环境中练习与客户的互动,提高情感感知和沟通能力。
	Strivr	提供 VR 培训解决方案,模拟销售情境和客户互动,帮助销售人员在沉浸式环境中提升销售能力。

Cogito 则可以实时分析销售人员与客户的对话,提供情感和语调的反馈,帮助他们识别和调整自己的情绪表达,从而提高沟通效果。

3. 自我激励与目标设定

目标管理工具利用 AI 的数据分析能力,帮助销售人员设定合理的目标,并根据销售数据和市场反馈调整行动计划,增强自信和动力。例如,Salesforce Trailhead 提供个性化的销售培训模块,通过 AI 分析学习进度和表现,推荐适合的培训内容和练习,助力销售目标的达成。

4. 理解客户情感

客户情感分析工具如 Affectiva 使用情感人工智能技术分析面部表情和语音情感,帮助销售人员理解客户的情绪反应及其对沟通的影响,从而改进沟通方式。此外,通过分析客户互动数据,AI 平台如 Cogito 可以提供客户情感的详细分析报告,帮助销售人员更好地理解客户的情感和情绪,更精准地满足客户需求,改善销售效果。

5. 人际关系管理与沟通训练

AI 对话模拟平台如 IBM 的 Watson Assistant 可以模拟各种客户对话情境,并根据销售人员的回答提供实时反馈,识别潜在的沟通问题和改进点,帮助他们提升人际沟通技巧。此外,利用虚拟现实(VR)和增强现实(AR)技术进行实战训练,如 Mursion 使用 VR 技术模拟真实销售场景,销售人员可以在虚拟环境中练习与客户的互动,提高沟通能力。

2. 销售技巧

(1) 建立客户信任

在销售过程中,建立客户信任至关重要。销售人员应深入了解客户需求,通过细致交流和问卷调查获取信息。保持透明度和诚信,诚实回答客户的问题,避免隐瞒信息,是与客户建立长期关系的基础。优质的客户服务和增值服务也是维持信任的重要手段,如定期沟通、提供专属优惠和个性化建议。AI 在这方面发挥着重要作用,通过分析客户数据和行为,AI 可以帮助销售人员预测客户需求,提供个性化服务。AI 驱动的自动化工具如聊天机器人,可 24/7 提供支持,解决常见问题,提升客户体验。

(2) 营销策略

有效的产品营销需要销售人员深入掌握产品知识,包括产品的功能、优势和市场定位。销售人员应根据客户的需求和痛点调整推销策略,确保产品特性能解决客户问题。展示技巧包括利用演示文稿、样品或实际操作来突出产品价值。AI 在这方面的应用极大增强了营销效果。AI 驱动的智能推荐系统可以根据客户的购买历史和浏览行为推荐相关产品,制定个性化营销方案。同时,虚拟现实(VR)技术,通过 AI 的支持,提供沉浸式产品演示,提升客户的购买体验和产品认同感。

(3) 谈判技巧

成功的谈判始于充分的准备和规划。销售人员需设定明确的谈判目标,了解客户需求和底线,并制定相应的策略。谈判技巧包括策略性提问、谈判让步和反击策略等。在处理客户异议时,销售人员需识别客户顾虑并提供有效的解决方案。AI 能显著提高谈判效果,通过分析客户历史谈判数据,AI可以提供策略建议和可能的反应预测,帮助销售人员制订更有针对性的谈判方案。

（4）客户关系管理

AI显著提升了客户分类、长期关系维护和CRM系统(customer relationship management)的效率。通过分析客户的购买历史、互动频率和交易金额,AI可以自动对客户进行分类,帮助销售人员将资源集中在高潜力、高价值的客户上,并提供优先服务和个性化支持。在长期关系维护中,AI可以跟踪客户互动记录,自动识别需求变化,并通过智能客服系统迅速处理客户投诉,提高客户满意度。CRM系统中的AI分析功能能够跟踪客户信息、销售进度和客户反馈,挖掘客户数据,预测需求趋势,推荐个性化产品,并优化销售策略。

3. 销售礼仪

（1）职业形象

① 得体的着装。销售人员的着装应与企业文化和客户期望相符,通常建议穿着正式商务服装,保持整洁和专业。男性可以选择西装、衬衫、领带和干净的鞋子,女性可以选择职业套装或连衣裙,搭配适当的配饰。得体的着装不仅可以给客户留下良好的第一印象,还能增强销售人员的自信心和专业感。

② 整洁的外表。个人卫生和外表管理是职业形象的重要组成部分,不仅展示了销售人员对自我形象的重视,也体现了他们对客户的尊重和重视。销售人员应保持良好的个人卫生,确保外表整洁。女性销售人员可根据需要适度化妆,以展示出专业和干练的形象。

③ 专业的态度。销售人员应使用礼貌语言,尊重客户的意见和需求;保持积极的肢体语言和良好的眼神交流,自信和坚定地介绍产品和服务;认真倾听客户需求,并及时跟进客户的问题和需求,提升客户满意度。

（2）拜访礼节

对于销售人员来说,拜访客户是一项至关重要的工作。有效的客户拜访不仅能提升销售机会,还能为双方建立长期的业务关系。

① 提前预约。拜访客户前,应提前预约并确认拜访时间。最佳拜访时间通常为上午9:00—10:00或下午14:00—15:00。这些时段内,客户的精力和沟通效果通常较好。此外,确保双方有足够时间进行深入交流,必要时可以安排共进午餐或晚餐,以进一步促进关系。

② 充分准备。拜访前,要充分了解客户的基本信息(如姓名、职位、兴趣爱好等),准备好必要的拜访资料,包括公司宣传资料、个人名片、笔记本电脑和小礼品。

③ 准时到达。务必准时到达拜访地点,显示对客户时间的尊重。如果可能会迟到,应提前电话告知客户。到达后,遵守客户公司内的规章制度,礼貌地敲门或按门铃,并稍作等候。

④ 有效沟通。在交谈时,使用开放性问题鼓励客户畅所欲言,认真倾听并适时发问。对客户的异议要认真对待,并提供恰当的解决方案,以展示对客户需求的重视和解决问题的能力。

（3）电话礼仪

① 接听电话

- 铃响三声之内拿起电话，展示对客户来电的重视。
- 以礼貌的问候开场，自报公司名称及个人姓名，询问来电者的需求，并提供相关支持。
- 通话结束时，感谢客户打来电话，并等待对方先挂电话，体现对客户的尊重。

② 打出电话

- 开始时问候接听者，自报公司名称及介绍自己，确保对方知道来电的目的。
- 估计通话所需时间，并询问对方是否方便接听电话，尊重对方的时间安排。
- 结束时，感谢对方接听电话，并等待对方先挂电话，礼貌地送上祝福。

③ 其他需要注意的电话礼节

- 保持愉快心情：在通话中保持积极、友好的态度，以提升沟通氛围。
- 声音清晰明朗：确保讲话时声音清晰、音量适中。
- 表达简洁明了：直截了当表达观点，避免冗长复杂的叙述。
- 记录仔细清楚：详细记录通话中的关键信息，以便后续跟进。
- 通话环境安静：避免背景噪声影响沟通质量。

（三）销售人员的经典培训方法——角色扮演

 案例 9-2

惠普集训班之魂——角色扮演

惠普中国公司在其销售人员培训中，为了提升培训效果，创新性地应用了角色扮演这一经典方法。惠普基于业务部门优秀销售人员的成功案例，为 IT 行业及惠普产品设计了一系列充满实战性的角色扮演剧本。近年来，惠普还结合人工智能技术，为角色扮演注入了新的活力。

在集训班中，惠普将销售人员分成 4～6 人一组，利用每天晚上的角色扮演来实践和巩固当天所学的技巧。剧本中，学员扮演客户或合作伙伴，公司内的优秀销售经理则扮演客户角色。这些经理拥有丰富的客户经验，能够精准模拟各种性格和态度的客户，营造真实的销售场景，使销售人员能够运用所学知识、技巧和态度，成功应对、处理和引导客户。

这种方法不仅加速了行为的改变，还使每次演练充满挑战。AI 技术的引入使演练更加精准和个性化。AI 通过实时分析销售人员的表现数据，提供及时反馈，并生成符合不同客户类型和情境的剧本内容，确保每次演练都具有独特的挑战性和实用性。

角色扮演将多个销售课程有机串联在一起，成为集训班的核心环节，因此被称为集训班之魂。每次角色扮演后，销售经理和培训师会进行详细点评。AI 技术辅助分析提供了全面且客观的反馈，使点评更加有针对性。反馈内容通常围绕职业销售人员在实际销售场景中应具备的行为、素质和心态展开。这种综合性反馈进一步提升了培训效果，帮助销售人员更好地应对实际销售工作中的各种挑战。

角色扮演是一种模拟实际工作场景的培训方法,通过设置具体的情境和角色,让参与者在仿真的环境中进行互动和练习。在销售人员培训中,角色扮演被广泛采用,因为它能够有效地模拟真实的客户互动场景,帮助销售人员在实践中提升沟通技巧和解决问题的能力。通过角色扮演,销售人员不仅能体验到实际工作中的挑战,还能在仿真的环境中试错和改进,从而增强其应对各种销售情境的信心和能力。

角色扮演作为销售人员培训的经典方法,具有多方面的优势,为了提高角色扮演的培训成效,在实施过程中需要注意:精心设计角色扮演剧本,学员积极实战演练,培训师进行专业指导。随着 AI 技术的发展,AI 在角色扮演培训中发挥着越来越重要的作用。

1. 精心设计角色扮演剧本

(1) 确定培训目标和核心技能

在销售人员的角色扮演培训中,明确培训目标和核心技能是设计剧本的首要步骤。AI 技术在此过程中的应用可以极大地提升效率和精准性。通过分析销售数据、客户互动记录和市场趋势,AI 能够识别出销售人员遇到的挑战和技能缺口。这些数据帮助制定明确的培训目标,如提升客户沟通能力、有效处理客户异议、优化谈判技巧。AI 驱动的分析确保培训内容与实际销售需求紧密对接,使角色扮演活动具有针对性和实用性。

(2) 创建真实且相关的情境

设计出符合实际销售环境的情境对于角色扮演的有效性至关重要。AI 技术可以模拟各种客户互动场景,利用自然语言处理和情境生成算法,创建真实的客户需求和销售对话。例如,AI 可以生成不同客户的典型行为模式、心理状态和可能提出的问题,这些模拟情境能够帮助销售人员体验和应对各种真实的销售挑战,提高他们的实战能力和应变能力。同时,AI 也可以模拟多样化情境,包括客户接触、需求分析、产品推介、异议处理、谈判和成交等多个销售环节。AI 生成的剧本示例如专栏 9-4 和专栏 9-5 所示,分别为销售人员针对不同客户类型的客户异议处理,以及针对笔记本电脑销售各环节的角色扮演剧本。

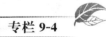

专栏 9-4

销售人员处理客户异议的角色扮演剧本

背景介绍

销售人员在面对不同类型的客户时,经常会遇到各种异议和疑虑。这些异议可能涉及产品性能、价格、品牌信任度、操作便捷性和质量问题等。为了提高销售人员应对客户异议的能力,我们设计了以下角色扮演剧本,帮助智能手机销售人员通过模拟真实场景提升异议处理技巧。

情境一:技术爱好者客户

客户背景: 李先生,28 岁,科技爱好者,对智能手机的技术规格有较高要求。

成功对话

A：您好！欢迎光临我们的店铺。请问有什么我可以帮助您的？

B：你好。我对你们的最新款手机感兴趣，但是我看到一些评论说它的处理器性能不如竞争对手的产品。你能解释一下吗？

A：感谢您的询问。虽然这款手机的处理器在一些性能指标上不如其他高端型号，但它经过了特别优化，平衡了性能和能效。在日常使用中，您会发现它能够流畅运行所有常用应用和5G网络，同时也提供了更好的电池续航。如果您对极限游戏有较高要求，我们还提供其他性能更强的型号，供您选择。

点评：

成功之处：

- 详细解释：解释了处理器的优化和性能平衡。
- 提供备选方案：推荐了其他高性能型号，满足客户需求。

失败对话

A：这款手机的处理器还行，不如其他品牌的。您可以看看其他产品。

B：哦，那我还是看看别的品牌吧。

点评：

不足之处：

- 解释不足：未详细说明处理器的优势和优化。
- 缺乏积极回应：没有针对客户需求提供备选方案。

改进建议：

- 详细说明：提供更多关于处理器性能和优化的信息。
- 推荐备选：根据客户需求推荐其他适合的产品。

情境二：价格敏感型客户

客户背景：张女士，35岁，对智能手机的价格较为敏感，关注性价比。

成功对话

A：您好！欢迎光临。请问有什么需要帮助的吗？

B：我想买一部性价比高的手机，但觉得你们的价格有点贵。

A：谢谢您的反馈。这款手机虽然价格稍高，但它在性能、拍照效果和售后服务方面都有显著优势。我们目前还有一些优惠活动，可以帮助您节省一部分费用。

点评：

成功之处：

- 价值体现：展示了产品的优势和性价比。
- 提供优惠：提出优惠活动，缓解价格顾虑。

失败对话

A：是的，这款手机确实贵。您可以看看其他便宜的款式。

B：那我还是去别的店看看吧。

点评：

不足之处：

- 缺乏价值说明：未能展示产品的优势。
- 未提供解决方案：没有提出任何优惠或折扣。

改进建议：

- 价值说明：详细解释产品的性能和优势。
- 提供解决方案：提出优惠或折扣,减轻客户的价格顾虑。

情境三：品牌怀疑型客户

客户背景： 王先生,40岁,对品牌的知名度和信誉度有疑虑。

成功对话

A：您好！欢迎光临。请问您对哪款手机感兴趣?

B：我听说你们的品牌不是很有名,那质量可靠吗?

A：谢谢您的关注。我们的品牌虽然相对新兴,但已经在行业内获得了多项大奖和用户好评。此外,我们的售后服务体系非常完善,确保您无后顾之忧。

点评：

成功之处：

- 品牌信誉说明：介绍了品牌的获奖情况和用户好评。
- 售后保障：强调了完善的售后服务体系。

失败对话

A：是的,我们的品牌比较新。您可以看看其他大品牌。

B：那我还是去买大品牌吧。

点评：

不足之处：

- 缺乏品牌宣传：未能展示品牌的优势和信誉。
- 未提供保障：没有强调售后服务。

改进建议：

- 品牌宣传：介绍品牌的获奖和用户好评。
- 提供保障：强调完善的售后服务体系。

情境四：操作便捷关注型客户

客户背景： 刘女士,60岁,希望购买操作简单、适合老年人使用的智能手机。

成功对话

A：您好！欢迎光临。请问有什么需要帮助您的吗?

B：我想买一部操作简单的手机,适合老年人使用。

A：我们有一款专门为老年人设计的智能手机,具有大字体、大按键和简单的操作界面。此外,还有一键紧急呼叫功能,非常适合老年人使用。

点评：

成功之处：

- 针对需求推荐：推荐了适合老年人的专用手机。

- 强调功能：详细介绍了大字体、大按键和紧急呼叫功能。

失败对话

A：我们没有专门的老年人手机。您可以看看其他款式。

B：那我还是去其他店看看吧。

点评：

不足之处：

- 未能针对需求推荐：没有推荐适合老年人的产品。
- 缺乏功能介绍：未能详细介绍手机的功能。

改进建议：

- 针对需求推荐：推荐适合老年人的专用手机。
- 详细功能介绍：详细介绍大字体、大按键和紧急呼叫功能。

情境五：质量顾虑型客户

客户背景：赵先生，45 岁，对产品的质量和耐用性有较高要求。

成功对话

A：您好！欢迎光临。请问您对哪款手机感兴趣？

B：我对手机的质量很在意，不知你们的产品质量如何？

A：谢谢您的关注。我们的手机经过严格的质量检测，并提供两年的保修服务，确保产品的耐用性和可靠性。此外，我们的客户反馈也非常好，您可以放心使用。

点评：

成功之处：

- 质量保障：介绍了严格的质量检测和保修服务。
- 客户反馈：强调了积极的客户反馈。

失败对话

A：我们手机的质量一般吧。您可以看看其他品牌。

B：那我还是去买其他品牌吧。

点评：

不足之处：

- 未提质量保障：没有介绍质量检测和保修服务。
- 缺乏客户反馈：未能强调客户的积极反馈。

改进建议：

- 质量保障：介绍严格的质量检测和保修服务。
- 客户反馈：强调积极的客户反馈。

情境六：安全担忧型客户

客户背景：孙女士，38 岁，对智能手机的安全性和隐私保护有顾虑。

成功对话

A：您好！欢迎光临。请问您对哪款手机感兴趣？

B：我很关心手机的安全性和隐私保护，不知你们的产品如何？

A：感谢您的询问。我们的手机采用了先进的加密技术和多重安全防护机制，确保您的数据和隐私得到全面保护。此外，我们还提供定期的安全更新，以应对最新的安全威胁。

点评：

成功之处：

- 安全技术说明：详细介绍了加密技术和安全防护机制。
- 定期更新：强调了定期的安全更新服务。

失败对话

A：我们的手机安全性一般。您可以看看其他产品。

B：那我还是去买其他品牌吧。

点评：

不足之处：

- 未能安全保障：没有介绍加密技术和安全防护机制。
- 缺乏更新说明：未能强调定期的安全更新服务。

改进建议：

- 安全技术说明：详细介绍加密技术和安全防护机制。
- 定期更新：强调定期的安全更新服务。

总结：

常见客户类型及其异议

① 技术爱好者客户：对产品技术规格有高要求。

② 价格敏感型客户：关注产品性价比，觉得价格过高。

③ 品牌怀疑型客户：对品牌的知名度和信誉度有疑虑。

④ 操作便捷关注型客户：希望购买操作简单、适合老年人使用的手机。

⑤ 质量顾虑型客户：对产品的质量和耐用性有较高要求。

⑥ 安全担忧型客户：对智能手机的安全性和隐私保护有顾虑。

客户异议的处理技巧

① 详细解释：针对客户提出的疑虑，提供详细的产品信息和解释，突出产品的优势和特点。

② 提供备选方案：根据客户需求，推荐其他适合的产品型号，增加客户的选择空间。

③ 强调保障：介绍产品的质量检测、保修服务和安全防护机制，增加客户的信任感。

④ 提供优惠：针对价格敏感的客户，提出当前的优惠活动或折扣，缓解客户的价格顾虑。

⑤ 引述反馈：分享其他客户的积极反馈和评价，增强客户的信任感。

⑥ 积极回应：以积极和专业的态度回应客户的疑虑，展现出良好的服务意识和专业素养。

专栏 9-5

销售人员角色扮演剧本：笔记本电脑销售

背景介绍

本剧本旨在为笔记本电脑销售人员提供全面的销售技巧演练机会,通过与同一客户的完整销售过程,展示销售人员如何从客户接触、需求分析、产品推介、异议处理、谈判到最终成交的各个环节中,成功运用各类销售技巧,克服挑战并达成交易。情境设置了多个环节,以考验销售人员的应变能力和沟通技巧。

情境一：客户接触

背景： 一位中年男性客户(张先生)进入店铺,表情犹豫,看上去只是随便看看。

A：您好! 欢迎光临我们的店铺。请问您对哪款笔记本电脑感兴趣呢?

B：我就随便看看,不一定买。

A：好的。这里有很多最新的产品,您可以随意浏览。如果有任何问题或需要推荐,请随时告诉我。您平时主要用电脑来做些什么呢? 这样我可以为您推荐几款适合您的型号。

B：主要是办公,有时候看电影和开视频会议。

A：明白了。我们有一款专门为办公和娱乐优化设计的电脑,性能优越且电池续航时间长,非常适合您的需求。您不妨看一下,这样即使现在不打算购买,以后也可以有个参考。

点评：

技巧展示：通过自然的对话引导客户表达需求,建立了初步的信任,同时没有急于推销,而是提供信息,激发客户兴趣。

情境二：需求分析

背景： 客户表达了对办公和视频会议的需求,但对品牌不太熟悉,且对其他品牌有偏好。

A：根据您的需求,这款电脑特别适合日常办公和视频会议。您对其他品牌有偏好吗? 我们这款产品在售后服务方面表现非常出色,且配置非常适合您这样的使用场景。

B：我以前一直用其他品牌,对这个品牌不太了解,也担心售后服务不够好。

A：您的顾虑很合理。这款品牌近几年在售后服务方面做了很多改进,我们提供 24 小时在线支持,确保您在使用过程中遇到任何问题都能及时解决。此外,这款电脑还附带一年的免费上门服务,您可以完全放心使用。

点评：

技巧展示：通过详细解释品牌的售后优势,成功化解了客户的品牌顾虑,同时增强了客户的信任感。

情境三：产品推介

背景： 客户对产品表现出兴趣,但对操作的便捷性表示担忧,尤其是复杂的功能。

A：先生，这款电脑不仅性能强大，而且操作非常简便。特别是它的用户界面设计非常友好，无论是办公还是娱乐，都能让您轻松上手。比如这个快速启动功能，只需点击一下就能进入您最常用的应用。

B：我对这些新功能不太熟悉，怕操作起来麻烦。

A：完全理解您的担忧。为了解决这一问题，我们提供免费的操作培训，确保您在使用中不会遇到任何困难。我们的技术支持团队也随时为您服务，确保您使用起来得心应手。

点评：

技巧展示：通过提供培训和技术支持，成功缓解了客户的操作担忧，进一步增强了客户的购买信心。

情境四：异议处理

背景： 客户对价格表示不满，认为产品价格偏高。

A：先生，我非常理解您的想法。虽然这款电脑的价格相对较高，但它的性能和质量绝对值得这个价格。它配备了市场上最先进的处理器和显示屏，不仅能提高您的办公效率，还能在娱乐中带来极致体验。目前，我们正在进行促销活动，您可以享受 8 折优惠，并获得价值 500 元的配件礼包。这样一来，这款电脑的性价比非常高。

B：听起来不错，但我还是觉得价格有点高。

A：理解您的顾虑。为了让您物有所值，我再为您申请一年的延长保修服务，这样您可以放心使用，更长时间享受无忧保障。您觉得现在可以考虑购买了吗？

B：那我就买这款了。

点评：

技巧展示：通过强调产品附加值和促销活动，成功提升了客户的购买意愿，并最终促成交易。

情境五：谈判

背景： 客户对促销活动表示兴趣，但希望获得更多优惠，并对售后服务有疑虑。

A：先生，您的需求我们非常重视。在 8 折优惠和配件礼包的基础上，我可以为您再申请一年的延长保修服务，确保您的电脑在未来几年内都能得到最好的保障。我们的售后服务团队在行业内有很高的声誉，提供 24 小时在线支持，并能在 48 小时内安排技术人员上门服务，确保您的问题能最快速地解决。我们非常愿意用优质的服务来换取您的信任。

B：这样听起来确实不错，那我就放心了。

点评：

技巧展示：通过灵活的谈判策略，满足客户对价格和服务的需求，进一步巩固客户的信任，推动成交。

情境六：成交

背景： 客户决定购买，但在最后一刻提出了新要求。

A：非常感谢您的信任。我为您准备好了发票和保修卡。请问还有什么需要我们为您安排的吗？

B：我想要一个额外的电脑包和鼠标，这样出差时会更方便。

A：先生，您的需求我们完全可以满足。我为您准备了一个高品质的电脑包和无线鼠标作为赠品，确保您在使用时更加便捷舒适。非常感谢您的购买，期待您对我们的产品有满意的使用体验。

B：太好了，谢谢你。

点评：

技巧展示：通过满足客户的最后要求，提升了客户满意度，确保了交易的圆满完成。

总结

通过这个全流程的销售演练，销售人员展示了多种销售技巧，从客户接触、需求分析、产品推介、异议处理、谈判到成交，每个环节都展示了高超的沟通能力和灵活应变的技巧。这些技巧包括：

① 客户接触：轻松自然地引导客户表达需求，建立初步信任。

② 需求分析：通过询问和倾听，精准识别客户需求，并消除客户的顾虑。

③ 产品推介：突出产品的核心优势，并提供解决方案以增强客户信心。

④ 异议处理：通过合理解释和附加值服务，成功化解客户的异议，提升购买意愿。

⑤ 谈判策略：在谈判中表现出灵活性，满足客户的额外需求，巩固信任。

⑥ 最终成交：通过额外的服务或赠品，提升客户满意度，确保交易顺利完成。

这些销售技巧的有效运用，使得销售人员能够在面对各种挑战时，自信应对，最终实现成功的销售目标。

（3）制作生动逼真的剧本

AI 可以通过分析销售最佳实践和成功案例，自动生成和优化剧本内容。这些脚本包括具体的销售场景、客户反应、对话示例以及应对策略。例如，AI 可以提供不同的对话路径，模拟客户的不同反应，并提出有效的应对措施。这种智能化的剧本设计不仅使销售人员能够练习应对各种情况，还帮助他们了解不同情境下的最佳实践，提高他们的销售技巧和策略运用能力。

（4）数据驱动的剧本优化

AI 可以实时分析销售人员在角色扮演中的表现，包括他们的反应速度、沟通效果和问题解决能力。通过这些数据，AI 可以识别剧本中的不足之处，提出优化建议。例如，AI 可以分析参与者在处理客户异议时的表现，调整剧本中的对话情节，以更好地满足销售人员的培训需求。这种数据驱动的优化确保了角色扮演活动的不断改进，使销售人员能够不断提升其销售能力和策略执行力。

2. 学员积极实战演练

积极参与实战演练是学员在角色扮演培训中成长的关键环节。学员在参与时，应全情投入，扮演好所分配的角色，以获得最真实的体验和反馈。通过这种方式，学员能够更好地训练沟通技巧、问题解决能力及销售策略的实际应用。然而，在实战演练中，学员通常会面临以下几个常见问题：

（1）角色代入感不足。一些学员可能在演练中无法完全融入角色，表现不自然，影响训练效果。为克服这一问题，学员应在演练前深入了解角色背景和情境，并努力将自己置于客户或销售人员的立场，真实地回应和互动。

（2）紧张和害怕出错。学员在模拟真实销售情境时，可能因紧张而表现不佳，甚至害怕犯错。在这种情况下，培训师和 AI 可以提供支持，通过即时的正向反馈和指导，帮助学员放松心态，勇于尝试不同的应对方式。

（3）缺乏有效的反馈。有时学员在演练后未及时获得详细反馈，导致无法准确识别和改进自己的不足。为解决这一问题，AI 技术可在实战演练中实时收集和分析学员的表现数据，提供精准反馈。培训师也可结合 AI 的分析结果，给予具体且可行的改进建议，帮助学员在下一轮演练中表现得更好。

3. 培训师进行专业指导

在角色扮演培训中，培训师的作用至关重要。培训师通过精心设计的情境引导参与者，帮助他们在模拟环境中实践并掌握应对各种销售挑战的技巧。优秀的培训师需具备丰富的行业经验，对销售过程中的挑战和需求有深刻理解，此外，还应具备敏锐的观察力、分析能力以及沟通和指导能力，能够在角色扮演过程中实时评估销售人员的表现，提供及时的反馈，并能根据实际培训情况调整内容和情境，确保培训的高效性和针对性。

在现代培训中，AI 技术已成为培训师的重要辅助工具。AI 可以实时监测销售人员的表现，包括反应速度、沟通效果和问题解决能力，并即时生成数据驱动的反馈。这些分析结果帮助培训师更准确地评估每位参与者的表现，并根据具体情况提出针对性的改进建议，使培训更加精准和有效。

四、培训师培训

培训师是指在培训和发展过程中，专门承担对企业员工进行知识和技能传授的职能，帮助其提升能力和解决问题的人。他们根据企业的具体需求和要求，设计和实施培训方案，以帮助员工提升工作业绩、适应技术变革和实现职业成长。在当今时代，培训师已成为职业新宠，特别是随着人工智能技术的飞速进步和广泛应用，企业和专业培训机构对培训师的需求正在迅速增长，尤其是那些具备 AI 技术应用能力、持续学习能力和跨领域综合技能的培训师，备受人才市场的欢迎。

AI 时代带来了技术和知识的快速更新，培训师的持续学习和自我提升变得至关重要，对培训师的培训变得愈加必要，使其掌握最新的教学方法和技术应用。通过系统化的培训，培训师不仅可以更新知识、提升技能，还能有效应对不断变化的培训环境和企业需求。这不仅增强了培训师的职业竞争力，也确保了培训质量的持续提升，从而满足企业在 AI 时代不断增长的培训需求。

（一）培训师的角色定位

1. 知识传播者

在 AI 时代，知识更新的速度前所未有地加快，培训师在这一背景下扮演了至关重要的知识传播者角色。培训师需要将最新的技术和行业动态有效地传达给员工，以确保他们能够跟上技术的步伐并将其应用于实际工作中。例如，在人工智能领域，培训师需要设计并实施课程，将最新的 AI 技术、应用案例和工具介绍给员工。这种课程设计不仅可以帮助员工理解新技术的应用场景和操作方法，还可确保他们能在实际工作中熟练运用这些新知识。

为了实现有效的知识传播，培训师必须采用多种教学方法，如互动式培训、实际操作和案例分析，将抽象的技术概念转化为具体的操作技能，使员工在面对新技术时，能够迅速掌握并应用。通过不断更新和传递知识，培训师帮助员工快速适应技术环境的变化，推动企业持续创新和发展。

2. 技能培养者

随着技术的飞速进步和行业需求的不断变化，员工的技能必须不断更新和提升，以保持竞争力。培训师不仅要传授最新的知识，更需要专注于培养员工在实际工作中所需的核心技能，如数据分析、编程能力，以及使用 AI 工具进行决策的能力。

为此，培训师应设计实战导向的训练项目，模拟真实的工作场景，使员工能够在接近实际的环境中练习和提升这些关键技能。例如，针对数据分析的培训，培训师可以创建数据处理和分析的实际案例，帮助员工在处理数据的过程中掌握关键的分析技巧。

同时，培训师还需要通过持续的技能评估和反馈机制来推动员工技能的不断提升。定期评估员工的技能掌握情况，并根据反馈及时调整培训内容和方法，确保技能培训的效果最大化，从而帮助员工在实际工作中更好地应用新技能。

3. 问题解决者

在企业应用 AI 技术的过程中，常常会遇到数据处理复杂、跨领域知识整合困难以及伦理与法律挑战等棘手问题。面对这些挑战，培训师的角色不仅仅是知识的传播者和技能的培养者，更是企业的"问题解决者"，致力于为员工和企业提供切实可行的指导和解决方案。

培训师首先需要通过深入的需求分析，明确员工在实际工作中面临的各种问题。这些问题不仅涉及技术难题，还可能涉及组织流程、团队合作以及伦理与法律合规等方面。通过精准的需求分析，培训师可以设计针对性的培训项目，帮助员工解决这些问题。例如，对于跨领域知识整合的难题，培训师可以组织跨部门的工作坊或讨论会，促进不同领域专家的知识共享与合作，提升员工的综合能力。

此外，培训师应积极运用现代技术工具来辅助解决问题。利用 AI 驱动的分析平台和决策支持系统，培训师能够帮助员工在数据分析和决策过程中提高效率。这种技术支持不仅提升了员工的实际操作能力，也增强了他们在面对类似问题时的自信和从容。培训师还可以通过案例研究和模拟环境，帮助员工在实际应用中检验和完善解决方案，使其能够更好地应对实际工作中的各种挑战。

4. 变革推动者

AI 时代带来的快速变革要求培训师在推动企业转型中发挥重要作用。他们负责帮助员工掌握新技术，适应新工作流程和方法。培训师在这一过程中起到了引导和支持的作用。

为了提高员工对变革的接受度，培训师需要营造一个支持性的学习环境，激励员工积极参与变革。通过组织讨论会、分享成功案例以及设立支持小组，培训师帮助员工克服对变革的抵触情绪，增强他们对变革的信心，更加开放地接受新变化，并积极参与变革。

在员工态度得到改善后，培训师需要将重点放在变革管理培训上，指导员工如何有效使用新技术、适应新流程，并调整工作方法。例如，当企业引入新的 AI 系统时，培训师应详细讲解系统的功能和应用，并通过实战演练帮助员工在实际工作中熟练应用这些技术，从而提升工作效率，助力企业在变革中实现长远发展。

（二）AI 时代培训师的素质要求

1. 知识类

（1）培训理论与方法。培训师需深入理解成人学习理论、培训管理和教育心理学，并将这些理论知识有效应用于实际培训中。这包括了解成人学习的特点、学习动机以及如何设计高效的培训方案。此外，掌握现代培训方法，如混合学习和行动学习，对不同的培训情境进行灵活运用，也是必不可少的。

（2）专业领域知识。培训师应具备本领域深厚的专业知识，跟踪该领域的最新进展。这不仅包括对行业趋势和技术的了解，还需将这些前沿知识融入培训内容中，确保培训的实用性和前瞻性，以满足学员在实际工作中的需求。

（3）AI 技术知识。在 AI 时代，培训师必须理解人工智能的基本原理和应用场景，如机器学习、数据分析和自然语言处理。将这些最新的 AI 技术融入培训内容中，可以显著提升培训的智能化水平。例如，利用 AI 进行个性化学习推荐和数据分析，可以大大提高培训的效果和学员的满意度。

（4）企业背景与学员需求。培训师需要了解企业的战略目标、组织文化和技术环境，以准确确定培训内容，确保其与企业整体发展战略相符。同时，培训师应深入分析学员的背景和需求，设计具有针对性的培训项目，以更好地满足不同学员的学习目标和期望。

2. 能力类

（1）教学设计与实施能力。培训师应具备设计和开发高质量培训课程的能力，包括编写讲义、教材和测试题。他们能够运用多种教学方法和工具，如课堂讲授、案例分析和角色扮演，以满足不同学员的学习需求。此外，培训师还需熟练使用现代教学技术，如智能学习管理系统（LMS）、虚拟现实（VR）和增强现实（AR），以及 AI 辅助工具。这些技术不仅能提供互动性强的学习体验，还能通过数据分析和实时反馈来优化培训过程。

（2）沟通与表达能力。培训师必须具备清晰、流畅的口头和书面表达能力，能够准确地传递信息，并促进有效的双向沟通。良好的沟通技巧包括积极倾听、恰当提问和及时反馈,以营造积极的学习环境。此外,培训师还应运用 AI 驱动的沟通工具(如智能对话系统),提高互动质量和反馈效率。

(3)课程评估与反馈能力。培训师需设计和实施多样化的评估工具,以衡量学员的学习效果和课程的整体有效性。这包括制定评估标准、设计测试题和调查问卷,并利用数据分析方法来分析培训成果。AI 技术能够显著提升评估与反馈的效率和精准度,通过实时监测学员的学习进度和表现,自动生成数据报告,识别强项和薄弱环节,并提供个性化的改进建议。

3. 职业素养类

扩展阅读 9.3　做好培训工作的八个步骤

(1)激情。激情是培训师必备的核心素质之一。充满激情的培训师不仅能够在培训过程中展现强烈的投入感,还能通过自身的热情感染学员,激发他们的学习兴趣和动力,提升参与度。激情也促使培训师在面对挑战时保持积极的态度,并推动他们持续改进培训内容和方法,使每个培训项目都能够达到最佳效果。

(2)自信。培训师在培训过程中需展现自信,以从容应对各种挑战和突发情况。自信不仅能够使培训师清晰、准确地传播知识,还能通过稳健的表现增强学员的信心,使其在学习过程中更加专注和投入。

(3)创新与创造力。在 AI 时代,培训师需要不断创新教学方法和内容,探索新的培训工具和技术,如 AI 驱动的个性化学习路径。创新与创造力不仅能够增强培训的吸引力,还可以更好地满足学员的多样化需求,确保培训内容能够与时俱进,并有效应对未来的挑战。

(4)职业道德与法律意识。培训师必须具备高尚的职业道德,严格遵守职业伦理和法律规定,如数据隐私保护和知识产权。这包括保护学员的个人信息,确保培训内容的原创性,避免侵犯他人知识产权,并遵循相关的法律法规以防止法律纠纷。这不仅确保培训活动的合法性与合规性,还能保护学员和企业的权益,维护培训活动的规范性。

AI 时代培训师的素质要求参见表 9-8。

表 9-8　AI 时代培训师的素质要求

类　别	指　标	描　述
知识类	培训理论与方法	理解成人学习理论,灵活运用现代培训方法。
	专业领域知识	具有深厚专业知识,跟踪领域最新进展。
	AI 技术知识	理解 AI 原理,应用 AI 技术提升培训的智能化水平。
	企业背景与学员需求	了解企业战略,设计针对性培训项目。
能力类	教学设计与实施能力	设计课程,运用现代技术与多种方法。
	沟通与表达能力	清晰表达,促进有效沟通。
	课程评估与反馈能力	使用评估工具,借助 AI 技术提升反馈精准度。
职业素养类	激情	以热情激发学员动力,提升培训效果。
	自信	从容应对挑战,增强学员信心。
	创新与创造力	创新教学方法,满足多样需求。
	职业道德与法律意识	遵守伦理与法律,确保培训合法合规。

（三）如何在 AI 时代成为优秀的培训师

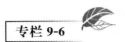

专栏 9-6

TTT 培训[①]

TTT（training the trainer to train），即培训师培训，是国际职业训练协会（International Professional Training Association，IPTA）的培训师认证课程的缩写，专为提升培训师授课能力而设计。随着企业培训需求的日益增长和不断变化，TTT 培训已成为企业管理培训领域中的重要组成部分。它不仅是企业职业培训师、企业内部专职讲师和专业培训机构管理人员的必修课程，还广泛适用于负责培训体系规划、培训师管理及内训课程开发的专业人士。此外，HR 经理、培训主管，以及兼任培训师角色的企业中层管理者和业务骨干也能从中受益。随着企业对多样化和高效培训的需求不断增加，TTT 培训还逐渐延伸至行业内部的各级管理人员，帮助他们更好地承担培训职责。

TTT 培训的主要目的在于帮助培训师树立正确的职业心态，提升其自我需求诊断能力，并熟练掌握专业的课程开发与授课技巧。首先，通过 TTT 培训，培训师能够建立起自信心与责任感，认识到在培训过程中不仅要传递知识，更要激发学员的兴趣与积极性。其次，帮助培训师提升自我需求诊断能力，使其能够敏锐地识别企业和学员的需求，制订和实施符合实际的教学计划。最后，TTT 培训旨在提升培训师在课程开发与授课技巧方面的专业能力，确保其能够设计出系统性强、内容完善的课程，并有效应对课堂上的突发情况。

TTT 培训内容涵盖成人学习特点与需求分析、培训师的内外在修养、课程设计与内容安排、培训器材的应用，以及整个培训过程的掌控等多个方面。通过对成人学习特点的深入分析，培训师能够设计出更符合成人学习规律的课程内容，提升培训效果。在内外在修养方面，培训师学习如何运用语言表达和培训手势增强课程的感染力，同时通过道德修养和情绪管理保持专业形象和良好的课堂氛围。课程设计与内容安排部分则帮助培训师掌握从教材编写、教案设计到 PPT 开发的系统化技巧，确保课程内容的专业性与系统性。同时，培训师还需熟悉各种培训器材的使用，以确保教学过程的顺利进行。通过对培训过程的全面掌控与应变能力的培养，培训师能够灵活应对学员的各种反应，确保课程生动有趣、气氛活跃，达到最佳学习效果。

AI 技术正推动 TTT 培训的革新。通过大数据分析和机器学习，AI 提供个性化教学建议和实时反馈，帮助培训师调整策略以满足学员需求。AI 与虚拟现实（VR）和增强现实（AR）技术的结合，创造了沉浸式学习环境，提高了学员的参与度和实战能力。同时，AI 驱动的评估工具提供客观详尽的培训效果分析，帮助培训师优化课程内容。未来，AI 将继续推动 TTT 培训向智能化和个性化发展，进一步提升培训效果，促进企业和行业的持续进步。

---

① 参考赵曙明，赵宜萱. 培训与开发——理论、实务、方法[M]. 北京：清华大学出版社，2017：90.

1. 塑造专业形象

在培训过程中，培训师的专业形象对培训效果有一定的影响。培训师应在仪表、姿态和声音三个方面进行优化，展现出专业和亲和的形象。AI技术可以在这方面提供有力支持。

（1）仪表

培训师的仪容应保持干净整洁，这不仅体现对学员的尊重，也反映了对职业的重视。男性培训师应注意剃须，保持整洁；女性可选择适度淡妆，以展现专业性。

衣着选择应根据培训场合和受众特点进行调整。在正式场合，建议穿着西装或职业装，色彩应稳重，避免过于鲜艳或花哨的服饰；在企业内部培训中，商务休闲装也是合适的选择。此外，配饰的选择应与整体着装风格一致，如领带、手表等应简洁得体，避免过多或夸张的装饰品。

AI技术可以通过智能着装推荐系统，分析场合和受众需求，为培训师提供合适的着装建议，帮助他们在不同场合中保持专业形象。

（2）姿态

① 站姿。培训师的站姿应保持自然挺拔，肩膀放松，双脚与肩同宽，重心均匀分布。这样的站姿不仅显得稳重自信，还能更好地与学员进行目光接触，增强沟通效果。应避免懒散地斜靠或双手插兜，这会给人一种不专业或漫不经心的印象。

② 坐姿。在坐着讲解或演示时，培训师的坐姿应保持端正，背部挺直，双脚平放，双手自然放置在桌面或腿上。这样的坐姿有助于展现专业性，并确保学员能够集中注意力于培训内容。应避免过于随意的坐姿，如蜷缩在椅子上或过度靠在椅背上，这会让人觉得缺乏严谨性。

③ 手势与动作。培训师的手势应自然得体，能够辅助表达内容，而不过于夸张或频繁。适度的手势可以帮助强调关键点，并增强语言的表现力，但要避免过多的小动作，以免分散学员的注意力。

在姿态表现方面，视频分析工具可以发挥重要作用。通过对培训师的姿态进行实时视频分析，AI可以识别出影响专业形象的细节问题，并提供个性化的改进建议。例如，AI可以通过视频分析提醒培训师调整站姿、坐姿的稳定性，以及手势的适度性，帮助他们在培训过程中保持自然、自信的姿态，提升整体沟通效果和培训质量。

（3）声音

① 音量与节奏。培训师的音量应适中，根据场地和受众规模进行调整。在大型场合，音量应适当提高，以确保所有学员都能听清；在较小规模的培训中，音量可以稍低，以营造更亲切的氛围。讲话的节奏应平稳，避免过于急促或拖沓，以便学员有足够时间消化和理解内容。

② 感染力。培训师的声音应富有感染力，以调动学员的兴趣和参与感。通过语调、重音和语速的变化，培训师可以有效突出关键内容，并增强信息的传递效果。例如，在讲解重点时适度提高音量，或在分享案例时放慢语速，都可以增强内容的吸引力。

AI语音管理系统可以帮助培训师优化声音表现。通过语音分析，AI能够评估培训师的语音表现，并提供个性化的改进建议，帮助培训师更好地运用语气和音量，以增强与学员的互动效果。

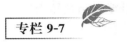

企业培训师的 12 种手势

1. 沟通：双手前伸，掌心向上

使用场景："各位，让我们交流一下。"双手掌心向上，手臂前伸，身体略微前倾。这个姿势能够传递出亲切感，拉近与学员的距离。

2. 拒绝：掌心向下，做横扫状

使用场景：不同意、坚决不同意。双手掌心向下，做横扫动作，表达坚决拒绝的态度。

3. 致意：五指并拢，掌心向前

使用场景：向大家致意。五指并拢，掌心向前，这种手势显得庄重、正式。

4. 警示：掌心向前，双手上举

使用场景："注意了！""大家静一静。"表示警示或引起学员注意。

5. 区分：手掌侧立，做切分状

使用场景："我们来区分一下。"手掌侧立，做切分状，用于明确区分事物或概念。与前四个动作相比，这种手势更准确地表达左右、前后等方向的区分。

6. 指明：五指并拢，指向目标

使用场景："请看这里。"五指并拢，指向目标。需要注意的是，避免用手指直接指向人或物，以免显得不礼貌或具有攻击性。

7. 组合：掌心相对，向内聚拢

使用场景："让我们归纳一下这些问题。"双手掌心相对，向内聚拢，表示归纳或聚合。

8. 延伸：掌心相对，向外展开

使用场景："我们来将这个问题延展开。"双手掌心相对，向外展开，表示延伸或扩展某个话题。

9. 号召：手掌斜上，挥向内侧

使用场景："大家跟我来。"手掌斜向上，挥向内侧，表示号召或带领。如果手掌向外挥动，则容易传递出散伙的信号，因此应避免。

10. 否定：手掌斜下，挥向外侧

使用场景："这是错误的。"手掌斜向下，向外挥动，表示否定或拒绝。

11. 鼓舞：握拳，挥向上方

使用场景："我们一定能够成功！"握拳，向上挥动，传递出鼓舞士气或激励的情感。

12. 决断：握拳，挥向下方

使用场景："就这样定了。"握拳，向下挥动，表示决断或做出最终决定。

2. 掌握授课技巧

（1）开场技巧

在培训过程中，开场是至关重要的环节。一个成功的开场不仅能迅速抓住学员的注意力，还能为整个培训定下基调。以下是几种常用的开场技巧，培训师可以根据不同的课程内容和学员背景灵活运用。

① 明确培训目标。开场时应明确指出课程的目标和核心内容,让学员清楚培训的方向和意义,从而更好地理解培训的价值,并为后续学习做好准备。

② 引用统计数据或事实。通过引用相关的统计数据或事实,能够在开场时引发学员的兴趣,并增强内容的说服力。这样的开场方式不仅能提供有力的背景信息,还能让学员认识到培训内容的实际重要性。

③ 提出引发思考的问题。在开场时提出发人深省的问题,可以促使学员开始思考实际工作中的挑战和应对方法,调动他们的思维,使他们更好地投入到接下来的学习中。

④ 个人经历分享。培训师分享个人经历或真实案例,能够有效拉近与学员之间的距离,增加课程的可信度和吸引力。

⑤ 调动氛围的互动开场。通过鼓励学员参与讨论或分享经验,营造积极的互动氛围,有助于打破拘谨感,促使学员更积极地参与到整个培训过程中,提高学习效果。

AI 在培训的开场设计中可以发挥重要的辅助作用。AI 能基于培训主题和学员的背景信息,为培训师提供量身定制的开场建议,帮助设计个性化的开场白,以确保最大限度地吸引学员的注意力。AI 还可以根据受众的行业背景生成相关的统计数据、真实案例或提出切合实际的问题,从而引发学员的兴趣和思考。专栏 9-8 是 AI 针对公关经理的培训自动生成的开场白。

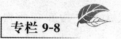

专栏 9-8

针对公关经理的培训开场示例

1. "各位好!欢迎参加今天的公关经理培训课程。作为公关经理,你们肩负着维护公司形象、处理危机事件的重要职责,任何一次决策的失误都可能对公司造成严重影响。"

点评:明确培训目标

这段开场白直接点明了公关经理在公司中的重要角色,并强调了培训的重要性。这能让学员立刻明白课程的关键目标和内容的实际应用,激发他们的学习兴趣。

2. "最新的研究数据显示,全球有超过 60% 的公司在遭遇公关危机后,品牌信任度下降了 30% 以上。而其中约 45% 的企业,因公关危机处理不当,导致了长达两年以上的负面影响。"

点评:统计数据或事实开场

通过引用最新的统计数据,立即引发学员的兴趣和关注。这样的开场不仅为培训的主题提供了背景信息,还让学员认识到公关危机的严峻性,增强了他们对接下来内容的重视程度。

3. "在今天的课程开始前,我想先问大家一个问题:如果你们的公司突然陷入了一场重大的公关危机,比如产品出现质量问题或受到媒体负面报道,你们的第一反应是什么?你们会采取什么措施来保护公司的声誉?"

点评:引发思考的问题开场

通过提问直接引发学员对公关危机的思考,使他们开始考虑实际操作中的应对措施。这种开场方式促使学员主动参与，使他们从一开始就与课程内容产生联结。

4. "接下来，我想和大家分享一下我自己的一次经历。几年前，我在一家公司的公关部门工作，当时我们遇到了一场严重的危机：一款新产品被发现存在安全隐患，媒体报道铺天盖地，公司的声誉岌岌可危。作为公关经理，我需要在极短的时间内协调多个部门，迅速制定应对策略，最终，我们成功控制了事态，甚至借此机会增强了客户对我们的信任。"

点评：个人经历分享开场

通过分享培训师自身的亲身经历，能够拉近与学员之间的距离，增加信任感。这样的开场方式不仅让学员感到更真实、更具启发性，还能使他们更容易理解和接受课程中的内容和观点。

5. "今天，我们的目标就是探讨如何避免类似的公关危机，如何通过有效的策略维护公司声誉。"

点评：明确培训目标

明确指出培训的目标，进一步强调课程将帮助学员掌握应对公关危机的策略。这种清晰的目标设定让学员了解接下来的学习内容和期望。

6. "在接下来的时间里，我们将一起学习和讨论公关经理在面对各种挑战时需要具备的技能和策略。我也鼓励大家分享你们的经验和见解，共同探讨如何在实际工作中应用这些方法。"

点评：调动氛围的互动开场

通过鼓励学员分享经验和见解，营造了一个互动的氛围。这种方式能够促使学员更积极地参与课程，增强学习效果。

（2）互动技巧

在培训过程中，互动技巧能够显著提高学员的参与度。以下是几种有效的互动技巧及其实施细节：

① 提问与讨论。培训师应设计与课程主题相关的开放性问题，引导学员进行深入讨论。AI 可以根据学员的背景和学习进度，自动生成针对性的开放性问题，并根据实时反馈调整问题策略，确保讨论围绕核心主题展开。这种方法不仅帮助学员深化对培训内容的理解，还能促进他们的主动参与。

② 分组活动。将学员分成小组进行任务分配或讨论，有助于打破陌生感，增强团队合作。AI 可以根据学员的兴趣和能力水平自动分组，设计个性化的任务或模拟演练。这些活动通过角色扮演或情景模拟等方式，帮助学员理解实际工作中的挑战，并提升合作与沟通能力。

③ 使用案例分析。提供与学员工作实际相关的案例，促使他们分析问题、提出解决方案，从而增强实际操作能力。AI 能够从大量数据中筛选并提供最新且相关的案例，确保案例的适用性和前瞻性。这种方法有助于学员将理论知识与实践结合，加深对培训内容的理解。

④ 互动游戏。使用简单的游戏或趣味问答活跃课堂气氛，缓解学员紧张感，增强参与度。AI 可以设计与培训内容相关的互动游戏或问答环节，并根据实时数据调整游戏

内容,确保既有趣又能有效支持学习目标。

⑤ 实施反馈。在互动过程中,培训师应及时给予学员反馈,肯定其积极参与,并提供建设性建议。AI能够实时分析学员的互动表现,提供个性化的反馈和改进建议,这不仅可以增强情况学员的信心,还能帮助他们更好地掌握培训内容。

3. 灵活应对课堂意外

在培训过程中,培训师常常会面临一些意外情况,如学员不积极或学员过于活跃,遇到不同意见或难以回答的问题,灵活应对这些意外是确保培训顺利进行的关键。以下是针对这些情况的应对技巧及 AI 的支持作用。

(1)学员不积极

有些学员由于性格内向或其他原因,不愿主动参与课程。这时,培训师可以采取以下措施:

① 提出开放式问题。通过开放式问题引导学员表达意见,如"大家认为……?"如果无人回应,可以重新解释问题或换一种问法。

② 开展课堂讨论。安排学员进行小组讨论,让他们在轻松的环境中交流意见,帮助打破沉默和拘谨。

③ 指名提问。选择沉默但可能知道答案的学员回答问题。为了避免尴尬,先称呼学员的名字,再提出问题。

④ 肯定学员的参与。对学员的参与给予积极反馈,如"谢谢你的回答""这点说得很好!"还可以通过微笑、点头等非言语方式表示鼓励。

(2)学员过于活跃

有些学员过于活跃,频繁回答问题,甚至偏离主题,导致其他学员参与机会减少。为应对这种情况,培训师可以:

① 提醒课堂规则。在课程开始时明确课堂规则,提醒学员注意发言顺序,确保每个人都有参与机会。

② 问题转换。通过巧妙转折,将讨论引回到课程主题上。

③ 有意指名提问其他学员。通过提问其他学员,平衡发言机会,激发全班参与。

(3)面对不同意见或难以回答的问题

在培训过程中,学员可能提出与培训师不同的观点,或提出培训师一时难以回答的问题。这时,培训师可以:

① 保持开放从容的肢体语言。微笑应对,用放松的姿势传递坦率与风度,化解尴尬。

② 宽容对待不同意见。鼓励学员提出不同观点,避免过度辩护或防卫,营造开放的讨论氛围。

③ 灵活应对难题。当遇到难以回答的问题时,可以记录问题稍后解答,或引导学员共同讨论,甚至提出将其作为后续课程的讨论内容,显示出对问题的重视和灵活应变的能力。

在应对这些课堂意外时,AI 可以提供重要的支持。AI 能够实时分析学员的参与数据,自动生成适当的开放式问题,并推荐合适的课堂活动和讨论话题。通过观察学员的参与模式,AI 可以帮助识别沉默或过于活跃的学员,从而辅助培训师调整互动策略。此外,AI 还可以提供即时反馈和建议,帮助培训师处理突发问题、回应不同意见,并提出解决问题的具体方案。这些功能有助于培训师在面对意外情况时进行有效调整,确保课程的顺利进行。

4. 熟练运用现代培训工具

在 AI 时代,培训师需掌握现代培训工具以提升效果。这包括 AI 工具、在线授课平台、培训软件等。此外,培训师还应熟悉 AI 培训相关术语,详见表 9-9。

(1) AI 工具

① 智能学习管理系统。智能学习管理系统是培训管理的核心工具,帮助培训师高效管理课程、跟踪学员学习进度,并提供在线学习材料。集成 AI 技术的智能学习管理系统不仅能自动化学员管理,还能基于学习历史和偏好推荐课程并进行评估,提供个性化的学习体验。

② 智能评估工具。智能评估工具可以自动化测评、分析学员表现,并生成详细的反馈报告。这些工具实时评估学员的理解程度和进步情况,向培训师提供详尽的反馈和改进建议,帮助及时调整培训策略以满足学员需求。

③ AI 聊天助手和虚拟辅导员。AI 聊天助手和虚拟辅导员提供即时帮助和答疑服务,模拟个性化的辅导,支持学员在学习过程中获得及时反馈和指导。AI 聊天助手通过智能算法和数据分析了解学员的学习情况和需求,快速解答问题并提供学习建议。虚拟辅导员则进行更深入的个性化辅导,帮助学员解决复杂问题并制订个性化学习计划。

(2) 线上授课平台

① 在线学习平台。在线学习平台,如中国大学 MOOC、国家智慧教育公共服务平台、雨课堂等,支持大规模的在线课程学习和职业技能提升。这些平台为各类学习者和在职人员提供持续学习和技能提升的机会,涵盖广泛的课程和培训内容,帮助学习者在工作之余进行自我提升。

② 虚拟现实(VR)和增强现实(AR)工具。虚拟现实和增强现实工具提供沉浸式培训体验,通过模拟实际操作环境或情境,帮助学员在逼真的虚拟环境中进行实践训练。这些工具特别适用于复杂操作演练和技能培训场景,能够有效提升学员的实际操作能力和问题解决能力。

③ 互动学习工具。互动学习工具包括在线讨论平台、实时问答系统和互动投票工具,这些工具促进学员之间的互动和协作,并让培训师实时获取学员反馈,及时调整培训内容和方法。

(3) 培训软件

① 内容创作和管理工具。内容创作和管理工具用于创建、编辑和管理培训材料,包括文本、视频和图像。这些工具确保培训内容的高质量和易于访问,支持多种学习模式,如自学和在线课程,确保培训内容的有效传递。

② 数据分析和报告工具。数据分析和报告工具能够收集和分析培训数据,生成详细的报告和洞察。这些工具帮助培训师了解培训效果、学员表现和课程需求,从而优化培训策略,提高整体培训效果。

③ 在线协作平台。在线协作平台支持团队合作和项目管理功能,如文件共享、任务分配和进度跟踪。这些工具特别适用于项目型和跨部门培训,帮助团队成员高效协作,

确保项目顺利进行。

（4）其他培训工具

① 工作流自动化工具。工作流自动化工具包括自动提醒系统、任务分配工具和记录管理系统等。通过自动处理培训中的提醒、安排和记录任务，这些工具减少了人工操作，降低了错误率，并优化了时间利用，使培训管理流程更加流畅和高效。

② 移动学习应用。移动学习应用专为移动设备（如智能手机和平板电脑）设计，允许学员随时随地进行学习。它们提供灵活便捷的学习方式，支持视频课程、在线测试和互动练习等多种学习形式，帮助学员在繁忙的工作和生活中利用碎片时间学习，从而提高学习的灵活性和便利性。

表 9-9　AI 培训相关术语一览表

分　类	术　语	英　文	描　述
基础技术	自然语言处理技术	natural language processing（NLP）	用于让计算机理解、解释和生成人类语言的技术，包括语音识别、语言翻译和文本分析等。
	语音分析技术	speech analytics（SA）	分析语音数据以识别说话者的情感、语调、语速等信息，用于客服系统、语音助手等场景。
	计算机视觉技术	computer vision（CV）	使计算机能够"看"并理解视觉信息的技术，包括图像识别、对象检测、图像分割等。
高级分析技术	情感分析技术	sentiment analysis（SA）	一种自然语言处理技术，用于分析文本、语音或视频内容中的情感倾向，帮助识别用户的情感状态。
	数据分析技术	data analytics（DA）	处理和分析大量数据以发现有意义的模式、趋势和关系，支持决策和预测。
	边缘计算	edge computing（EC）	将计算任务移至靠近数据源的边缘设备，以减少延迟并提高效率，特别适用于物联网（IoT）设备和实时应用。
机器学习	机器学习	machine learning（ML）	AI 的一个子领域，通过算法和统计模型让计算机在没有明确编程的情况下学习和改进。
	深度学习	deep learning（DL）	机器学习的一个分支，使用多层神经网络来学习复杂数据模式，常用于图像识别、语音识别等。
	生成式对抗网络	generative adversarial networks（GANs）	一种机器学习模型，通过两个神经网络相互竞争生成高质量的数据，如图像、视频和声音。
	自动编码器	autoencoders（AE）	一种无监督学习模型，通过编码和解码过程来学习数据的低维表示，常用于降维和特征学习。
	强化学习	reinforcement learning（RL）	通过奖励和惩罚机制让代理在环境中学习如何采取行动以最大化累积奖励的机器学习方法。

分　类	术　语	英　文	描　述
应用技术	推荐系统	recommender systems (RS)	根据学员的历史学习数据和学习偏好,为其推荐相关的培训课程、学习资源或发展路径,帮助提升学习效果和个性化学习体验。
	自然语言生成	natural language generation(NLG)	将数据转化为自然语言文本的技术,用于生成自动化报告、摘要和对话。
	知识图谱	knowledge graph(KG)	一种用于表示和存储知识的结构,将数据点和它们之间的关系以图的形式组织起来,支持复杂的查询和推理。

思 考 题

1. 新员工培训的目标及内容是什么？如何利用 AI 开展新员工培训？
2. 简述不同层级管理者培训的差异。
3. AI 时代管理者应具备哪些关键素质？
4. 销售人员如何利用 AI 训练情商？
5. 如何提高销售人员角色扮演培训的成效？
6. 如何在 AI 时代成为优秀的培训师？

即 测 即 练

第十章

提问技巧：培训相关人员 如何与 AI 对话

从提问开始：培训经理的 AI 培训探索之旅

在一家互联网公司，人力资源部的新任培训经理张涛面临一项新挑战：公司引入了一个先进的 AI 系统，旨在提升整体培训效果。张经理对这一新工具充满期待，但如何向 AI 提问以获取有价值的建议，让他感到困惑。

张经理的初始尝试并不顺利。他提问时常用宽泛的问题，例如："如何提升员工培训的整体技能？"这种模糊的提问导致 AI 系统的回答也很笼统，如"需要综合考虑多方面因素"，这让张经理无从着手。尽管 AI 提供了一些通用建议，但这些回答没有解决他面临的具体问题。

意识到这一点后，张经理决定改进提问方式。他开始专注于学习如何提出更精确的问题，如："如何提高员工在项目管理中的能力？"并提供详细的背景信息，如员工的现有技能和培训目标。这种改进使张经理的提问更加聚焦。

经过一系列调整后，AI 系统的回答变得更具针对性和实用性。张经理能够从 AI 那里获得关于如何设计有效培训方案的具体建议，他的团队成功设计出了符合公司需求的培训课程，显著提升了员工的技能水平和培训效果。

掌握了提问技巧后，张经理发现 AI 成了他不可或缺的助手，极大地提升了工作效率。张经理的成功经历不仅验证了向 AI 精准提问的重要性，也向公司其他团队展示了如何高效利用 AI 系统的实践经验。

在现代培训工作中，AI 已经成为不可或缺的工具之一。AI 的回答质量与提问质量息息相关，只有掌握了有效的提问技巧，培训相关人员才能充分利用 AI 的优势。

本章深入探讨如何通过精准提问与 AI 进行高效对话，以确保获取有价值的培训建议，推动培训工作的高效开展。为了帮助读者更好地理解，每种提问技巧在理论分析的基础上都附有示例。我们将提问及 AI 回答制作成"AI 对话示例"文档，并通过二维码嵌入到教材中。读者可以扫描二维码查看具体示例，比较错误示范和正确示范的 AI 回答结果，从而更好地掌握这些技巧，提升培训工作效能。

一、清晰界定问题

与 AI 对话时，清晰界定问题从而确保 AI 准确理解你的具体需求至关重要。以下是几条关键原则：

① 使用清晰、具体的关键词。避免使用模糊或容易引起歧义的措辞,避免使用专业术语或缩略语,除非确定 AI 能够准确理解。

② 确保问题逻辑一致。在提出复杂问题时,确保每个部分的逻辑一致,避免前后矛盾。

③ 明确回答的目的。清楚地说明你希望 AI 提供的帮助范围和预期成果。例如,在分析培训需求时,可以明确指出你需要 AI 帮助确定哪些技能需要提升,以及如何针对这些技能设计相应的培训内容。

④ 简明扼要。使用短句和简练的语言提问能够有效减少信息冗余,提高 AI 生成答案的准确性和相关性。

⑤ 清晰易读。如果问题较为复杂,可以通过分段或列点的方式,将重要信息逐条列出,使 AI 更容易理解和处理这些信息。

 AI 对话示例10.1 培训方案设计

【示例】 培训方案设计

背景:你是一名培训专员,想让 AI 帮助撰写一份关于"如何提升员工沟通技巧"的培训方案。

类 别	提问示例	解 析
错误示范	请帮我写一个关于提高沟通技巧的培训方案。	• 关键词不清晰:没有明确"沟通技巧"的具体内容,可能包括多种技能,AI 可能会生成不符合你需求的内容。 • 使用模糊词语:如"写一个培训方案"过于笼统。
正确示范	我是一家金融科技公司的培训专员,请帮我撰写一份关于提升员工沟通技巧的培训方案。方案需要涵盖以下内容: ① 培训目标:提高员工的口头沟通能力和倾听技巧,特别是如何在团队合作中更有效地表达意见。 ② 培训对象:面向新入职员工。 ③ 培训内容:包括理论讲解(30分钟)、情境演练(60分钟)、小组讨论(30分钟)、反馈环节(20分钟)。	• 背景和角色明确:设定为金融科技公司的培训专员,有助于 AI 提供更贴合行业需求的建议。 • 关键词明确:如"沟通技巧"具体为"口头沟通能力和倾听技巧"。 • 逻辑一致:清晰地说明了培训目标、对象、内容,使得 AI 可以按照逻辑生成方案。 • 清晰易读:每个要求通过换行和分点来表达。

二、提供背景信息

向 AI 提问时,提供具体的背景信息,可以帮助 AI 更好地理解问题的场景和相关的前因后果,界定问题的范围,从而生成更具针对性的答案。以下是一些关键原则:

① 说明问题背景。详细描述问题发生的场景和背景,包括时间、地点、事件、相关人员等。也可以提供相关的历史数据或背景信息,让 AI 了解问题的发展过程和当前状态。

② 界定问题的范围。明确说明问题涉及的领域和范围,告诉 AI 应该聚焦在哪些方

面,而不涉及哪些内容。

③ 指出前提和假设。说明你在提问时所依赖的前提条件和假设,确保 AI 在这些基础上进行分析和回答。

④ 定义关键概念。对问题中涉及的专业术语或重要概念进行定义,确保 AI 准确理解这些概念的含义。

⑤ 相关性。确保提供的背景信息与问题直接相关,不要加入无关的细节,以免混淆 AI 的理解。

AI 对话示例10.2　培训需求分析

【示例】　　　　培训需求分析

背景:公司正在推进数字化转型,你作为培训经理,负责规划一项针对行政人员的培训需求分析。

类别	提问示例	解析
错误示范	请帮我进行一次培训需求分析。	• 背景信息模糊:未明确说明企业面临的具体挑战。 • 问题范围过宽:没有限定分析的范围,可能导致 AI 生成的内容泛泛而谈。 • 人员不明确:未指定需要培训的员工群体,可能导致分析过于宽泛。 • 目标不清晰:没有说明培训的具体目的或期望成果。
正确示范	公司正在推进数字化转型,作为培训经理,我正在进行行政人员的培训需求分析,旨在提高他们在日常工作中应用 AI 工具的能力。管理层特别关注如何在行政管理中更好地利用 AI 技术。 请从组织、任务、个人三个层面,帮我分析行政人员在应用 AI 工具方面的培训需求,尤其是在以下三个领域: ① 数据分析:如何利用 AI 工具进行日常数据处理和分析。 ② 自动化办公:使用 AI 优化日常行政任务,提高工作效率。 ③ 安全管理:确保 AI 工具的使用符合数据安全标准。	• 背景信息翔实:明确了数字化转型的背景。 • 范围明确:聚焦于行政人员在 AI 工具应用中的具体技能领域。 • 前提和假设清晰:假设公司已决定进行数字化转型,管理层关注 AI 技术在行政管理中的应用。 • 定义关键概念:如"数据分析""自动化办公"和"安全管理"已明确说明。 • 相关性高:所有背景信息与培训需求直接相关。

三、赋予特定角色

为了让 AI 更好地理解培训场景和需求,赋予 AI 具体的角色是一个非常有效的策略。AI 拥有庞大的数据库,每次用户发出指令时,实际上都是在调用 AI 数据库中的信息。用户的指令越明确,AI 调用的信息就越精准。当赋予 AI 一个特定身份时,AI 会匹配更符合该身份的数据库信息。因此,为了让 AI 更好地完成一项特定任务,可以先赋予它一个特定的身份。以下是相关原则：

① 明确角色定位。在提问时，将 AI 设定为一个特定的角色(如培训经理、培训专员、课程设计师、资深培训师等)，使得 AI 的回答更加贴合角色的需求，提供的建议也更具操作性。

② 描述角色的责任。清晰地界定角色的权限和职责，避免赋予 AI 过于宽泛或模糊的角色定位。

③ 提供角色的工作背景。赋予角色时，应结合特定的工作背景进行设定。例如，可以包括行业背景、企业规模或特定的培训项目等，这样可以使 AI 更好地适应角色的工作环境，从而生成更定制化的建议。

④ 定义角色的目标。明确该角色在特定情境下的目标，例如提高员工的某项技能、优化培训流程等。

⑤ 聚焦核心任务。赋予角色时，确保 AI 集中在最重要的任务上，而不必面面俱到。

 AI 对话示例10.3 培训角色扮演脚本设计

【示例】 培训角色扮演脚本设计

背景：培训师要为一家品牌汽车 4S 店的销售经理设计角色扮演脚本，以提升他们应对不同类型客户的销售技巧。

类别	提问示例	解析
错误示范	请帮我设计一个销售经理角色扮演的脚本。	• 角色定位不明确：未赋予 AI 具体的角色身份，可能导致生成的脚本不贴合培训师的需求。 • 任务不具体：没有限定需要模拟的具体情境，可能导致生成的脚本过于笼统。 • 目标不清晰：未明确角色扮演的最终目的，可能导致 AI 的建议偏离实际需求。
正确示范	设想你是一名资深培训师，需要为汽车销售公司 4S 店的销售经理设计角色扮演脚本，以提升他们在销售过程中从客户接触到成交的全流程销售能力。请你从客户接触、需求分析、产品推介、异议处理、谈判和成交等多个环节设置对话，加入一定的销售困难或挑战，并对销售经理的对话进行点评。	• 角色定位明确：赋予 AI "资深培训师"的身份，使生成的脚本更符合培训需求。 • 背景信息具体：明确了销售环节和任务，有助于 AI 聚焦特定场景和困难挑战。 • 任务清晰：详细描述了脚本的具体要求，包括销售流程中的多个环节以及预设的困难挑战，使 AI 生成的内容更有针对性。 • 目标明确：清晰表述了角色扮演的最终目标，即提升销售经理在全流程销售中的应对能力。

四、明确分析框架

明确分析框架是提升 AI 生成内容结构化和条理性的有效方法。在培训领域，常见的分析框架如表 10-1 所示。使用分析框架时注意以下原则：

① 根据具体的应用场景,选择适合的分析框架。例如,STAR 框架适用于行为面试和绩效评估,而 PDCA 循环则更适合于项目管理和培训课程的设计与评估。

② 清晰描述框架内容,确保每个框架的具体内容和步骤清晰易懂。例如,SCQA 框架的各个步骤(情境、复杂性、问题、回答)需要准确描述,以便 AI 能够有条理地分析问题并提供解决方案。

③ 在指定分析框架时,结合实际应用场景进行说明。比如,在培训需求分析中,SWOT 分析可以用于识别组织内部优势和外部机会,从而制定有效的培训策略。

表 10-1 培训相关的分析框架

框架名称	具 体 内 容	应 用 场 景
STAR 框架	Situation(情境):描述具体情境或背景。 Task(任务):明确任务或目标。 Action(行动):说明为达成目标采取的具体行动。 Result(结果):总结行动的结果或成果。	行为面试、绩效评估、培训效果回顾。
SCQA 框架	Situation(情境):介绍背景情况。 Complication(复杂性):指出问题或挑战。 Question(问题):提出需要解决的问题。 Answer(回答):提供解决方案或回答。	报告撰写、问题分析、决策制定。
PDCA 循环	Plan(计划):制订计划和目标。 Do(执行):实施计划。 Check(检查):评估和检查实施效果。 Act(调整):根据评估结果进行调整和改进。	质量管理、项目管理、培训课程设计与评估。
SWOT 分析	Strengths(优势):确定内部优势。 Weaknesses(劣势):识别内部劣势。 Opportunities(机会):探讨外部机会。 Threats(威胁):分析外部威胁。	战略规划、培训需求分析、组织发展评估。
PEST 分析	Political(政治):分析政治因素对项目的影响。 Economic(经济):评估经济环境的影响。 Social(社会):考虑社会文化因素。 Technological(技术):技术发展对项目的影响。	市场分析、外部环境评估、培训内容策划。
柯氏四级评估模型	反应:评估学员对培训的反应。 学习:衡量学员的学习成果。 行为:观察学员行为改变。 结果:评估培训对组织结果的影响。	培训评估、课程效果衡量、绩效提升分析。
三层次培训需求分析	组织分析:确定组织的培训需求。 任务分析:识别关键任务和技能需求。 人员分析:分析员工的现有能力和培训需求。	制订培训计划、员工技能评估、绩效差距分析。
GROW 模型	Goal(目标):确定目标。 Reality(现实):分析现状和现实情况。 Options(选择):探讨可能的解决方案。 Will(意愿):制订行动计划并确定意愿。	个人发展、职业规划、领导力培训。

框架名称	具 体 内 容	应 用 场 景
ADDIE 模型	Analysis(分析)：分析培训需求。 Design(设计)：设计培训方案。 Development(开发)：开发培训材料。 Implementation(实施)：实施培训计划。 Evaluation(评估)：评估培训效果。	培训开发、课程设计、培训效果评估。
SMART 原则	Specific(具体)：明确具体目标。 Measurable(可衡量)：设定衡量标准。 Achievable(可实现)：目标要切实可行。 Relevant(相关)：目标要与整体目标相关。 Time-bound(有时间限制)：设定明确的时间框架。	目标设定、绩效管理、培训成果评估。

AI 对话示例 10.4　培训战略分析

【示例】　　培训战略分析

背景：某智能网联汽车公司要制定新的培训战略，以提高员工技术能力并适应市场变化。

类别	提 问 示 例	解　　析
错误示范	我需要制定一个新的培训战略，请给我一些建议。	• 框架选择模糊：提问没有明确指定分析框架，可能导致分析缺乏系统性。 • 背景信息缺失：未提及公司类型，可能使分析缺乏针对性。 • 分析方向不明确：未具体说明需要分析的环境因素，可能使分析结果泛泛而谈。
正确示范	设想你是一名资深战略分析师，请使用 PEST 分析框架，帮助我分析外部环境对我们智能网联汽车公司的影响，我们该制定什么样的培训战略以提高员工技术能力并适应市场变化？	• 框架明确：指定使用 PEST 分析框架，确保分析结构化和有条理。 • 角色专业性：赋予 AI"资深战略分析师"的角色，有助于生成更具深度和专业性的分析建议。 • 背景信息具体：明确公司为智能网联汽车公司，使分析更加相关和具体。 • 目标明确：明确了分析的目的，即制定有效的培训战略，提高员工技术能力并适应市场变化。

五、提供参考资料

向 AI 提问时，提供相关资料如范文、模板和示例，能够帮助 AI 更准确地理解你的需求，并通过学习材料生成符合预期的内容。

1. 选择合适的材料

① 范文：提供与你要求相似的高质量范文，帮助 AI 了解期望的内容风格和结构。例如，如果需要撰写培训计划，可以提供一篇高质量的培训计划范文作为参考。

② 模板：提供结构化的模板可以指导 AI 生成符合格式的内容。模板应包含章节标题、结构和内容等要求，确保 AI 生成的答案遵循预定的格式。

③ 示例：具体的示例可以帮助 AI 理解你希望在内容中呈现的细节和风格。例如，提供一个培训满意度调查问卷示例，以便 AI 生成类似的分析内容。

2. 明确参考资料的使用方法

① 说明目的：在提供材料时，明确告诉 AI 使用这些材料的目的，例如："请参考以下公司战略的范文，帮助制定适用于我们公司的培训战略。"

② 指明重点：指出参考资料中的关键部分或特征，如："请关注这篇范文中的培训目标和课程设计部分，并以类似的方式应用于我们公司的培训计划。"

AI 对话示例 10.5　培训评估报告撰写

③ 提供背景信息：简要说明材料的背景和相关性，例如："这篇范文适用于大型技术公司，我们公司是一家智能手机公司，请根据此背景调整内容。"

【示例】　培训评估报告撰写

背景：某金融服务公司完成了一项领导力培训项目，现在需要撰写培训评估报告，以评估培训效果并为未来的培训项目提供改进建议。

类别	提问示例	解析
错误示范	请帮我写一份培训评估报告。	• 无参考资料：未提供参考资料或说明要求，可能导致报告内容缺乏具体方向和细节。 • 目的不清晰：未说明撰写报告的背景和目的，可能使 AI 无法生成符合实际需求的评估报告。 • 结构不明确：没有指定报告结构或重点，可能导致生成的内容不符合预期的格式。
正确示范	请参考以下培训评估报告模板，帮助我撰写一份针对我们金融服务公司领导力培训项目的评估报告。 模板包含：培训目标、评估方法、数据分析、结果总结和改进建议。请根据模板中的结构，结合我们公司培训项目的背景和数据，生成详细的报告。 背景材料：培训项目于今年 1 月至 6 月实施，共有 50 名经理参加；培训内容包括领导力技能、战略思维和团队协作；收集的数据包括参与者反馈调查结果、培训前后的绩效数据以及培训师的观察记录。	• 有参考资料：提供了具体的报告模板作为参考，确保生成的内容符合预期的结构和格式。 • 背景信息具体：明确公司为金融服务公司，并提供了培训项目的背景和数据，使 AI 能够生成针对性的内容。 • 目的清晰：明确撰写报告的目的，即评估培训效果并提出改进建议，确保 AI 的分析和建议与实际需求对接。 • 结构明确：指定了报告的结构和各部分内容，确保 AI 生成的报告条理清晰，符合预期的格式。

六、说明输出要求

明确告诉 AI 输出答案的结构、语气、字数、条目数和形式等具体的要求，使 AI 生成的内容更符合预期，提升问答的有效性。以下是具体方法：

① 指定需要的内容类型，如总结、分析或操作指南。例如："请提供一个关于新员工培训的操作指南。"

② 指出需要的分析深度，是概述还是深入分析。例如："请提供一个关于销售技巧培训的概述，不需要详细的实施步骤。"

③ 说明希望的内容呈现方式，如条目、段落或图表。例如："请将建议以条目式列出，每个建议后附简短说明。""请以表格的方式呈现培训流程。"

④ 指明风格和语气，以适应不同的阅读受众。例如："请使用简洁明了的语气，适合于团队内部分享。""请使用正式的书面语气，适合用于高管审阅。"

⑤ 限制篇幅。明确各部分的字数范围、条目数量或总体篇幅要求，确保内容的完整性与结构合理性。例如："整个报告控制在 1000 字以内，每个部分字数不超过 250 字。""请列出至少五个主要改进建议，每个建议不超过两句话。"

 AI 对话示例10.6　撰写培训致辞

【示例】 　　　　　　　　　　　撰写培训致辞

背景：一家医疗科技公司迎来了新一批员工，总经理需要在入职培训中致辞，欢迎新员工并激励他们融入公司文化和未来发展。

类别	提问示例	解析
错误示范	请帮我写一个总经理在新员工入职培训上的致辞。	• 语气模糊：没有指定所需的语气，AI 生成的内容可能不符合公司的企业文化或受众的期望。 • 结构不清晰：未指定内容的结构，可能导致生成的发言内容不连贯或重点不突出。 • 篇幅不明确：未设定字数或段落要求，可能导致内容过长或过短。
正确示范	我公司是一家医疗科技公司，总经理将在新员工入职培训上发表致辞，请撰写发言稿，要求如下： ① 语气友好而鼓舞人心，传达公司的愿景和使命。 ② 包括三部分：欢迎新员工、强调团队合作的重要性、对未来的展望。 ③ 以段落形式呈现，每段 3～4 句。 ④ 长度控制在 500 字左右。	• 背景信息具体：公司是一家医疗科技公司。 • 语气明确：指定了友好而鼓舞人心的语气，使得 AI 生成的内容更贴合公司的企业文化和目标。 • 结构清晰：要求分为三个部分（欢迎新员工、团队合作的重要性、未来展望），确保发言内容有逻辑性，重点突出。 • 形式具体：每段 3～4 句，以段落形式呈现，使得发言稿更加流畅易读。 • 篇幅合理：控制在 500 字左右，内容简洁有力，能够有效传达关键信息而不拖沓。

　　以上六点概述了培训相关工作人员在向 AI 提问时应掌握的关键技巧。当然,单次提问可能无法获得理想的回答结果,这就需要对 AI 进行持续追问或提出新的要求,以不断优化和完善其回答。为帮助读者更好地具体化提问内容,表 10-2 列出了常用的提示词或关键词,供读者在实际工作中参考使用。

表 10-2　培训相关的提示词/关键词

类　　别	提示词/关键词
培训需求分析	• 分析:企业战略、培训战略、组织分析、任务分析、人员分析、市场变化、技术趋势 • 识别:目标群体、培训需求、技能缺口、潜在机会 • 目标:学习目标、绩效目标、业务目标、胜任力、长期发展目标 • 计划:年度培训计划、月度安排、时间表、优先事项、资源配置 • 模板:问卷调查表、访谈提纲、能力评估表、技能缺口分析表、观察记录表、关键事件记录表、培训计划表、需求分析报告
培训设计	• 设计:课程设计、培训方案、学习路径、内容策划、模块化设计 • 方法:讲授、研讨、导师制、工作轮换、案例研究、角色扮演、游戏、公文筐训练、头脑风暴、拓展训练、讲座、研讨会、工作坊、混合学习、线上线下结合、实战演练、情境模拟、翻转课堂 • 互动:互动环节、问答环节、小组讨论、即时反馈 • 工具:学习管理系统、在线平台、微课、视频教程 • 模板:课程设计模板、培训方案模板、学习路径图、互动设计方案
培训实施	• 实施:培训管理、项目管理、课程实施、计划执行、进度管理、预算控制、资源分配、现场支持、项目评估 • 资源:培训材料、培训师、演示文稿、场地安排、技术支持 • 协调:部门协调、跨部门合作、内部沟通、外包服务商、第三方资源 • 模板:实施计划表、进度跟踪表、预算控制表、资源分配表、实施反馈表
培训评估	• 评估:课程满意度、学习成效、行为改变、绩效评估 • 反馈:学员反馈、问卷调查、测评工具、考试成绩、360 度反馈 • 指标:KPI、ROI、业务影响、学员参与度 • 方法:柯氏四级评估、CIRO、CIPP、数据分析、定性与定量分析 • 模板:评估报告模板、学员反馈表、效果测量表、ROI 分析表
培训风险防范	• 风险:培训风险、项目延期、资源不足、外部不可控因素 • 应对:应急预案、问题解决、调整方案、动态调整 • 模板:风险评估表、应急预案模板、调整方案表、风险管理手册、风险分析图、培训协议、保密协议
培训创新	• 创新:科技赋能、个性化学习、数据驱动、自动化流程 • 趋势:培训新趋势、学习技术、AI 辅助、VR/AR 技术、智能分析 • 改进:持续改进、反馈循环、最佳实践、优化流程、敏捷学习 • 模板:创新方案模板、技术应用评估表、最佳实践分享表、未来趋势报告

思 考 题

1. 向 AI 提问时，如何清晰地界定问题？
2. 向 AI 提问时，提供哪些背景信息？
3. 培训相关的分析框架有哪些？
4. 向 AI 提问时，一般提出哪些输出要求？

即 测 即 练

参考文献

1. [美]爱尔文·戈尔茨坦,凯文·伏特.组织中的培训[M].北京:清华大学出版社,2002.

2. [美]彼得·圣吉.第五项修炼——学习型组织的艺术与实务[M].北京:生活·读书·新知三联书店,1998.

3. [美]雷蒙德·A.诺伊.雇员培训与开发[M].第三版.徐芳,译.北京:中国人民大学出版社,2015.

4. [美]乔纳森·P.多,弗雷德·卢森斯等.国际企业管理:文化、战略与行为[M].周路路,赵曙明,译.北京:机械工业出版社,2022.

5. [美]申克.学习理论[M].第六版.何一希,等,译.南京:江苏教育出版社,2012.

6. [美]苏珊娜·斯基芬顿,帕里·宙斯.行为培训[M].严峰,译.北京:华夏出版社,2004.

7. [美]汤姆·W.戈特.培训人才八步法[M].郭宇峰,郭镜明,译.上海:上海人民出版社,1998.

8. [美]唐纳德·L.柯克帕特里克,詹姆斯·D.柯克帕特里克.如何做好培训评估:柯式四级评估法[M].第三版.奚卫华,林祝君,译.北京:机械工业出版社,2015.

9. [英]彼得·哈尼,罗杰·贝内特.培训!培训!推动员工持续进步[M],王庆海,译.北京:中国劳动社会保障出版社,2004.

10. [英]里斯等.管理者培训手册[M].第5版.杨悦,译.北京:机械工业出版社,2003.

11. [英]托尼·纽拜.培训评估手册[M].戴晓娟,译.北京:中国劳动社会保障出版社,2003.

12. Feldman. M. Successful Post-training Skill Application [J]. Training and Develop Journal,1981,35(9).

13. Holton E. E. The flawed four-level evaluation mode [J]. Human Resource Development Quarterly,1996,7(1).

14. Kaye Thorne & Alex Machray. World Class Training[M]. Kogan Page:London,2000.

15. 蔡自兴,刘丽珏,陈白帆,蔡昱峰.人工智能及其应用[M].第7版.北京:清华大学出版社,2024.

16. 陈志军,张雷等.企业战略管理[M].北京:中国人民大学出版社,2020.

17. 葛玉辉,顾增旺.员工培训与开发实务[M].北京:清华大学出版社,2020.

18. 谷力群,黄兴元.企业员工培训管理实务[M].北京:清华大学出版社,2022.

19. 胡蓓,陈芳.员工培训与开发[M].北京:高等教育出版社,2016.

20. 黄漫宇.结构化汇报[M].北京:机械工业出版社,2024.

21. 敬汉明.人才培养:全面培训体系的数字化搭建[M].北京:中国科学技术出版社,2023.

22. 李作学.培训管理工作细化执行与模板[M].北京:人民邮电出版社,2011.

23. 秋叶,刘进新,姜梅,定秋枫.秒懂AI提问:让人工智能成为你的效率神器[M].北京:人民邮电出版社,2023.

24. 权锡哲,魏冠明.新员工培训管理实务手册[M].第3版.北京:人民邮电出版社,2017.

25. 石金涛.培训与开发[M].北京:中国人民大学出版社,2019.

26. 宋培林.企业员工战略性培训与开发——基于胜任力提升的视角[M].厦门:厦门大学出版社,2011.

27. 孙宗虎,姚小凤.员工培训管理实务手册[M].第三版.北京:人民邮电出版社,2012.

28. 唐丽颖.培训效果评估及转化实务[M].北京:中国劳动社会保障出版社,2014.

29. 屠巧平,赵睿.企业员工培训理论与实践[M].北京:中国经济出版社,2012.

30. 王少华,姚望春.员工培训实务[M].第2版.北京:机械工业出版社,2011.

31. 王淑珍,王铜安.现代人力资源培训与开发[M].北京:清华大学出版社,2010.

32. 吴晓波.激活组织：华为奋进的密码[M].北京：中信出版社,2021.

33. 徐芳.培训与开发理论及技术[M].上海：复旦大学出版社,2019.

34. 杨毅宏,李淼.员工培训实务手册[M].北京：电子工业出版社,2012.

35. 姚期智.人工智能[M].北京：清华大学出版社,2022.

36. 张俊娟,韩伟静.企业培训体系设计全案[M].北京：人民邮电出版社,2011.

37. 张正堂.战略人力资源管理研究[M].北京：商务印书馆,2012.

38. 赵曙明.培训与开发——理论、实务、方法[M].北京：清华大学出版社,2017.

39. 周红云.员工培训：技术与策略[M].北京：中国劳动保障出版社,2013.

教师服务

感谢您选用清华大学出版社的教材！为了更好地服务教学，我们为授课教师提供本书的教学辅助资源，以及本学科重点教材信息。请您扫码获取。

≫ 教辅获取

本书教辅资源，授课教师扫码获取

≫ 样书赠送

人力资源类重点教材，教师扫码获取样书

 清华大学出版社

E-mail: tupfuwu@163.com

电话：010-83470332 / 83470142

地址：北京市海淀区双清路学研大厦 B 座 509

网址：https://www.tup.com.cn/

传真：8610-83470107

邮编：100084